Marion Weigl/Christine Kopp-Kölbl

Schreibschrift lernen

mit dem Drachen *Fumi*

Arbeitsheft

Ein Schreibschriftlehrgang für die 1. und 2. Jahrgangsstufe

Vereinfachte Ausgangsschrift

Ernst Klett Verlag
Stuttgart · Leipzig

Noch ein paar Tipps zum richtigen Schreiben:

Du sitzt auf der Sitzfläche deines Stuhls, nicht auf der Stuhlkante.
Deine Füße stehen auf dem Boden.
Beide Arme liegen auf dem Tisch auf, bis kurz vor dem Ellenbogen.
Den richtigen Abstand zwischen Augen und Heft kannst du messen.

Zum Schreiben kannst du das Heft leicht drehen.
Rechtshänder schreiben bergauf, Linkshänder schreiben bergab.

Daumen, Mittel- und Zeigefinger halten den Stift.
Der Zeigefinger liegt fast gestreckt und locker auf dem Stift.

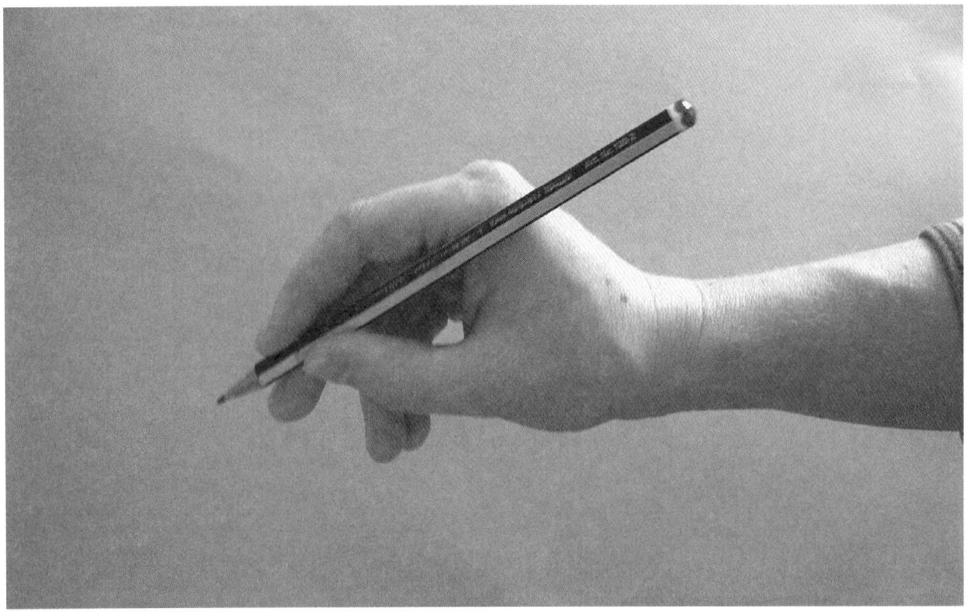

Halte den Stift locker!
Tipp: Dein Partner sollte dir den Stift aus der Hand ziehen können!
Probiert es doch einfach einmal aus.

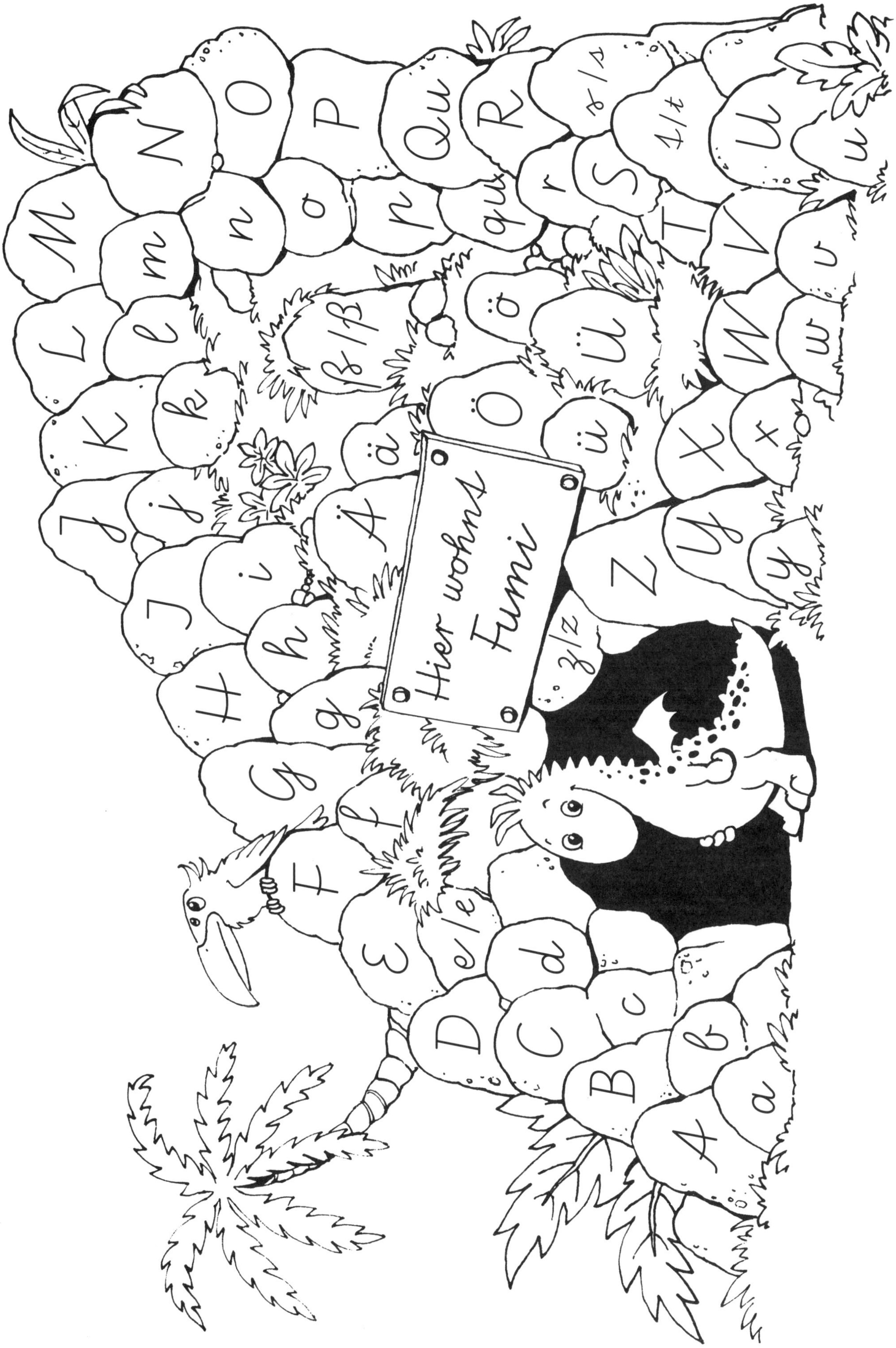
Hier wohnt Fumi

Tauch ab in die Meereswelt und schau mal, wie es dir gefällt.
Du kannst spuren wellig und rund, vielleicht wird dein Bild auch bunt!

Spure bunt nach. Vervollständige.

Zick und zack, auf und ab, hörst du schon, wie es knackt? Es ist das Ei. Es schwimmt herbei. Was wird wohl darin sein?

Alle Kinder kennen sie,
probieren sie gerne aus.
Fragen sich: „Wie geht sie, wie?
Kommt, holt die Stifte raus!“

Schwungvoll schreiben wir nun los
und hören nicht mehr auf.
Buchstaben, so schräg und groß,
hinunter und hinauf.

Flott und flüssig schreiben wir,
so wie die großen Leute.
Die *Schreibschrift* lernen wollen wir –
womit beginnen wir denn heute?

u i ui

Oh, da schwimmt ein Ei herbei!

u u

u

i i

i

ui ui

iu iu

Mein schönster Buchstabe

Welchen Buchstaben hast du am schönsten geschrieben?
Du darfst ihn bunt einrahmen.

i u i u

n n

Huh, eine Welle!

n n

n

in in

in

nun nun

nun

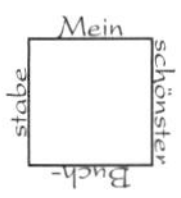

… für deinen schönsten Buchstaben!

Schreibe n, in, nun groß auf den Block.
Spure mit verschiedenen Stiften nach.

m

Wer ruft denn da: Mi, mi?

m m

m

im im

im

um um

um

Welche Wörter kannst du schon schreiben?

Übe die Wörter jeweils eine Zeile lang auf dem Block.

a

Wer ist das?

a a

a

an an

an

am am

am

Kannst du das vielleicht schon lesen?

Fumi ist ein kleiner, grüner Drache. In seinem Ei schwamm er viele, viele Tage auf dem großen Meer. Eines Tages wurde er von einer Welle erfasst. So landete er ...

d

Was ist da auf der Insel?

d d

da da

du du

und und

da

du

dann

und

Dein schönster Buchstabe?

Schreibe in Schreibschrift und übe je eine Zeile lang: an, am, um, da, im, und, nimm, nun, in.

Du kannst „e“ auch so schreiben: *e*.

↗ Übung S. 46

e

e e e

ein ein

eine

dein dein

deine

mein mein

meine

Welcher Artikel passt: *ein* – *eine*?

Er war in einem Ei.

E E

Ei Ei

ein Ei

ein Ei

mein Ei

mein Ei

Emu

Ende

Male ein großes Ei. Schreibe alle Wörter hinein, die du schon in Schreibschrift schreiben kannst.

w i n m e E a d

1. Setze ein: *mein / meine* oder *dein / deine*.

2. Setze *und* ein.

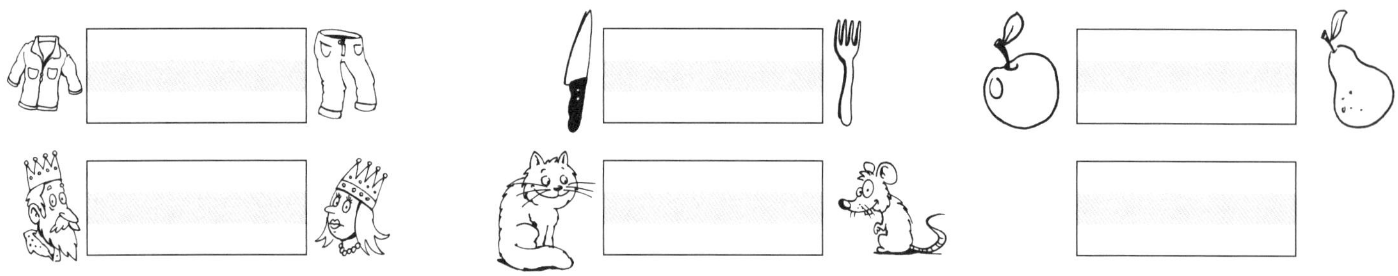

3. *Eu* oder *eu*? Trage ein.

4. Entdeckst du die Wörter? Spure in verschiedenen Farben nach.

neuEimereineneindeinnimmdannEnde

Suche selbst Paare (wie in Nr. 2).
Male Bilder und schreibe *und* dazu.

M O

Wo ist Fumis Mama?

M M M

Mama

Mami

Mund

Mann

Male deine Mama!

O O

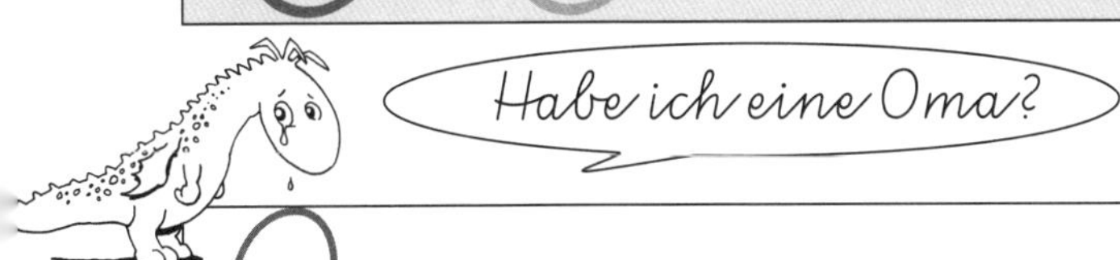

Oma

Omi

Schreibe oder male einen Brief für deine Mama.

L l

Fumi trifft das Lama Lilli.

L L L

Lama

Land

Leine

l l l

malen

alle

Eule

Lilli

Aus welchem Land kommt das Lama? Was frisst das Lama?
Schau in Büchern oder im Internet nach.

R K

Reitet Fumi auf dem Kamel?

R R R

Rudi

Rad

Rand

K K K

Kind

Kamel

Kleid

Übe die Buchstaben und Wörter auf dem Block.

S s

Die Sonne scheint.
Fumi liegt im Sand.

S S S

Sand

See

Seil

s s s

es

uns

das

Eis

Schreibe die Wörter in Schreibschrift auf. Übe sie eine Zeile lang:
aus, Maus, Laus, Sonne, Samen, summen, sollen, müssen

Du kannst das „Verbindungs-s“ auch so schreiben: s.

↗ Übung S. 47

„Komm und summ herum!“

s s s

s s

sie

sind

leise

lesen

essen

müssen

sollen

Wer ist da? Schreibe die Sätze in dein Übungsheft (S. 14).

Mia Emil

Kim und Emil sind da.

Leni Lea

Rudi Lisa Luis Emma Kim Luise Maik Kai Elias Lenni Lars Susi

Du kannst „t“ auch so schreiben: *t*.

↗ Übung S. 48

Fumi sieht ein Schiff.

t t t

tut

mit

ist

isst

Stein

Stunde

Leute

Welche Wörter findet ihr in Fumis Schatzkiste?

Schreibe 20 dieser Wörter auf deinen Block.

Übe die gefundenen Wörter je eine Zeile lang.

o r

„Sprung und hoch und rundherum!"

o o o

so

also

r r r

er

der

dir

rot

oder

Euro

Stern

Suche weitere Wörter mit o und r und schreibe auf.

D B P

Fumi steckt seinen Brief in eine Flasche …

D D

Dose

B B

Baum

P P

Post

Bilde sinnvolle Aussagesätze und schreibe sie in dein Übungsheft (S. 21).

Der Pulli	ist leise.	Die Sau	ist rund.
Der Mond	ist rot.	Das Seil	ist rau.
Die Maus	ist rund.	Die Dose	ist rosa.

Schreibe selbst Sätze.

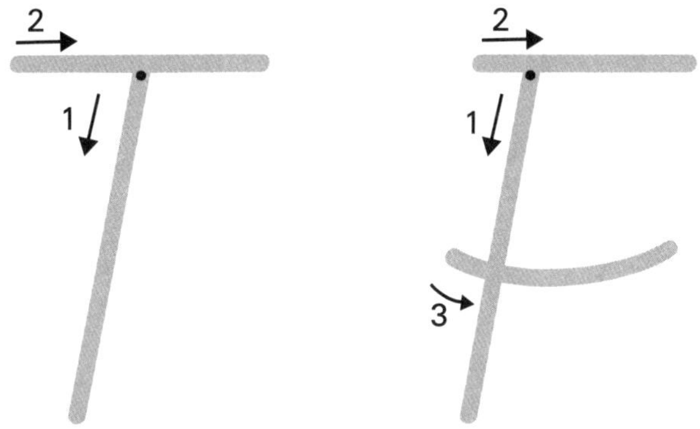

Fumi trifft Tina.

T T T

Tina

Tante

Tier

F F

Fumi

Freund

Frau

Füller

Schreibe die Sätze in Schreibschrift in dein Übungsheft (S. 22).

Fumi und Tina sind Freunde. Fumi malt Tina ein Bild. Sie nimmt es.
Sie stellt es an das Fenster. Dann essen beide eine Torte.
Da ist roter Tee. Sind Freunde nett?

Wer sind deine Freunde?
Kannst du ihre Namen schon in Schreibschrift schreiben?

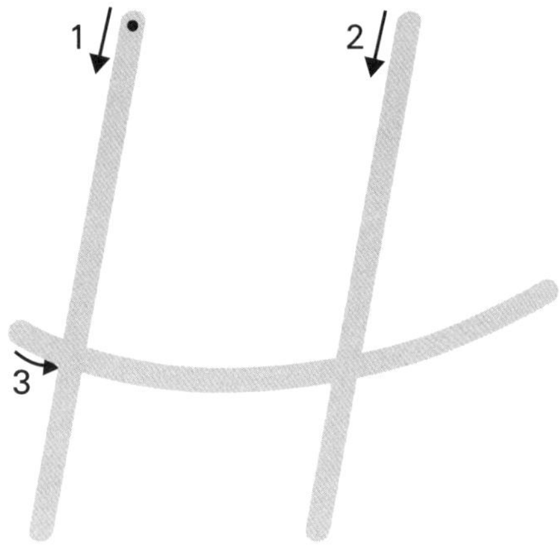

Tina hat einen Hund.

H H H

Hai

Haie

Haus

Häuser

Hand

Hände

Hut

Hüte

Hund

Hunde

Schreibe die Nomen mit Artikel.
der Hai, ...

h ch

Der Drache Fumi schläft.

h h

ch

hat

Kuh

ich

dich

leicht

hoch

Licht

Bilde Sätze und schreibe sie in dein Übungsheft (S. 24).

Fumi	sucht	den Knochen.	Der Herr	sucht	seine Schuhe.
Der Hund		die Karotte.	Die Lehrerin		ihre Schere.
Der Hase		den Schuh.	Tina		das Buch.
Die Frau		seine Eltern.	Micha		die Schule.

A

Anna fällt vom Ast.

A A

Schreibe Einzahl und Mehrzahl.

Ast

Äste

Arm

Auto

Ergänze die Sätze. Schreibe sie in dein Übungsheft (S. 27).

Anna ist eine ________. Mama hat ein rotes ________.

Der ________ ist im Ärmel. Der Baum hat ________.

Der ________ hat Krallen. Die ________ ist eine Muschel.

Auster – Adler – Äste – Arm – Auto – Ameise

Schreibe die Nomen in Einzahl und Mehrzahl mit Artikel.

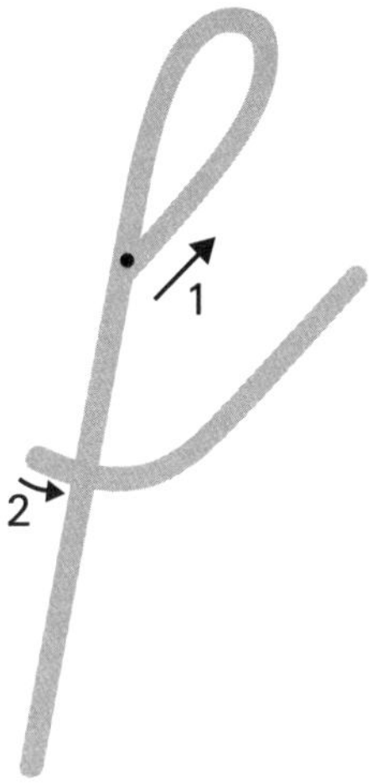

Fumi macht Feuer.

f f f

für

fünf

fein

auf

elf

Pferd

Seife

Setze die Purzelsätze richtig zusammen und schreibe sie in Schreibschrift auf. Setze am Satzende einen Punkt.

1. Pferd Das schnell läuft sehr
2. Stiften seinen Kind Das malt mit
3. meine Alle Freunde hier sind heute

k ck

Oh, ich habe einen dicken Zeh!

k k k

ck ck

krank

kalt

klein

dick

Rock

Beuge das Verb.

Ich	trinke	Milch.	Das Kind		Milch.
Du		Milch.	Wir		Milch.
Fumi		Milch.	Ihr		Milch.
Tina		Milch.	Die Kinder		Milch.

U

U U

Uhr

Uhu

Uli

Ufo

Uno

Unke

U-Boot

U-Bahn

Spiel doch mal wieder UNO.

b

Hilfst du Fumi dabei?

b b b

bin

bei

Bub

aber

üben

lieb

Setze passende Farbwörter ein.
Schreibe dann die Sätze in dein Übungsheft (S. 35).

Der Himmel ist ________. Die Farben sind ________.

Die Erde ist ________. Die Bären sind ________.

Der Mund ist ________. Die Beeren sind ________.

Die Sau ist ________. Die Blumen sind ________.

bunt – braun – rot – rosa – blau

G g

Drachen fliegen gut.

G G

Gras

Gräser

g g

gelb

grün

Sind die Dinge grün oder gelb?
Schreibe passende Sätze in dein Übungsheft (S. 37).

Welche grünen oder gelben Dinge kennst du noch?

I

Ich will weg von der Insel!

I I I

Insel

Igel

Iglu

Setze passende Wörter ein.
Schreibe die Sätze dann in dein Übungsheft (S. 38).

Ich kann gut __________.

Ich mag gerne __________.

Ich esse oft __________.

Ich mache immer __________.

Ich lache über __________.

Ich singe gerne __________.

Ich freue mich auf __________.

Schreibe einen Steckbrief über dich und male dich selbst dazu.

p pf

Fumi sucht seinen Papa.

p p p

Papa

Opa

sprechen

spricht

spielen

spielt

Setze das Verb „spielen“ in der passenden Form ein.

Ich ______ mit Mama.

Du ______ mit Puppen.

Fumi ______ mit Anna.

Wir ______ im Hof.

Ihr ______ schon.

Sie ______ gerne.

Ich spreche SCHP, aber schreibe Sp/sp.

N

Es ist Nacht. Fumi hat Angst.

N N N

Nacht

Nächte

Name

Nase

Nadel

Nebel

Kennst du Wörter mit N?

N

Schreibe die Geschichte in Schreibschrift in dein Übungsheft (S. 40).

Es ist Nacht. Fumi hat Angst. Er hört Schritte.
Das muss ein Monster sein! Kommt es näher?
Es ruft: „Hallo, ich bin ein Nashorn. Mein Name ist Nele.“

Was könnte noch passieren?
Schreibe weiter.

V W

Vogel Willi zeigt den Weg.

V V V

Vogel

Vater

Vase

W W

Wind

Wiese

Winter

Wasser

Weg

Findet Fumi seine Eltern? Schreibe auf.

J j

Juhu! Da sind meine Eltern.

J J J

Juni

Juli

Jahr

Junge

j j

ja

jede

jeder

Was erzählt Fumi wohl seinen Eltern? Schreibe es auf.

Du kannst „z“ auch so schreiben: *z*.

↗ Übung S. 49

z

Jetzt sind wir wieder zusammen!

z z z

zu

zum

zur

zehn

zählen

Salz

Pizza

Pflanze

Wurzel

Übe alle Wörter mit *z* eine Zeile lang.
Schreibe die Wörter auch in Silben.

rz tz

Fumis Herz pocht...

rz rz rz

Herz

Wurzel

tz tz tz

Satz

Katze

sitzen

Schreibe die Wörter in Silben: spritzen, sitzen, Katzen, Sätze, Plätze, Witze.

sprit-zen,

Welche Wörter mit rz, tz findest du noch?

v w

Fumi will viel wissen.

v v v

vor

von

viel

vier

w w

wer

wie

was

wieso

weshalb

warum

Übe in Schreibschrift je eine Zeile:
November – versuchen – vier – Mittwoch – Schwester – antworten – wir – weil – weiter – wohnen – warten – bewegen – schwarz.

C c

Ich bin deine Schwester Crissi.

C C C

c c c

Cent

Comic

Clown

Computer

Schreibe passende Sätze.

Was könnten Fumi und Crissi zusammen tun?
Schreibe auf.

Y y

Fumi bekommt einen Teddy.

Y Y Y

Yak

Yeti

y y y

Teddy

Baby

Schreibe und male, was Fumi träumt.

   Y

Python Cowboy Yeti Hobby

Schreibe Sätze mit vielen Yy-Wörtern.

X x

Kennst du die Hexe Xenia?

X X X

Xenia

x x x

Hexe

Taxi

Mixer

Lexikon

Schreibe passende Sätze.

Hexe Xenia hext eine

Hex, hex! Schreibe eine Hexengeschichte.

Z

Zackzerack und allerlei,
ich zaubere ... herbei.

Z Z Z

Zeit

Zeiten

Zahl

Zahlen

Zahn

Zähne

Zauberer Zackzerack zaubert.

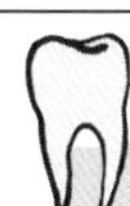

10

Kennst du Zaubersprüche? Schreibe sie auf.

Qu qu

Kreuz und quer über das Land ...

Qu Qu

Quark

Quadrat

Quelle

qu qu

quer

quaken

bequem

Setze Wörter mit Qu qu ein. Male dazu.

Du kannst das „Verbindungs-ß" auch so schreiben: ß. ↗ Übung S. 50

ß ß

Die Freude ist sehr groß.

ß ß

süß

heiß

weiß

groß

Fuß

Füße

Ich heiße:

Setze die passenden Wörter ein: heiß – weiß – groß – süß.

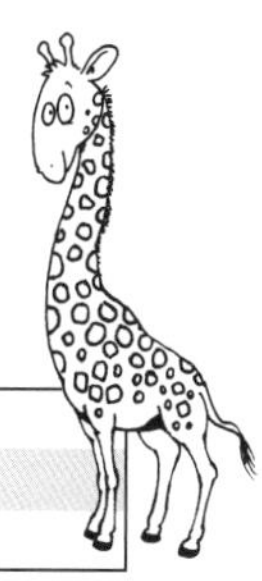

Schreibe zu den Bildern Sätze.

alternativ:

e

e

ein

eine

dein

deine

mein

meine

Welcher Artikel passt: *ein* – *eine*?

alternativ:

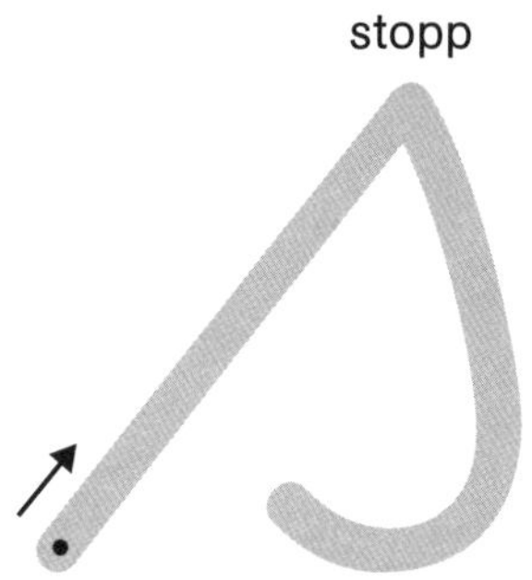

„Komm und summ herum!"

s

ss

sie

sind

leise

lesen

essen

müssen

sollen

Wer ist da? Schreibe die Sätze in dein Übungsheft (S. 14).

Mia Emil

Kim und Emil sind da.

Leni Lea

Rudi Lisa Luis Emma Kim Luise Maik Kai Elias Lenni Lars Susi

alternativ:

t

Fumi sieht ein Schiff.

t t t

tut

mit

ist

isst

Stein

Stunde

Leute

Welche Wörter findet ihr in Fumis Schatzkiste?

Schreibe 20 dieser Wörter auf deinen Block.

Übe die gefundenen Wörter je eine Zeile lang.

alternativ:

Z

Jetzt sind wir wieder zusammen!

Z Z Z

zu

zum

zur

zehn

zählen

Salz

Pizza

Pflanze

Wurzel

Übe alle Wörter mit Z eine Zeile lang!

alternativ:

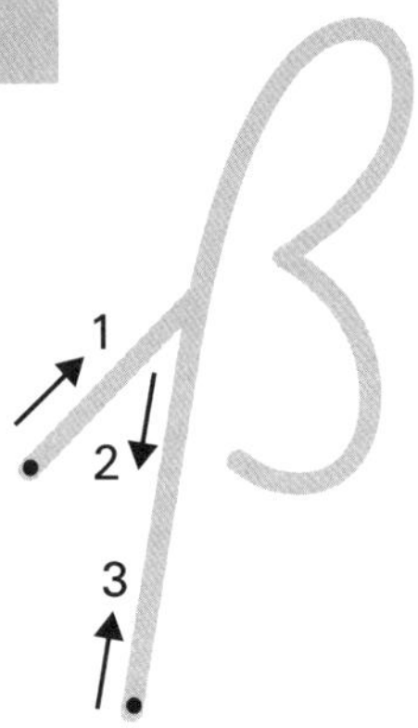

Die Freude ist sehr groß.

ß ß

süß

süße

weiß

weiße

groß

große

heiß

heiße

Beschreibe die Nomen mit passenden Adjektiven.

Marion Weigl/Christine Kopp-Kölbl

Schreibschrift lernen

mit dem Drachen *Fumi*

Übungsheft

Ein Schreibschriftlehrgang
für die 1. und 2. Jahrgangsstufe

Vereinfachte Ausgangsschrift

Ernst Klett Verlag
Stuttgart · Leipzig

Vereinfachte Ausgangsschrift

a b c d e/e f g

h i j k l m n o p

qu r s ß t/t u v w

x y z/z

A B C D E F G

H I J K L M N O P

Qu R S T U V W

X Y Z

. ! ? , : „ " –

w

w w

w

w

ü

i i

i

i

w i w i

ui ui

iw

n m

n n n

n n

n

in in

nun

m m

m m

m

im im

um

nimm

a a

a a

ä

an an

am

d d

d

da da

du

und

dann

alternativ S. 53

e

e e

e e

ein

eine

nein

neu

neun

Welcher Artikel passt: *ein* oder *eine*?

Schreibe in Schreibschrift.

i	u	d	e	m	n	ä	ü
i							

die

neu

nein

Diese Wörter kannst du auch schon schreiben:

du

um

und

dem

den

denn

dann

E

E E

E

Ei

Emu

Ende

Eid

Finde die Eier!
Male sie bunt aus und schreibe das Wort *Ei* hinein.

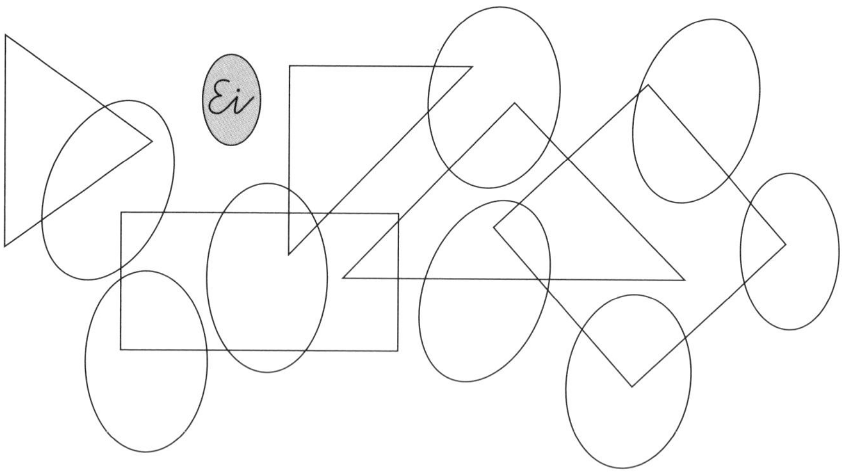

M M

M

Mai

Mama

Mann

Mund

O O

O

Oma

Omi

Ll

L L

L

Lama

Land

Leine

l l

l

alle

malen

Esel

Lilli

R R

R

Rad

Rind

K K

K

Kind

Schreibe das richtige Wort in Schreibschrift unter das Bild.

Kanne – Kamel – Rind – Kind – Rad – Kleid

S s

S S

S

Sand

See

Seil

s s

es

eins

als

aus

Maus

↗ alternativ S. 54

s s

ss

sie

sind

Klasse

Setze das Verb in die richtige Form.

ich	lese	wir	
	lesen		
ich		wir	
	malen		
ich		wir	
	essen		
ich		wir	
	müssen		

zu AH S. 19

Kim und Emil sind da.

Rudi

Wer könnte noch da sein? Setze selbst Namen ein.

alternativ S. 55

t t

t

t

ist

laut

alt

Ente

Setze ein: *ist* oder *sind* ?

Fumi ______ ein kleiner Drache.

Auf der Insel ______ viele Tiere.

Der Affe ______ ein Freund.

Auch das Lama und das Kamel ______ da.

Fumi fragt: „Wo ______ meine Mama?“

ist
isst

Achtung: „ist“ oder „isst“?

Schreibe die Sätze in Schreibschrift.

Fumi ist da!

Emma ist eine Ente.

Lisa isst ein Eis.

Mama isst Reis.

Eine Maus ist im Sand.

Lilli isst einen Lolli.

o o

ö

so

Sonne 

Mond 

r r

r

rot 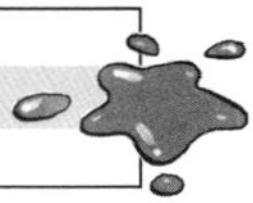

oder

rund 

Verben haben eine Grundform: -en .

malen

essen

müssen

sollen

reden

reisen

Diese Verben kann man beugen:

ich		→	wir	
ich		→	wir	
ich		→	wir	
ich		→	wir	
ich		→	wir	
ich		→	wir	

Nomen haben einen Artikel.

Setze ein: *der*, *die* oder *das*.

	Sonne		Mond
	Erde		Ei
	Kind		Eule
	Sand		Kleid
	Maus		Ente
	Stunde		Eltern
	Krone		Mund
	Oma		Eis
	Land		Euro
	Sommer		Mutter

Schreibe die Wörter mit Artikel auf den Block.
Findest du noch mehr Nomen?

B

B B

B

Baum 

Bäume

Bild 

Bilder

Biene 

Bienen

Blume 

Blumen

Bruder 

Brüder

Der Pulli

Schreibe Einzahl und Mehrzahl der Nomen mit dem passenden Artikel.

→ Biene: *die Biene, die Bienen*

→ Blume

→ Baum

→ Bruder

Schreibe auch diese Wörter in Einzahl und Mehrzahl mit Artikel:
Ball – Blatt – Rad – Land – Mann – Rand.

TF
zu AH
S. 23

Fumi und Tina

Fumi

Schreibe die Nomen in Einzahl und Mehrzahl mit Artikel.

Hund – Hut – Hase – Haus – Hand – Hose – Hals –
Haut – Hemd – Hai

der Hund, die Hunde

ch
zu AH
S. 25

Fumi sucht seine Eltern.

Erkennst du die Wörter? Schreibe jedes Wort eine Zeile lang.

Schere Tasche Tisch Schule

schauen scheinen

schneiden schreien schnell schön

Schere

Ich spreche SCHT, aber schreibe St/st!

Schreibe das passende Wort unter das Bild.

Stirn – Stein – still – Strich – Stern – Stunde

Schreibe Sätze mit St/st-Wörtern.

Anna ist

A
zu AH
S. 26

A

Schreibe viele sinnvolle Sätze.

Anna	ist	ein
Ali	malt	eine
	hat	einen
Andi	liest	

Anna ist eine Ameise.

Wandle nun deine Sätze in Fragesätze um.
Malt Anna ein Bild?

f f

f

laufen

läuft

schlafen

schläft

Setze die Verben in die richtige Form.

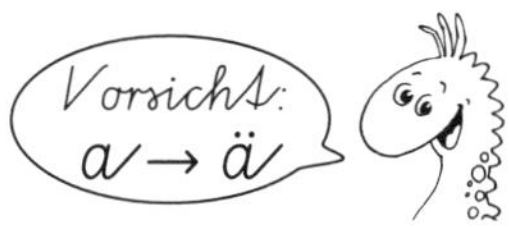

ich → er

fahren

ich → er

fallen

ich → er

halten

ich → er

schlafen

f

Schreibe die Sätze in Schreibschrift.

Fumi freut sich sehr. Er macht nun Feuer.
Das Feuer ist hell. Alle Freunde laufen schnell heran.
Auch der Affe Ali ist hier.
Da feiern sie ein schönes Fest.

Fumi

k k

ck

krank

kalt

klein

dick

dunkel

Onkel

Verbinde richtig und schreibe die Sätze auf den Block.

Die Maus	ist dunkel.
Das Kind	ist klein.
Das Eis	ist krank.
Die Höhle	ist kalt.

k ck ch

Lies und spure alle *ch* und *ck* bunt nach.

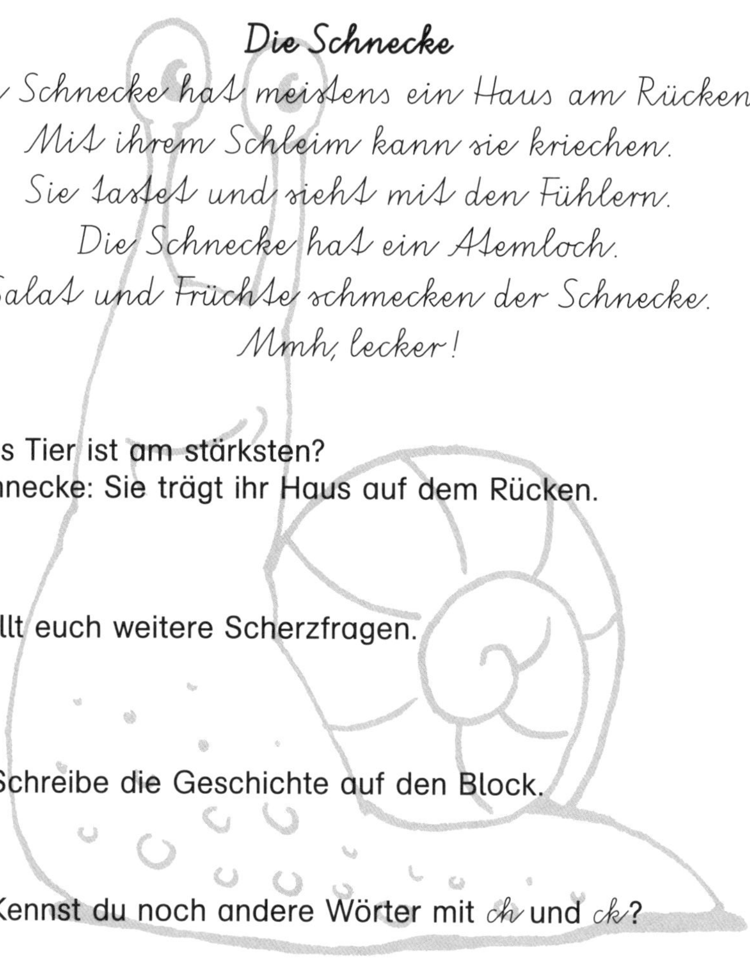

Die Schnecke

Eine Schnecke hat meistens ein Haus am Rücken.
Mit ihrem Schleim kann sie kriechen.
Sie tastet und sieht mit den Fühlern.
Die Schnecke hat ein Atemloch.
Salat und Früchte schmecken der Schnecke.
Mmh, lecker!

Welches Tier ist am stärksten?
Die Schnecke: Sie trägt ihr Haus auf dem Rücken.

Stellt euch weitere Scherzfragen.

Schreibe die Geschichte auf den Block.

Kennst du noch andere Wörter mit *ch* und *ck*?

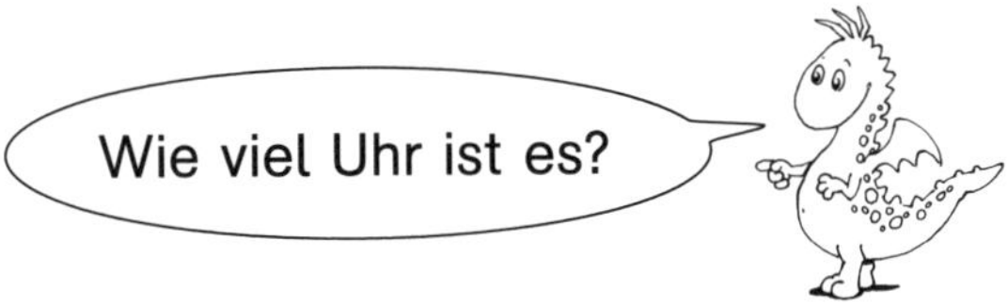

Es ist ein Uhr.

elf acht sechs drei ein

fünf neun null

b b

baden

bauen

leben

lieben

Setze die Verben in der richtigen Form ein.

Der Drache Fumi [ ] auf
leben

einer Insel. Dort [ ] er viele
haben

Freunde. Mit ihnen [ ] Fumi
bauen

eine Höhle. Jeder [ ] mit.
arbeiten

Alle [ ] gerne im Meer.
baden

Fumi [ ] das Leben.
lieben

Male den Farbklecks in der jeweils passenden Farbe an.

Der Himmel

G g

G G

Garten

Gärten

g g

eng

Tag

Welcher Tag ist heute?

Montag – Dienstag – Mittwoch – Donnerstag – Freitag – Samstag – Sonntag

Heute ist ______, morgen ______
Montag

Heute ist ______, morgen ______
Dienstag

Heute ist ______, morgen ______
Samstag

Heute ist ______, morgen ______
Samstag

Heute ist ______, morgen ______
Montag

Was hast du am Wochenende gemacht?
Schreibe drei Sätze.

Die Sonne

Farbwörter
zu AH
S. 31

J
zu AH
S. 32

Ich kann

p pf

p p

Puppe

Papier

Sport

Ampel

Apfel

Kopf

Kannst du die Rätsel lösen?
Schreibe die Lösungsworte in Schreibschrift.

Darauf schreibst du gerade.

Jeder Mensch hat einen.

Es ist ein Obst mit Kernhaus.

Kinder spielen damit.

Bei Grün darf man gehen.

Dazu gehen Kinder in die Turnhalle.

N zu AH S. 34

Es ist Nacht.

Fumi ist ganz durcheinander.
Welche Fragen hat er? Schreibe Fragesätze.

meine sind Eltern wo

Wo

ist wer Vater mein

Mama wann ich finde meine

Woche ist lange wie eine

Winter wann der kommt

richtig Weg welcher ist

Wasser wie über komme das ich

Jj

J J

Juni

Juli

Jahr

Januar

Junge

j j

ja

jede

jeder

jedes

Jj
Lesetext

Spure J grün, j blau nach.

Fumis Eltern erzählen:

„Es ist jetzt sieben Jahre her.
Es war Januar. Auf der Insel tobte
ein heftiger Sturm.
Jeder hatte Angst.
Schnell liefen alle in die Höhle.
Auf einmal kam eine riesige Welle.
Plötzlich war unser Ei weg.
Wir haben es jeden Tag gesucht.
Was ist nur aus unserem Kind
geworden? Doch jetzt können
wir endlich jubeln. Unser Junge ist
wieder da!"

alternativ S. 56

Verben

Bilde passende Sätze.

Ich pflanze einen Baum.

Du

Er

Wir

Ihr

Sie

Ich sitze im Gras.

Du

Er

Wir

Ihr

Sie

Setze das Verb auch bei diesem Satz in die richtige Form:
Ich zeige dir einen Käfer.

Wer will was? Setze *wollen* in der richtigen Form ein.

Ich ______ einen Füller.
Wir ______ Ferien.
Du ______ Spagetti.
Ihr ______ Pause.
Fumi ______ fliegen.
Sie ______ spielen.

Jeder wünscht sich etwas.
Setze *wünschen* in der richtigen Form ein.

Ich ______ mir ein Auto.
Wir ______ uns Ferien.
Du ______ dir ein Spiel.
Ihr ______ euch Freunde.
Er ______ sich ein Haus.
Sie ______ sich Glück.

Alle wollen Fumi helfen.
Setze *versuchen* in der richtigen Form ein.

Ich ______ es.
Du ______ es.
Er ______ es.
Wir ______ es.
Ihr ______ es.
Sie ______ es.

Schreibe in Schreibschrift.

Das Jahr

Das Jahr hat 12 Monate:
Januar, Februar, März, April, Mai, Juni, Juli,
August, September, Oktober, November, Dezember.

Im   habe ich Geburtstag.

Kennst du auch die Jahreszeiten?

C C

Cent

Comic

Computer

China

Christkind

c c

cool

Was findest du cool?

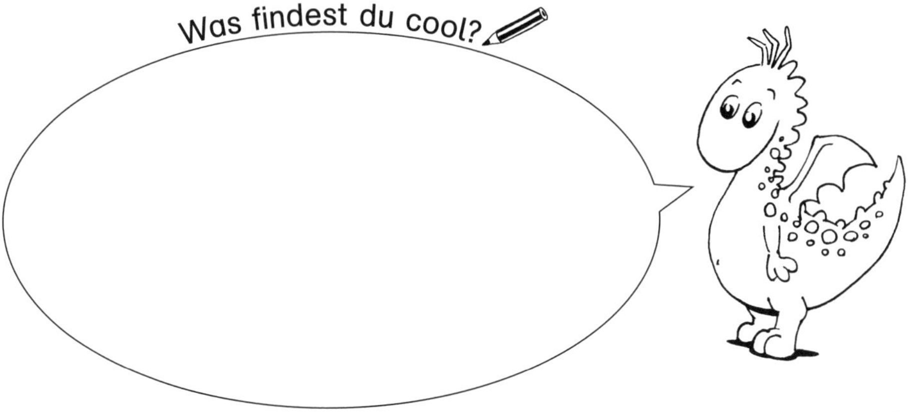

Y y

Y Y

Yak 

Yeti

Ypsilon

y y

Teddy 

Hobby

Python 

Baby 

Cowboy

Pony 

X X

Xx

Xenia

Xaver

Xylofon

x x

Hexe

Taxi

Mixer

Boxer

Axt

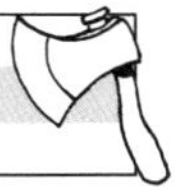

Lexikon

Z

Z Z

Zeit

Zahl

Zahn

Zähne

Zehe

Zug

Ziege

Qu
qu

Qu Qu

Quark

Quadrat

Quatsch

Quelle

Qualle

qu qu

quer

quaken

quicken

quasseln

bequem

↗ alternativ S. 57

ß ß

ß ß

süß

heiß

heißen

groß

Fuß

Füße

süß

Verbinde richtig und schreibe die Sätze auf den Block.

Der Elefant	ist kalt.
Die Suppe	ist weiß.
Das Eis	ist süß.
Der Schnee	ist heiß.
Der Zucker	ist groß.

alternativ:

e

e e

e e

ein

eine

nein

neu

neun

Welcher Artikel passt: *ein* oder *eine*?

alternativ:

s s

ss

sie

sind

Klasse

Setze das Verb in die richtige Form.

ich lese | wir
lesen

ich | wir
malen

ich | wir
essen

ich | wir
müssen

alternativ:

t t

t

ist

laut

alt

Ente

Setze ein: *ist* oder *sind* ?

Fumi ______ ein kleiner Drache.

Auf der Insel ______ viele Tiere.

Der Affe ______ ein Freund.

Auch das Lama und das Kamel ______ da.

Fumi fragt: „Wo ______ meine Mama?“

alternativ:

Z Verben

Bilde passende Sätze.

Ich pflanze einen Baum.

Du

Er

Wir

Ihr

Sie

Ich sitze im Gras.

Du

Er

Wir

Ihr

Sie

Setze das Verb auch bei diesem Satz
in die richtige Form:
Ich zeige dir einen Käfer.

alternativ:

ß

ß ß

süß

heiß

heißen

groß

Fuß

Füße

weiß

Verbinde richtig und schreibe die Sätze auf den Block.

Der Elefant	ist kalt.
Die Suppe	ist weiß.
Das Eis	ist süß.
Der Schnee	ist heiß.
Der Zucker	ist groß.

Das ist mein Lieblingsbuchstabe:

Das ist mein Lieblingswort:

Auch das kann ich schon schreiben:

SV

Christian Lehnert

Korinthische Brocken

Ein Essay über Paulus

Suhrkamp

4. Auflage 2018

Satz und Druck: Memminger MedienCentrum AG
Printed in Germany
ISBN 978-3-518-42369-1

Korinthische Brocken

Ein Essay über Paulus

ΠΡΟΣ ΚΟΡΙΝΘΙΟΥΣ Α

Παῦλος κλητὸς ἀπόστολος Χριστοῦ Ἰησοῦ διὰ θελήματος
θεοῦ καὶ Σωσθένης ὁ ἀδελφὸς
τῇ ἐκκλησίᾳ τοῦ θεοῦ τῇ οὔσῃ ἐν Κορίνθῳ, ἡγιασμένοις
ἐν Χριστῷ Ἰησοῦ, κλητοῖς ἁγίοις, σὺν πᾶσιν τοῖς
ἐπικαλουμένοις τὸ ὄνομα τοῦ κυρίου ἡμῶν Ἰησοῦ Χριστοῦ
ἐν παντὶ τόπῳ, αὐτῶν καὶ ἡμῶν·
χάρις ὑμῖν καὶ εἰρήνη ἀπὸ θεοῦ πατρὸς ἡμῶν καὶ κυρίου
Ἰησοῦ Χριστοῦ.

1. KAPITEL

Paulus, berufen zum Apostel Christi Jesu durch den Willen Gottes, und Sosthenes, unser Bruder, / an die Gemeinde Gottes in Korinth, an die Geheiligten in Christus Jesus, die berufenen Heiligen samt allen, die den Namen unseres Herrn Jesus Christus anrufen an jedem Ort, bei ihnen und bei uns: / Gnade sei mit euch und Friede von Gott, unserem Vater, und dem Herrn Jesus Christus!
(1 Korinther 1,1-3)[1]

1

Unruhe. – Unruhe, Buchstaben wie eine abgesetzte Last. Nicht eine Minute ohne Gebet, nicht eine Minute, ohne auszurufen, was fiebrig den Worten voraus ist und sie unterhöhlt. Paulus – gehetzt von der Zeit, die noch bleibt. Schnell wirft er hin, was ihn zu dem macht, der er ist: »berufen zum Apostel Christi Jesu durch den Willen Gottes«. Brocken – eine Vorstellung wie ein Schrei aus großer Distanz, ein Rettungsruf, plötzlich, und man weiß gar nicht, was geschehen ist, woher die Gefahr droht: Jetzt, schnell, bevor es zu spät ist! Nicht fragen! Komm!
Wer ist Paulus? Ein Mensch hat sich verloren durch ein Ereignis,[2] das wenige Jahre zurückliegt. Was geschah, traf ihn unvermittelt, gegen die Logik seines Lebens, gegen seine Überzeugungen und seine inneren Kräfte. Was geschah, hatte keinen verständlichen Zusammenhang mit dem, was vorher war und was er und was ihn getrieben hatte. Auf dem Weg nach Damaskus – eine Unterbrechung. Die Hochebene knistert wie Kohleglut, auf die ein leiser Regen fällt. Stop. Schwarzes Licht. Ich werde mit einem Toten geboren. Stop.

Ich liege dem Namen, den ich höre, wie ein warmer Kiesel im Mund: »Christus Jesus«.
Was folgte (wenn es überhaupt sinnvoll ist, von einer Folge zu sprechen), griff tiefer als ein Gedächtnisverlust – es war der Relevanzverlust des Gedächtnisses. Die Vergangenheit hatte für ihn jede Bedeutung verloren, wie auch die Zukunft nur als ein kurzzeitiges Verharren erschien. Das Ereignis hat ihn nicht nur entwurzelt, es hat ihn sich selbst obsolet gemacht. Ganz neu war zu bestimmen, was das sei, ein Mensch in der Zeit, und wie er es denken könne, diesem Menschen, der er blieb und der er zugleich nicht mehr war, eine Geschichte oder Biographie zuzugestehen.

2

Vorläufiges Porträt. – Ein hagerer Mann, unscheinbar und ohne besondere Ausstrahlung. Es ist jemand, bei dem man sich nicht erinnern kann, ob er im Raum gewesen ist oder nicht, wenn die Versammlung darin mehr als zehn Menschen umfaßte. Ein Winkelhocker, ein Wandmensch. Die Stirn nervös, man ahnt eine ungute Gründlichkeit. Er kann nicht stillhalten. Unter der Haut liegt eine kaum kontrollierte Spannung. Unruhe durchzieht ihn wie ein Pfeifton, eine Übersteuerung. Einmal stand er vor Kephas, dem Felsen, wie sie Petrus auch nannten, und wollte etwas sagen. Er öffnete den Mund, weit und sehr bewußt, und es gelang ihm doch kein Wort. Die Zunge lag zwischen den Zähnen wie ein Brett. Den Kiefer abwärts, den Hals hinab bis in den Thorax lief ein Krampfen. Alle wußten, was er sagen wollte, und das war das Verstörende der Situation. Alle wußten es, auch Petrus, aber Paulus stand und zitterte und schrieb später dann auf: »Als aber Kephas nach Antiochia kam, widerstand ich ihm ins Angesicht« (Galater 2,11) Das war die Wahrheit, und der Krampf war klarer als jedes Wort. In der Lähmung, im stummen Kampf seiner Zunge brachte Paulus nach außen, was er erlebt hatte: den Einbruch des Christus. Deutlicher konnte er sich nicht von Petrus distanzieren, als der mit klarer Autorität auf der Gültigkeit des jüdischen Gesetzes über das Christusereignis hinaus beharrte. Paulus stotterte, sprachlos im Offenen, und sein Stummsein gerann erst in der Niederschrift zum polemischen Satz: »Christus aber hat uns erlöst von dem Fluch des Gesetzes …« (Galater 3,13)

3

In Ephesos. – Hartes Licht Ioniens. Eine helle Skulptur, welche die Geradlinigkeit einer Säule und die Schönheit eines menschlichen Körpers in sich vereint. Das ferne Gesicht einer Gottheit – ein Wesen, das sich dem Stein und dem Staub entzieht, indem es sie wie eine Maske trägt, verwitterter Marmor. Eine heilkräftige Form, ganz symmetrisch. Achtundzwanzig Brüste wölben sich aus dem Oberkörper. Vom Bekken abwärts verjüngt sich die Figur in klarer Statik. Die Gestalt ist überladen mit Schmuck. Auf dem Kopf trägt sie eine Mauerkrone.

Tausende schrien ihren Namen: »Groß ist die Artemis der Epheser!« Zwei Stunden schrien sie immer dieselben Worte: »Groß ist die Artemis der Epheser!« So wird es erzählt in der Apostelgeschichte (19,23-40).[3] Bürger der Stadt Ephesos zogen dichtgedrängt zum Theater, sie bewegten sich aufgeregt auf engstem Raum: War es ein Tanz? War es der rituelle Auftakt zu einem Mord? Gern hätten sie einen vor sich hergetrieben, einen vor ihnen allen als den Anführer des Tanzes, den Aufrührer. Denn Artemis, die üppige Göttin, die Heilerin der Unfruchtbarkeit und des Kindstods, die Lebendige … Ihr Bild ist »vom Himmel gefallen«! (Apostelgeschichte 19,35)

Und der durch die Gassen gehetzt werden müßte, hierher in die Mitte des Theaters, hatte das bestritten.
Aber die Bühne vor dem steilen Halbrund der Ränge blieb leer, und im offenen Gemäuer hallte das immer lautere Geschrei, das sich rhythmisch formierte: »Groß ist die Artemis der Epheser!« Ihr Bild ist nicht von Menschen gemacht! Seht: Was die Handwerker, die Gießer und Steinmetze tun, ist die Wiedergabe einer Offenbarung, ein Dienst mit Hammer, Meißel oder Schmelztiegel an einem Gefäß des Unfaßbaren! Die Heilstätten, die Devotionalien und die vielen Figuren der Göttin, die Tempel, das weltberühmte Artemision … Ephesos hat einen festen und unverzichtbaren Grund: Das Bild der Artemis ist »vom Himmel gefallen«! Und wie ließe sich denn ohne die mütterliche, die fruchtbare Göttin eine Ordnung der Welt beschreiben, in der auch das Wunder Platz hätte, die Heilung und die Liebe des ganzen Kosmos zur einzelnen Kreatur? Als ein Grund, zu leben und zu hoffen? Spur des göttlichen Mysteriums: Artemis! Auf dem Kopf trägt sie die Mauern der Stadt.
Innerhalb dieser Mauern, in der kleinasiatischen Metropole Ephesos, hielt sich Paulus etwa drei Jahre auf und schrieb vermutlich im Frühling 54 den ersten der beiden überlieferten Briefe an die Korinther.[4] Die Gewalt der Masse und deren Erregung im Zusammenprall verschiedener religiöser Weltzugänge sollten ihn kurz darauf in Todesgefahr bringen. Denn der allein in der Mitte des tausendstimmigen Chores stehen sollte, war Paulus. Er wäre zwangsläufig stumm geblieben, niedergebrüllt, in der uralten Rolle des Einzelnen gegenüber den vielen – ähnlich dem Bock im inneren Tempelbezirk, dessen Opferblut die Wahrheit der Artemis bezeugen und die Absurdität des Unglaubens, dieser für alle bedrohlichen Verblendung, bloßstellen sollte. Blanke Knochen: erbarmungslose, erbarmende Mutter. Körperteile, Genitalien

brannten schon in einer Schale. Das sollte das Voropfer der Tiere im Namen der Göttin sein.
Paulus ließ nicht gelten, was die Stadt befestigte, er stellte ihren sanktionierten Kult in Frage. Genauer: Er widersprach der bildtheologischen Grundlage dieses Kultes. Ein Ding als Anwesenheitsform einer Gottheit? Realpräsenz in Marmor oder Bronze? Diese für Paulus absurde Vorstellung bewies ihm, daß da etwas nicht stimmte, daß Kalkül und Illusion im Spiel waren. Wenn es für den Juden Paulus ein Bild Gottes gab, dann den Menschen als dessen windiges, als dessen beatmetes Geschöpf: Ecce homo! (Heute könnte man vielleicht mit Paulus sagen: Neben den naiven Betrachtern verdiente allein der Künstler am Tempel der Artemis Achtung – in seinem Scheitern, das Unsichtbare abzubilden. Als einer, der nicht weiß, was er tut. Ein Mensch: defizitäre Erscheinung und Schatten.)
Folgt man dem Bericht der Apostelgeschichte, rettete das mutige Eintreten eines Synagogenvorstehers und eines hohen Stadtbeamten die Situation. Zwei Gefährten des Paulus, Gajus und Aristarch, die man schon ergriffen und ins Theater geschleift hatte, wurden freigelassen. Die Menge lief auseinander. Paulus selbst wurde die ganze Zeit in einem Haus zurückgehalten. Wenig später beendete er seinen Aufenthalt in Ephesos und reiste nach Mazedonien weiter.
Blicken wir noch einmal auf die leere Bühne im Theater: Paulus fehlt. Er ist versteckt in einem Haus. In allem Aufruhr um seine Person bleibt er unsichtbar. Doch ihn umgibt eine dichte Atmosphäre der Erwartung. Die Apostelgeschichte hält eine wesentliche Eigenschaft des Paulus in Erinnerung: seine Fötusgestalt … als ein Schillern zwischen Anwesenheit und Abwesenheit, zwischen der Zugehörigkeit zu sich selbst und zu einem anderen. War er da, dann doch im Grunde ganz verletzlich und noch nicht er selbst geworden, ein ungewisses

Wesen, unstet, eine »unzeitige Geburt« (1 Korinther 15,8). Sein Lebensraum war die früheste Frühe, im Verweis auf das, was kommen wird. Paulus wirkt in der Bibel wie ein Entwurf: als der erstmals gründlich reflektierte Versuch eines Menschen, im Horizont des Christus zu leben.

4

Sosthenes. – »Paulus, berufen zum Apostel Christi Jesu durch den Willen Gottes, und Sosthenes, unser Bruder«: Wir wissen nicht, wer Sosthenes war und warum Paulus ihn erwähnt. Der griechische Name ist so häufig, daß sich nichts daraus ableiten läßt. Die Geschichte und die Absicht, die hinter der Nennung stehen mögen, bleiben dunkel. Klarer aber wird darüber etwas anderes: Dieser Text, der in den meisten Bibelausgaben sekundäre Überschriften wie »Der erste Brief des Paulus an die Korinther« trägt, ist ein wirklicher Brief, bezogen auf eine bestimmte flüchtige Situation und auf Menschen, die vor langer Zeit lebten. In allen wissenschaftlichen Diskussionen um die literarische Integrität und die Einordnung des Textes in die antiken Konventionen[5] bleibt unbestritten, daß wir keinen Aufsatz lesen, sondern den Teil eines Briefwechsels, eines durchaus auch privaten Briefwechsels, dessen andere Hälfte verloren ist. Das ist wichtig für das Verständnis. Der Brief ist eine Ausdrucksform, die heute selten geworden ist. Die eher als mündlich empfundene E-Mail, die irgendwann gelöscht wird, oder das schnelle Telefonat treten an seine Stelle. Was ist die Eigenart dieser verschwindenden Gattung? Ein Brief ist eine Mischung aus Anrede und Monolog, seine innere Kraft entfaltet er, wo er sich von dem Gegenüber löst, der eigenen Stimme folgt, aber zugleich nicht in einen anonymen Raum spricht. Der Reiz, einen Briefwechsel zu lesen, besteht in der eigentümlichen Verbindung von persönlichen Bezügen und den Momenten, in denen das Gegenüber mehr Anlaß als Gesprächspartner ist und die Gedanken eigene Wege gehen. Dann wird in Briefen mehr als in anderen literarischen Ausdrucksformen spürbar, was den Schreiber wirklich antreibt. Briefe haben zwei Naturen. Sie sind Geburten des Augenblickes, sie gehören in eine bestimmte Zeit, und sie sind doch nicht ganz in ihr zu Hause. Sie treten in Abstand zu ihren Anlässen, greifen aus und können so die Wesenszüge einer Zeit abbilden. Die Zufälligkeiten einer Situation, das Flüchtige werden mit der Herausgehobenheit von Schrift verbunden (die in der Antike auch noch viel stärker als heute empfunden wurde). Indem Paulus einen Brief schreibt, beläßt er das Gesagte ganz in seiner Zeit. Sie ist für ihn ein Gefäß, das es auszuschöpfen gilt – mit Worten. Sie ist Zeit als Rest: Denn der geschichtliche Augenblick verbindet sich in seinen Briefen mit Inhalten, die das Geschichtliche hinter sich lassen – in der Erkenntnis vom Ende der Zeit. Es ist kein Zufall, daß das Neue Testament zu einem wesentlichen Teil aus Briefen besteht. Diese Briefe führen vor Augen, was es heißt, ganz und bejahend in der Welt zu leben, ohne in ihr letztlich beheimatet zu sein. Sie sind die zentrale literarische Form für das christliche Selbstverständnis zwischen diesseitiger Zeitgenossenschaft und dem Wissen, nicht der Zeit und dieser Welt anzugehören. Der Brief im biblischen Kanon bringt das zur Abbildung: zeitlose Zeitlichkeit eines Dokuments.

Sosthenes – der Träger des Namens ist in die Vergessenheit versunken. Ein Korinther? Vielleicht eine korinthische Autorität? Doch merkwürdig lebendig werden die konkreten (wenngleich nur bruchstückhaft rekonstruierbaren) Umstände der Briefentstehung. Und das nimmt mich als Leser gefangen: Ich höre eine menschliche Stimme über den »garstigen Graben« von 2000 Jahren. Sie spricht eine fremde Sprache.

Aber ich kann doch etwas verstehen. Ich kann jemanden hören. Bilder und Assoziationen werden wach. Allein der Versuch zu verstehen birgt das Verstehen in sich: Ich habe einen Brief in der Hand.
Wie intensiv, ja geradezu körperlich Paulus in seiner Sprache den korinthischen Lesern gegenübertritt, ist noch über den weiten zeitlichen und kulturellen Abstand zu spüren. Sicher lassen sich die Konzepte moderner Subjektivität und Autorenschaft nicht einfach auf Paulus übertragen, aber in seinen Briefen bemerke ich doch ein andauerndes Ringen um Sprache, sie ist geprägt von Sprachnot. Unbeholfen, mal sprudelnd, mal stammelnd, ist sein Griechisch. Es spiegelt ein Denken und Wahrnehmen im Entstehen. Man ist versucht, nicht nur nach antiker Rhetorik, sondern im modernen Sinn nach einer Poetik des Paulus zu fragen. Nicht nur, daß seine Briefe reich sind an Binnenreimen und Alliterationen. Nicht nur, daß er den semantischen Reim, den Parallelismus der semitischen Dichtung, beherrscht. Paulus ist sprachschöpferisch. Indem er schreibt, verändern sich die Worte, die er verwendet. Sie bekommen einen anderen Sinn und klingen anders, sie geraten in ganz neue Beziehungen. Hier spricht jemand von Herzen, überstürzt und wie ins unreine, er korrigiert sich und treibt dann alles wieder ins unreine weiter. Paulus vergreift sich immer wieder auch stilistisch. Bilder geraten in Schräglage, rhetorische Ketten enden im Nirgendwo. Aber dadurch verstärkt sich eher die poetische Kraft seiner Briefe. Hier sucht jemand nach Worten für etwas, das er um des Lebens selbst willen nicht verschweigen kann. Und so ist Paulus anwesend in den Zeilen, als atmete er in ihnen, ein Körper, längst vergangen, doch zu lesen entlang einer drängenden sprachlichen Spur.

5

Apostolos. – Paulus schreibt einen antiken Brief, der nach bestimmten Regeln beginnt. Zunächst wird der Absender mit seinem Titel genannt (die *superscriptio* oder auch *intitulatio*): »Paulus, berufen zum Apostel Christi Jesu durch den Willen Gottes, und Sosthenes, unser Bruder«. Es folgt die Adresse (*adscriptio*): »an die Gemeinde Gottes in Korinth, an die Geheiligten in Christus Jesus, die berufenen Heiligen samt allen, die den Namen unseres Herrn Jesus Christus anrufen an jedem Ort, bei ihnen und bei uns«. Schließlich der Briefgruß (*salutatio*): »Gnade sei mit euch und Friede von Gott, unserem Vater, und dem Herrn Jesus Christus!«

Paulus trägt ein Wort wie ein römisches Feldzeichen voran: *apostolos*, und darin liegt das innere Motiv, der Impuls für alles Folgende verborgen. Es ist dies die wesentliche Bezeichnung, die Paulus annimmt, um sich selbst zu verstehen, vorzustellen, sich zu behaupten: »Paulus, Apostel des Christus Jesus«.

Was ist das – ein Apostel? Paulus nimmt einen Titel für sich in Anspruch, dessen Wurzel in der Sprache seiner Zeit nicht ausgebreitet liegt, sondern sich wie ein Pfahl schnell in die Tiefe bohrte. Das Wort Apostel ist in der Weise, wie es Paulus versteht, genuin christlich. Das heißt: neu, fremdartig. In den Ohren der Griechen klang *apostolos*, auf jemanden wie Paulus angewendet, sehr merkwürdig – so sehr, daß die Lateiner es später nicht übersetzten, sondern als Fremdwort stehenließen: *apostolus.* Für Griechen hieß *apostolos*: etwas Ausgesandtes. Etwas – eine Sache, eine Flotte oder auch ein Heer. Es konnte dies ein Schriftstück, beispielsweise ein Lieferschein oder ein Reisepaß, sein – aber nie eine Person, ein Gesandter. Das Wort stand für Dinge, zumindest für Passivität, als Bezeichnung für einen dahinhetzenden Reisenden wie Paulus schien es ganz unbrauchbar.

Die Juden kannten den *shalīach*, den rabbinischen Gesandten. Dieses hebräische Wort könnte der Ausgangspunkt für eine semantische Verschiebung gewesen sein, die Vorlage einer griechischen Übersetzung *apostolos*. In der Sache ist es dem, was Paulus meint, recht nah. Und doch hat das hebräische Wort bei näherem Hinsehen einen anderen Bedeutungsraum als der »Apostel«, als der Paulus sich sieht. Wer so genannt wurde, *shalīach*, war autorisiert, für einen Auftraggeber unterwegs zu sein, zeitlich begrenzt und an konkrete Aufgaben gebunden. Er übermittelte Vorschriften oder griff im Sinne des ihn sendenden Lehrers, seines Rabbis, in religiöse Rechtsstreitigkeiten ein. Das Wort hatte einen eher juristischen, formalen Klang. Verbunden mit einem wie Paulus, mußte es eher dissonant wirken. Denn Paulus war ja von keiner religiösen Instanz beauftragt, auch von keinem Menschen geschickt. Jesus von Nazareth ist er nie begegnet. Die Frage nach einer hinter ihm stehenden Autorität lief ins Leere. Paulus berief sich allein auf ein ganz unfaßliches Ereignis, das sein Wesen von Grund auf verwandelte: »Ich lebe, doch nun nicht ich, sondern Christus lebt in mir.« (Galater 2,20) Das ist keine Aufgabe für einen *shalīach*, das ist eine neue Identität.

Paulus stellt sich also unter eine Bezeichnung, die Anknüpfungen schwer zuläßt. Apostel – das heißt zunächst: Ich bin nichts, was ihr kennt. Kein Prophet, kein Philosoph, kein Weiser, kein Lehrer, kein Jünger, keine Amtsperson und kein Funktionär, kein Repräsentant, kein Delegierter, kein Würdenträger. Paulus ist »berufener Apostel Christi Jesu«. Dissonanz zu einem wie auch immer gearteten Vorverständnis und sprachliche Unsicherheit werden in diesem Titel aufgerichtet zum Zeichen. Was das Wort Apostel hier bedeutet, läßt sich eben nur aus dem Ereignis herleiten, das ihm vorausgeht. Dieses Ereignis stürzte Paulus in den Selbstverlust –

Apostel. Das Wort ist zunächst ein semantisches Loch, wie der blinde Fleck im Auge. Es gleicht einer verlorenen Erinnerung, von der man noch weiß, daß es sie gegeben und wie man sie gefühlt hat, aber dann ist da nur noch eine Lücke, ein bewegendes Nichts, vielleicht umgeben von einer vagen Landschaft, Bäumen, von den Resten eines Gesichtes. So auch hier: Auf dem Weg in die Stadt Damaskus ... Wer war da gewesen? Paulus schreibt: »Ich lebe, doch nun nicht ich ...«

Anderseits ist die Bezeichnung, die diesen Leerraum umschreibt, nicht beliebig. Paulus sieht in der Sprache eine Gabe, die ihn befähigt, sich dem Unsagbaren zu nähern – indem er antwortet, sich bewegen läßt und die Wirklichkeit nach Spuren absucht. Eine solche Antwort kann Sinn bergen, weil ihr das, was sie sagt, aus der Fremde entgegenkommt.

Apostel – das Wort ist, wie das ihm zugrunde liegende Geschehen selbst, unverständlich, eine Setzung. Dem Ereignis vor Damaskus, als der Pharisäer und Christenverfolger Saulus dem Christus begegnete (wovon Paulus nie zusammenhängend erzählt, wovon wir von ihm so gut wie nichts Erzählbares wissen),[6] wäre kein sprachlicher Ausdruck angemessen, der eine Kontinuität zu religiösen Institutionen, Mythen oder philosophischen Weltbeschreibungen suggerierte.

Apostel – das heißt, so mein erster Übersetzungsversuch: der Entlassene. Jemand ist aus einer Gottesbegegnung entlassen.

In den Evangelien wird das Wort später auf den engeren Jüngerkreis beschränkt. Apostel sind dort diejenigen, die Jesus aussandte, unter den Juden zu predigen, zu heilen und Dämonen auszutreiben. Auch hier: ein sprachlicher Reflex auf einen Ruf, der einer ganz anderen Sphäre des Wirklichen entstammt, der unerklärlichen Doppelnatur des Jesus von Nazareth als »wahrer Gott« und »wahrer Mensch«[7]. Nach

Ostern ist es der Auferstandene, der die Apostel in ihr Dasein ruft – als Zeugen der neuen Schöpfung und als Kristallisationskerne einer Gemeinschaft, die nur vorbehaltlich noch in der Kontinuität der Geschichte existiert. Der Begriff hat dann in den Evangelien und vollends in der Apostelgeschichte die Tendenz, in ein Amtsverständnis zu führen. Die Zwölfzahl ist dafür ein hartes Indiz: zwölf, wie die Zahl der Stämme Israels, zwölf Repräsentanten eines neuen Gottesvolkes.

Bei Paulus begegnet uns das Wort in seiner Frühe, in seiner klaren Verwandlungskraft. Indem Paulus sagt, daß er Apostel sei (was auch für Christusgläubige damals durchaus irritierend und schon bald im Sinne einer behaupteten Amtsautorität umstritten war[8]), führt er einen Namen zurück auf den Moment des ersten Benennens. Etwas erscheint, was vorher noch nicht da war. Apostel: Jemand ist aus einer Gottesbegegnung entlassen (und sagt sofort noch: in dem Christus).

Zwei Modelle der Beschreibungen dieser Begegnung bieten sich an: Jemand ist in sich versunken, gefallen in einen Abgrund, über den sich das Selbst spannte und dem es nun nichts mehr entgegenhalten kann, eine zerrissene Membran. Das ist das Bild der mystischen Innerlichkeit. Oder man könnte sagen: Jemand ist getroffen worden, senkrecht aus der Höhe, wie von einem Blitz, einem Lichtstrahl, einem Geschoß. Das ist das Bild der Offenbarungstheologie. Beides kommt in der Folge auf dasselbe hinaus: auf die Wunde.

Was Paulus über seine Berufung zu sagen hat, könnte man »subjektiv« nennen[9] – eine Setzung des Inneren, das sich isoliert und eine Tiefe erfährt, welche die Reflexionskraft übersteigt. So schreibt Paulus in seinem zweiten Brief an die Korinther von einem Licht, das aufschien wie am ersten Schöpfungstag: »Gott, der sprach: Licht soll aus der Finsternis hervorleuchten, der hat einen hellen Schein in unsere Herzen gegeben …« (2 Korinther 4,6) War da ein Leuchten im Inneren, ein Glutkern? Oder eine Strahlung von außen? Paulus ist etwas widerfahren – woher auch immer. Angesichts des Ereignisses wird die Unterscheidung von außen und innen schal, und das Wortpaar subjektiv/objektiv verliert seine allgemeine Deutungskraft. Ihm ist etwas widerfahren … Und auch das ist wieder nur eine vage Annäherung, denn weder »ihm« (Wer war das vorher? Wer ist es nachher?) noch »etwas« (Was sollte es sein, das man nicht darlegen kann?) geben wieder, worin das Erschrecken bestand. Eine Verschmelzung, in der eins im anderen verlischt? Ein Sterben? Ein Auferstehen? »Und als er seine Augen aufschlug, sah er nichts«, heißt es in der Apostelgeschichte. »Sie nahmen ihn aber bei der Hand und führten ihn nach Damaskus« (Apostelgeschichte 9,8). Gnade, Dasein aus dem Nichts. Paulus wird sich seiner bewußt als einer »unzeitigen Geburt« (1 Korinther 15,8).

6

Spur. – Erinnert sei an Mose. Unterhalb des Berges Sinai auf der weiten Ebene der Vorbereitung[10] warteten die Israeliten auf seine Rückkehr. Mose war auf den Berg gestiegen, um Gott zu begegnen, und das Massiv lag den Flüchtlingen aus Ägypten fern und abstrakt vor Augen. Gestein, Geröll, das Volk wartete, und warte zu lange. Ein gegossenes Stierbild trat für das ein, was dort ins Ungewisse entzogen war. Eine Sehnsuchtsfigur, goldenes Zeichen: Er wird wiederkommen, er wird uns den Gott mitbringen.
Gott, der eine und unsagbare, sprach in seinem Zorn über das Götzenbild, das ihn in den Horizont des Menschen holen sollte, eine unheimliche Möglichkeit aus. Mit ihr würde das Rad der Zeit bis an den Rand der Dunkelheit vor der Schöpfung zurückgedreht: Gott könnte das ganze Volk töten und sich

ein neues schaffen, dessen Stammvater dann Mose hieße (Exodus 32,10). Ein neues Gottesvolk – dieser Gedanke lebte als untergründige Irritation in Israel fort, als Grenzaussage über den souveränen, wandernden Gott aus der Wüste: »Wessen ich mich erbarme, dessen erbarme ich mich.« (Exodus 33,19) Dieser Satz ist der stets mitgedachte Gegenpol zur Erwählungsgewißheit im Judentum, ein dunkler Schatten der Thora: Alles könnte ganz anders sein.

Mose aber bittet, fleht für das Volk. Er bittet um die Wahrheit des Vergangenen und den Sinn der Verheißung, um die Wirklichkeit des brennenden Dornbuschs wie des Aufbruchs aus Ägypten, er bittet um Kontinuität – um eine Möglichkeit, die er als Gnade benennt: Geschichte.

Seine Fürbitte wird erhört, und eine Ungeheuerlichkeit folgt: »Laß mich deine Herrlichkeit sehen!« (Exodus 33,18) Was ist das für ein Wunsch, den Mose da ausspricht? Eben war deutlich geworden, daß nichts Menschliches hineinreicht in diesen Gott, der sich »Ich werde sein, der ich sein werde« (Exodus 3,14) nannte, daß selbst die Gestalt der Geschichte und jede menschliche Identität in ihm widerrufbar seien, daß Schöpfung und Zerstörung schweigend verschwimmen können, geschehen und verschwimmen in dem unendlichen, dem ewigen Gott. Und jetzt diese Bitte? »Laß mich deine Herrlichkeit sehen«?

Der Sinn dieser scheinbaren Verwechslung der Ebenen, die so bedrohlich wirkt, wird durch Gottes Antwort freigelegt. Gott, der Verborgene, dessen Angesicht zu sehen kein Lebender ertragen würde, stellt Mose in eine Felskluft im Gebirge und hält, wie es im Buch Exodus heißt, seine Hand über ihn. Dann erst will er vorüberziehen, und Mose darf ihm *hinterher*sehen (Exodus 33,22-23).

Das also ist der Kern der Bitte: die Spur. Gott als Spur – sichtbare Spur des Unsichtbaren, sagbare Spur des Unsagbaren.

Gott sollte nicht selbst erscheinen, wie wäre das auch denkbar? In einem solchen Ansinnen würde offensichtlich der Tod atmen. Nein, Mose bittet um etwas anderes: Gott möge gnädig seine Spur hinterlassen, *religio*, das Gesetz, den Bund, die Heilsgeschichte ... Er solle jene Kontinuität bestätigen, deren Widerruf eben als Möglichkeit am Horizont erschienen war. Gott möge eine Spur legen, die ihn identifizierbar und annehmbar mache. Mose bringt auf diese Weise seine vorherige Fürbitte auf den Punkt: Laß uns deine Spur erkennen!

Apostel: Jemand ist aus einer Gottesbegegnung entlassen. Paulus wird, anders als Mose, von allem völlig überrascht. Keine Bitte, keine Frage, keine Sehnsucht, kein Verlangen hätten vorbereiten können, was mit ihm auf dem Weg nach Damaskus geschah. Wie eine Spur dazu in eine Beziehung treten könnte, ist ganz offen. Paulus steht wie Mose vor Gott. Und eine Kontinuität? Noch ist nichts davon zu sehen – nur ein Mensch, der verloschen und zugleich ins Leben gerufen ist: »Paulus, berufen zum Apostel Christi Jesu«.

Wie Mose beginnt Paulus angesichts des Ungeheuerlichen zu beten. Bitte und Fürbitte sollen Jahre währen: »Paulus, berufener Apostel Christi Jesu«. Diese Worte sagen im Grunde nichts aus, sondern bitten darum, daß etwas ausgesagt, daß etwas sagbar werde. Apostel – ein Gebet: Sei Spur, mein Gott! Ein Stoßgebet, verdichtet in einer Benennung, in einem Atemzug: »Apostel Christi Jesu«. Der Versuch, nach dem Damaskusereignis wieder eine Sprache zu finden, gründet im Gebet. Die sprachliche Entfaltung der paulinischen Theologie ist weniger eine Verständnisleistung als eine Fürbitte: Sei Spur, erwähle Volk, mein Gott!

Die Fürbitte des Paulus ragt ins Offene. Der Beter hat keine Vorstellung mehr von einem Adressaten. Auch der ist erst Gegenstand der Bitte. Nicht ein Hauch von Magie, von Zugriff in die Sphäre des Heiligen ist übriggeblieben. Alles ist offen, und in diese Offenheit hinein betet Paulus: »berufener Apostel Christi Jesu«. In solchem Gebet, in der Behauptung seiner Person als Betender in »unzeitiger Geburt«, stellt sich Paulus am Anfang seines Briefes den Korinthern vor und fügt folgerichtig an: »durch den Willen Gottes«. Dieser Zusatz steht im Grunde vor jeder weiteren Aussage des Briefes. Deutlich wird das später in der Auseinandersetzung um das Zungenreden und dessen Deutung. Das Beten in Zungen ist für Paulus eine Urform theologischen Sprechens, denn sein Sinn ist allein geglaubt, allein geschenkt – eine Sprache in der Vertikalen, sinnlose Laute als Manifestationen eines Geheimnisses, »durch den Willen Gottes«.

7

Schnell weiter. – Nicht eine Minute ohne Gebet, nicht eine Minute, ohne auszurufen, was fiebrig den Worten voraus ist und sie unterhöhlt. »Apostel Christi Jesu« – mit diesem ersten Genitiv hangelt Paulus über einen Kraterrand, er steigt in den Raum der Religionsgeschichte. Christus ist das griechische Äquivalent des hebräischen Wortes Messias. Paulus spricht in den beiden Worten »Christus Jesus« das früheste christliche Bekenntnis nach: Jesus ist der Messias. Also: Jesus ist der kommende Erlöser, wörtlich: der Gesalbte, gesalbter König der Endzeit. Damit hat Paulus, der Entlassene aus der Gottesbegegnung, einen ersten befestigten Grund erreicht – nicht mehr als eine unsichere Scholle, aber sie trägt Spuren. Denen kann er folgen. Mit wenigen Worten markiert er den Raum, in den er sich nun fortbewegen wird: »Gemeinde Gottes in Korinth … berufene Heilige …« In einem tranceartigen Vorgriff, kaum geschützt durch die Übernahme einer Konvention, holt Paulus weit aus, benennt die Energien seiner Unruhe und wirft dies doch nur bruchstückhaft hin: »Gnade

mit euch und Friede …« Schnell weiter, »die Zeit ist kurz« (1 Korinther 7,29) – das ist die Gnade, das Leben im Bewußtsein der Frist und in der Wirklichkeit eines »anderen Glanzes« (1 Korinther 15,41): blaue Stunde, die Stille, wenn die Dinge aus der Nacht tauchen und sichtbar werden. Und Friede: jene bejahende Entsprechung der theologischen Negation, eins in einem, eins … »Hier mein, des Paulus, eigenhändiger Gruß. Wenn jemand den Herrn nicht liebhat, der sei verflucht. Maranata!« (1 Korinther 16,21-22)
Zwischen den ersten Worten und diesen letzten, einem wohl in großen unsicheren Majuskeln gezeichneten Schriftzug am Ende des Briefes, spannt sich ein Bogen – er ist nicht ebenmäßig, nicht formschön, er ist hart gespannt. Sein innerer Halt ist ein andauerndes Ringen um Sprache. Paulus, der Stotterer im Geist, sucht nach Worten …

8

Maranata. – Weil selbst ein Satz wie »Ich weiß nicht, wer ich eigentlich bin« die Unsicherheit kaum wiedergibt, die mir die Zeit und mein Bewußtsein darin bedeuten: Bin ich in den fragilen Konstruktionen meiner selbst denn anderes als ein Bittender? Wie der Fluß und sein unsichtbarer Raum in der Tiefe unter den Auen, Sand und Kies durchströmend, oder der Flug der Mäusebussarde über den Elbwiesen Bitten sind? Darum, daß etwas geschähe, das wahr und beständig macht?
Ich lese wieder und wieder in dem Brief an die Korinther, lese ihn, als sei er auch an mich adressiert – je öfter, um so mehr wächst die Bereitschaft zu verstehen, um so genauer frage ich nach Wortbedeutungen und Wirkungsgeschichten, folge Assoziationen, und selbst Abschweifungen haben plötzlich ihren eigenen Sinn. Ich schaue auf, und deutlicher erscheint

mir der Brief dann auf einmal wirklich als Offenbarung, die an mir, dem Leser, geschieht – eine, die keine Informationen aus einem Jenseits vermittelt, keine Kunde vom anderen Ufer, vielmehr eröffnet sie erst die Vorstellung, daß es ein anderes Ufer geben könnte, noch verborgen im dichten Nebel über dem Fluß, als Ahnung der Strömungsform meines Lebens zwischen Ufern. Eine Verschiebung des Blicks: Die Augen werden aufgetan, sie sehen nichts anderes als bisher, nur sehen sie es anders. Und so lese ich und schreibe das Lesen auf, lese den ersten der beiden Briefe des Paulus an die Korinther. Die Zeile, der fließende Text sucht seine Mündung: »Maranata!« Diese früheste liturgische Formel, ein aramäischer Gebetsruf bedeutet: Unser Herr, komm!

τῇ ἐκκλησίᾳ τοῦ θεοῦ τῇ οὔσῃ ἐν Κορίνθῳ, ἡγιασμένοις
ἐν Χριστῷ Ἰησοῦ, κλητοῖς ἁγίοις, σὺν πᾶσιν τοῖς
ἐπικαλουμένοις τὸ ὄνομα τοῦ κυρίου ἡμῶν Ἰησοῦ Χριστοῦ
ἐν παντὶ τόπῳ, αὐτῶν καὶ ἡμῶν·
χάρις ὑμῖν καὶ εἰρήνη ἀπὸ θεοῦ πατρὸς ἡμῶν καὶ κυρίου
Ἰησοῦ Χριστοῦ.
Εὐχαριστῶ τῷ θεῷ μου πάντοτε περὶ ὑμῶν ἐπὶ τῇ χάριτι τοῦ
θεοῦ τῇ δοθείσῃ ὑμῖν ἐν Χριστῷ Ἰησοῦ,
ὅτι ἐν παντὶ ἐπλουτίσθητε ἐν αὐτῷ, ἐν παντὶ λόγῳ καὶ πάσῃ
γνώσει,
καθὼς τὸ μαρτύριον τοῦ Χριστοῦ ἐβεβαιώθη ἐν ὑμῖν,
ὥστε ὑμᾶς μὴ ὑστερεῖσθαι ἐν μηδενὶ χαρίσματι
ἀπεκδεχομένους τὴν ἀποκάλυψιν τοῦ κυρίου ἡμῶν Ἰησοῦ
Χριστοῦ·
ὃς καὶ βεβαιώσει ὑμᾶς ἕως τέλους ἀνεγκλήτους ἐν τῇ ἡμέρᾳ
τοῦ κυρίου ἡμῶν Ἰησοῦ Χριστοῦ.
πιστὸς ὁ θεός, δι᾽ οὗ ἐκλήθητε εἰς κοινωνίαν τοῦ υἱοῦ αὐτοῦ
Ἰησοῦ Χριστοῦ τοῦ κυρίου ἡμῶν.

2. KAPITEL

… an die Gemeinde Gottes in Korinth, an die Geheiligten in Christus Jesus, die berufenen Heiligen samt allen, die den Namen unseres Herrn Jesus Christus anrufen an jedem Ort, bei ihnen und bei uns: / Gnade sei mit euch und Friede von Gott, unserem Vater, und von dem Herrn Jesus Christus!/
Ich danke meinem Gott allezeit euretwegen für die Gnade Gottes, die euch gegeben ist in Christus Jesus, / daß ihr durch ihn in allen Stücken reich gemacht seid, in aller Lehre und in aller Erkenntnis.[11] / Denn die Predigt von Christus ist in euch kräftig geworden,[12] / so daß ihr keinen Mangel habt an irgendeiner Gabe und wartet nur auf die Offenbarung unseres Herrn Jesus Christus. / Der wird euch auch fest erhalten bis ans Ende, daß ihr untadelig seid am Tag unseres Herrn Jesus Christus. / Denn Gott ist treu, durch den ihr berufen seid zur Gemeinschaft seines Sohnes Jesus Christus, unseres Herrn.
(1 Korinther 1,2-9)

9

Ekklēsia. – Gedämpfte Straßengeräusche, doch schon wenige Schritte weiter sind sie verschwunden. Als hätte sich etwas verdichtet zwischen den staubigen Mauern, die ich betrete: Vergangene Zeit?
Fresken, ein Frauenkopf mit einer langen geschwungenen Nase, festen Lippen, und am Hals, den unter der Kehle ein Riß durchzieht, liegt die braune Hand eines betrunkenen Silens. Verdichtete Zeit: Ein Haus, das vor 2000 Jahren von Asche verschüttet wurde, liegt ausgegraben vor mir. Und die Bewohner sind eben erst aus der Tür gestürzt und in Richtung Meer gerannt? Der erst zäh strömende Vulkanschlamm soll immer schneller herangeschossen sein, und die Luft stand voll stechender, lähmender Gase.

Ineinandergedrängte Zeit: Fern Vergangenes und Gegenwart scheinen in eins zu fallen, und die bemalten Wände, der Stuck und die Böden mit den Mosaiken zeugen ebenso von Geschichte wie von der Flüchtigkeit des Augenblicks. Wo gehört das hin, was ich sehe? Das hölzerne Schiebegitter vor mir wirkt, als sei es eben aufgerichtet worden, und doch ist es verkohlt. Wohin gehören die Steine, die klaren Farben im Licht dieses Dezembervormittages?

Ich erinnere mich, wie mir mein Vater in Dresden eine innerstädtische Brache zeigte, die von Holundergesträuch und hohem Brennesseldickicht begrenzt war: »Hier stand das Haus, in dem ich wohnte, als ich so alt war wie du.« Mehrmals malte ich für ihn mit Wachsstiften das Grasstück und darauf ein Haus. Sie gehörten zusammen, Haus und grasüberwuchertes Fehlen des Hauses. Ich hätte nicht so schnell über diese Freifläche rennen können wie über den gemähten Wäscheplatz in unserem Hof. Denn das hier war nicht nur eine Wiese: Hier gab es das unsichtbare Kinderzimmer des Vaters, hier gab es die Küche, wo er gegessen hatte, hier waren die Flammen gewesen, als das Gebäude in sich zusammenfiel, von einer Brandbombe getroffen. Ein Gedächtnis in den Halmen, den Stauden?

Ich schaue mich um. Eine Frau liegt in den Armen eines Mannes, sie hat kein Gesicht, aber ihre Hüften gleiten aus einem braunen Stoff, gleich wird er fallen, und der linke Fuß setzt zu einer Bewegung an, welche die Öffnung der Schenkel bedeuten könnte, oder aber einen sanften Schwung, um aufzustehen … Vorbei an dem Bild führt ein Weg in einen Innenhof. Ein Portikus, eine Treppe. Hier oben hat man eine Stuckplatte gefunden. Sie zeigt eine kreuzförmige Vertiefung. Nicht mehr als ein Abrieb, unsicher in der Deutung – die Spur eines Holzkreuzes? Die Platte lag in einem der kleinen Räume im Obergeschoß des antiken Patrizierhauses. Vermutlich waren das vermietete Zimmer.

Ich streife durch Herkulaneum, ein Ausgrabungsgelände in der Nähe von Neapel, unterhalb des Vesuvs. Der Ausbruch dieses Vulkans im Jahre 79 begrub die kleine Stadt unter Lavaschutt und glühendem Schlamm, der sie überflutete und einschloß wie ein Insekt in Harz. Die Konservierung erhielt etwas, was anderswo – etwa in Korinth – die Verwitterung fortnahm und was doch der wichtigste Rahmen war, in dem sich das frühe Christentum zeigte: Alltag, Alltägliches ... Wasserkrüge, ein Holzgitter, Eßgeschirr, ein Treppenaufgang, eine Stuckplatte, darin der Abdruck eines Kreuzes ...

Hier scheint für mich das Wesen dessen auf, was Paulus als *ekklēsia* bezeichnet: » ... an die Gemeinde (*ekklēsia*) Gottes in Korinth ...« Das entstehende Christentum suchte seine Gestalt nicht in der Schaffung neuer Kulträume oder besonderer Sphären des Heiligen. Seine ersten Spuren sind weder Sakralarchitekturen noch Riten der Abgrenzung. Das frühe Christentum holte seine Kraft aus der Alltäglichkeit, aus den einfachen Gebräuchen des Essens und Trinkens, des Waschens, der Geselligkeit. Es schuf keine Sonderwelten, sondern setzte das einfache Leben in einen neuen Zusammenhang. In kleinen körperlichen Gesten sprach sich der neue Glauben aus – in der Fußwaschung und in der segnenden Handauflegung, im Weinkelch an den Lippen und im Brot auf der Zunge. Diese Elemente waren wie Steinchen aus der antiken Lebenswelt gebrochen und neu zusammengesetzt zu einem Mosaik. Nichts Höheres wurde über den profanen Alltag gebaut, sondern der Alltag selbst verwandelt und damit die Grenze zwischen profan und heilig aufgelöst. Das Essen war nicht mehr nur Essen, das Trinken war mehr als Trinken, die Gräber wurden zu Orten der frohen Versammlung, und die heidnischen Festzyklen im Jahreskreis hatten ohnehin jede strukturierende Kraft verloren, denn die Zeit war verdichtet: Alles hatte *jetzt* eine andere Bedeutung, jetzt, die ganze Zeit, im

Vergehen, im Verweilen, nur ein Augenblick noch, in dem Christus.

Die Unaufdringlichkeit, ja, augenscheinliche Unsichtbarkeit des christlichen Glaubens bei einer gleichzeitigen Aufhebung gültiger Normen und Gesetze verstörte und faszinierte die Zeitgenossen der neuen Bewegung. Hier war etwas am Werk, das keine Partikularität zuließ, keine Abgrenzungen in Raum und Zeit, in Schicht und Volk, keine Interessenzuordnung, ja, nicht einmal Priester waren erkennbar, und die innere Gesetzlosigkeit war Programm. Was war geschehen?

Paulus sagt *ekklēsia* dazu, geschehen ist *ekklēsia.* In ähnlicher Weise wie bei dem Wort *apostolos* ist das in der unsicheren Geste eines ersten Benennens gesagt. Es war vielleicht sogar Paulus selbst, der zuerst das Wort *ekklēsia* auf jene Bewegung anwendete, die das Gefüge seiner Zeit mehr und mehr durchlöcherte: Menschen fielen aus ihren Lebensentwürfen, aus ihren Schicksalen und wurden andere, sagten »in Christus« dazu, in dem kommenden, gekommenen Messias.[13] Paulus verwendet das Wort *ekklēsia* in seinen Briefen manchmal mit und dann wieder auch ohne Artikel. Es nähert sich einem Eigennamen. Bezugspunkt ist ein plötzliches Geschehen, eine Strömung, von der auch Paulus selbst erfaßt ist – noch sieht er keine Form. Was hätte für Paulus sonst nähergelegen, als die entstehenden Gemeinden *synagōgē* zu nennen? *Synagōgē* umfaßte in seiner Bedeutung alles, was man in der Mitte des ersten Jahrhunderts als Selbstverständnis einer jungen religiösen Bewegung auf jüdischem Boden vermuten kann. *Synagōgē* war eine gängige griechische Übersetzung der hebräischen Worte *qahal* und *'eda* – Bezeichnungen der Gemeinde Gottes, ihrer Versammlung im Namen des Herrn, erwähltes Volk.[14] Und fühlten sich die ersten Christen nicht genau so? Als wahre Versammlung der Heiligen? Als neues Gottesvolk? Auch in den apokalyptischen Schriften und in den Zeugnissen der religiösen Aufbruchsbewegung von Qumran liest man von der *synagōgē* – verstanden als geheiligtes, reines Gottesvolk der Endzeit. Aber Paulus sagt nicht *synagōgē*. Paulus sagt *ekklēsia*. Das Wort klingt, als würde es am liebsten für sich bleiben wollen – nur jetzt, nur für diesen Moment sind die in Korinth, »die den Namen unseres Herrn Jesus Christus anrufen«, eine *ekklēsia*, und was das über die Zeit hinweg sein soll, ist so unklar wie das, was ein Apostel über die Zeit sei. Denn die innere Kraft der *ekklēsia*, ihren Sinn, bildet das Christusereignis, der ganz unvorstellbare Ruf, der Menschen heraustrennt aus ihren Schicksalsfäden, aus jeder denkbaren Form von Integration, und sie plötzlich zu »berufenen Heiligen« macht. Wobei auch das Wort heilig keine Eigenschaft bezeichnet, sondern verwundert eine Verwandlung wahrnimmt. Heilig ist die *ekklēsia* nicht, weil sie dies oder das sei, sondern ihr wird die Heiligkeit von Gott angesehen, ihr zugesprochen. Sie wird mit dem Ruf zur *ekklēsia* als Gemeinschaft der Heiligen geschaffen. Deshalb zeichnet sie nichts weiter aus, als daß die ihr Zugehörigen jetzt, in diesem Augenblick, »den Namen unseres Herrn Jesus Christus anrufen an jedem Ort, bei ihnen und bei uns …« Von einer Kirche ist da noch gar nichts zu sehen. Möglicherweise ist in Kürze alles verschwunden, als sei da nichts gewesen als ein plötzlichen Erschrecken, wie ein Posaunenstoß (1 Korinther 15,52): Christus Jesus.

Bei den Griechen hieß *ekklēsia* die Versammlung der freien Bürger, gesamtes Volk, der *dēmos*, der von einem Herold aus den Häusern gerufen wurde – ein ganz profanes Wort. Die *ekklēsia* kann im griechischen Sprachempfinden nie einen besonderen, sich von anderen abgrenzenden Verein darstellen, keine Gruppe Glaubender, auch keine Kultgenossenschaft. Das alles meint Paulus nicht, sonst hätte er wohl von *synodos* oder *koinon* gesprochen, Worte, die dafür zur Verfügung standen. Paulus redet ja auch nie von »den Christen«, als präge diese ein Attribut, ein Merkmal, das sie von anderen religiösen Gruppierungen als »christliche« unterschiede. Nein: *ekklēsia* ist nichts *unter anderem*, sie ist *etwas anderes* – eine plötzliche Veränderung, nichts, was man kennt. Wenn Paulus eine einzelne Gemeinde als *ekklēsia* anspricht, schwingt immer auch mit, daß eigentlich eine Gesamtheit gemeint ist – die ganze *ekklēsia.* Es gibt sie nur so. Wo auch immer sie geschieht, ist sie ganz, egal, wie viele es sind, die in Christus sind, denn es sind immer alle, und auch die Toten und die Kommenden gehören dazu. Es handelt sich um keine teilbare Quantität. Das Geschehen *ekklēsia* ist nicht zu verstehen im Sinne einer endlichen Menge oder eines abgrenzbaren Phänomens. Paulus adressiert seinen Brief deshalb auch nicht an eine korinthische *ekklēsia* (als gäbe es daneben noch andere), sondern wörtlich: an die sich in Korinth befindende, besser: sich ereignende *ekklēsia.* Die deutschen Übersetzungsmöglichkeiten »Gemeinde« oder »Kirche« verstellen beide eher das Verständnis – das erste Wort, weil es partiell gedacht ist, bürgerliche Vereinskultur steht vor Augen, das andere weil es institutionell verfestigt. *Ekklēsia* aber ist die Beschreibung einer Unterbrechung, etwas wie eine Bewußtseinsstörung. Sie ähnelt dem Nachbild eines grellen Lichtes, wenn man geblendet die Augen schließt und Ringe zerfließen, gelb und orange, nunmehr ohne Entsprechung in der äußeren Wirklichkeit. Etwas geschah, und was bleibt?

Ekklēsia – wie *apostolos* ist das Wort wohl am ehesten als ein Neologismus im Gebet zu verstehen, ein Antwortversuch, stockend, ohne daß Paulus weiß, wo es hinführen soll und woher es letztlich kommt. Anders können die frühen Christen wohl nicht von sich sprechen, denn sie wissen noch nicht, wer sie sind. Und indem sie es begreifen, verlieren sie es auch, und müssen versuchen, ihre eigene Wahrheit gegen den Begriff der Wahrheit zu finden: »Auch ich, liebe Brüder, als ich zu euch kam, kam ich nicht mit hohen Worten und hoher Weisheit, euch das Geheimnis Gottes zu verkünden. Denn ich hielt es für richtig, unter euch nichts zu wissen als allein Jesus Christus, den Gekreuzigten. Und ich war bei euch in Schwachheit und in Furcht und in großem Zittern ...« (1 Korinther 2,1-3) Was die ersten Christen von sich wissen können, ist nur ein Nicht-Wissen. Sie können an nichts anknüpfen. Denn alle Erklärungen des Neuen würden doch dem Zusammenhang der Wirklichkeit vor dem Christusereignis entstammen, und von dorther kann es gar nicht verständlich werden, war es doch nicht denkbar, bevor es geschah. Es ist nicht so, daß es das neue Gottesvolk gäbe, weil es ein altes gab. Nein, im Christusereignis fällt die Zeit in sich zusammen, und alles, was war und wird und was ist, wird verdichtet, wie zu einem Salzrückstand eingedampft, und verlangt dann, anders angeordnet zu werden: Weil es die *ekklēsia* gibt, wird die Geschichte Israels lesbar als Entfaltung eines Ursprungs gegen den Lauf der Zeit. Christus war vor Mose. Die *ekklēsia* ist die Urform des Volkes Israel. Das Neue Testament erklärt das später im Bild des präexistenten Christus: Er erscheint als der uranfänglichen Logos, das Wort, durch das alles geschaffen wurde (Johannes 1). Das Ineinanderfallen der Zeit im Christusereignis betrifft aber auch die Zukunft: Solange »danach« noch Zeit vergeht, führt sie nicht weiter, sondern im Grunde immer zurück – auf den Christus, kommend und gekommen. So werden die Gemeinden zur Spur des Vergangenen, und sie werden im gleichen Sinn Stätte der Erwartung. Das ist das Paradox christlicher Zeitwahrnehmung: Anfang und Ende fallen in eins in dem Christus.

Ekklēsia bedeutet also zweierlei: Spur des Messias und Stätte des Messias, Spur des gewesenen und Stätte des kommenden. In der liturgisch dichten Adventszeit ist diese Doppelung bis heute als Widerspruch spürbar. Man erwartet die Geburt (die 2000 Jahre zurückliegt) und zugleich die Wiederkunft des Christus, und das ist *eine* Geste: »Die Nacht ist vorgerückt, der Tag aber nahe herbeigekommen.« (Römer 13,12)

Spur und Stätte – *ekklēsia*. Paulus schreibt »an die Gemeinde Gottes in Korinth« zuerst eine Danksagung für deren Dasein. Er schreibt von dem Paradox des gekommenen und im gleichen Atemzug erhofften Messias: »Denn das Zeugnis von Christus ist in euch fest geworden, so daß ihr keinen Mangel habt an irgendeiner Gabe und wartet nur auf die Offenbarung unseres Herrn Jesus Christus.« (1 Korinther 1,6-7)

Wie verfestigt sich ein Ereignis? Wie wird die Christusverstörung haltbar? Als der Abrieb eines Holzkreuzes auf einer Stuckplatte, und auch das eher als Vermutung, eher als deutende Setzung denn als belastbarer Befund archäologischer Untersuchung – so notwendig vage sind die Bilder von den ersten, die sich im Namen des Christus Jesus versammelten. Ihnen ist etwas genommen – die Evidenz ihrer Lebenskontexte, ihrer Geschichte und ihr Orientierungsvermögen. Sie hocken um einen Krater, vielleicht sage ich besser: um eine Freifläche, wo etwas war, das es jetzt nur noch im Raum der Erzählung gibt, wie das Haus der Kindheit des Vaters in der Vorstellung des Sohnes, und die davon Zeugnis gibt, daß etwas war. Und indem sie hier hocken, wird dieser leere Flekken zur Stätte der Erwartung: »Die Zeit ist kurz« (1 Korinther 7,29). So stehen sie auf und gehen ihren Geschäften nach, als gingen sie ihren Geschäften nach, sie kaufen ein, als kauften sie ein, sie leben in ihren Familien, als lebten sie in ihren Familien ... aber sie kehren immer wieder zurück zu dieser leeren Fläche, auf die sich nun alles bezieht. Spur und Stätte – hier war der Christus, hier wird er sein.

Das Christusereignis verfestigt sich in den Sätzen des Paulus, indem unterschwellig die dauernde Fraglichkeit der Sätze mitklingt, eine Sprache, die wie ein Fell über ein tiefes Schweigen gespannt ist: Es bebt, es vibriert, und den Ton trägt, wie bei einer Trommel, die Leere. Eine Schwingung, Schwebe – treu gegenüber dem Ereignis ist, wer diesen prekären Zustand aufrechterhält. Er spricht von dem Christus und widerspricht sich, er flieht ins Paradox, er sagt, was er nicht sagen kann, er schweigt, und er kann doch nicht schweigen. Er formuliert entlang der Traditionen seiner religiösen Herkunft, was da gewesen sei, als Christus geschah – ein Riß in der Wirklichkeit, und die Worte stocken. Sie haben keinen Sinn mehr, und sie haben noch keinen Sinn, sie nähern sich erst tastend ihrem Gegenstand, der sie notwendig macht. Menschen bitten, lallen und bitten (ganz egal, ob in Zungenrede oder in vermeintlich klarer Überlegung): Komme bald! Komm in die Silben! Komm in unsere Herzen, in die Riten, in die Bilder, in die Begriffe … Das, was geschehen soll, ist der ganze Reichtum – Leere, die Offenheit: »Ich danke meinem Gott allezeit euretwegen für die Gnade Gottes, die euch gegeben ist in Christus Jesus, daß ihr durch ihn in allen Stücken reich gemacht seid, in aller Lehre und in aller Erkenntnis.«

10

Mangel. – Im Proömium, dem Vorwort zu seinem Brief an die Korinther in Form einer Danksagung, will Paulus schmeicheln und locken und eine ihm entfremdete Leserschaft gleich zu Beginn gefangennehmen für das, was er gleich zu sagen hat. Er nimmt liturgische Elemente auf,er spielt mit dem emotionalen Hallraum gottesdienstlicher Sprache, aber in einer Form, der die untergründige Verschiebung, die Verstörung anzumerken ist und die in ihrem rhetorischen Kalkül bereits den Widerspruch setzt. Denn wofür dankt Paulus?

Was beinhaltet der besagte Reichtum »in allen Stücken«? »Wort« und »Erkenntnis«... Für Paulus, den Apostel »in Schwachheit und in Furcht und mit großem Zittern...« (1 Korinther 2,3), heißt das wohl zunächst: fehlende Erkenntnis, Mangel an Worten. »Daß ihr durch ihn in allen Stücken reich gemacht seid«: Was Paulus damit meint, könnte man vielleicht Mangelvertrauen nennen, ein Lob des Entbehrten, eine Freude am Ungewußten, Trost im Undenkbaren – mit einem Wort: Reichtum, der nichts enthält, den man nicht hat, sondern den man nur je erfährt »in der Gnade Gottes, die euch gegeben ist«. Denn »fest geworden« ist das »Zeugnis« von dem, was in Christus begegnet, wie ein Rand, wie eine Iris, die sich um eine Pupille schließt – weit, ganz weit im Dunkeln, und sie leuchtet wie ein Regenbogen und umschließt ein Loch, schwarzer Spiegel, der sich dem Licht öffnet, um zu sehen.

Der Mangel ist für Paulus ein Reichtum, weil es ein Mangel in der Erwartung ist. Im Warten auf den »Tag unseres Herrn« ist der Mangel in sein Gegenteil verkehrt, denn alles ist darin gegenwärtig, nur eben im Zustand der Hoffnung: Reichtum der Hoffnung! Sogar der Ausgangspunkt, der Grund der neuen Glaubensbewegung, Christus selbst, wird hier als eine letztlich erst ausstehende, eine kommende Offenbarung beschrieben – er ist als Abwesender anwesend. Er wird erwartet. Darin spiegelt sich das Paradox der Zeit, die fortläuft nach dem Ende der Zeit in der Ankunft des Messias Jesus: Der Tag ... erster Tag der Schöpfung, Tag der Auferstehung, Sonntag für Sonntag, Tag des Gerichtes, das alles ist *ein* Tag, und die Zeitformen kreisen um einen Krater und vermögen ihn nicht einzuordnen. Nicht zu verstehen, nicht sprachlich zu beherrschen, nicht rituell zu kontrollieren, nicht zeitlich einzuordnen, nicht zum Nutzen einzusetzen ist das Christusereignis. Es erklärt nichts, es hilft nichts. Es ist weder sozial,

noch begründet es Werte. Es ist da, ein Loch. Wer hineingerät, fällt und fällt …
Aufgefangen wird er, besser: seines Fallens gewahr und darin von Hoffnung, von Ruhe erfaßt wird er in der *koinōnia,* Gemeinschaft. Der Christus ruft nicht in eine besondere Lebens- oder Denkform, in keine bestimmte Weltanschauung, er ruft schlicht »zur Gemeinschaft«. Alles, was folgt, steht in der Offenheit einer Begegnung, vielleicht einer Verwandlung, jedenfalls eines Gesprächs mit einem Gegenüber, von dem ich noch nichts weiß: »Folge mir nach!« (Markus 2,14)
Und in dieser »Gemeinschaft«, der »seines Sohnes Jesus Christus«, können die Korinther, wie es heißt, »untadelig« bleiben, denn sie ist nichts, was den sich wandelnden Werthorizonten des Menschen entspräche. Nein, ein weißes Kartensegment, eine weite Freifläche, kreuzförmiger Abrieb in einer Stuckplatte, »Wir / wissen ja nicht, weißt du / wir / wissen ja nicht, / was /gilt.«[15] Aber es ist Geborgenheit darin, es nicht zu wissen. Denn wüßte ich es, was sollte über mich hinausreichen?

11

In der Jerusalemer Grabeskirche. – Ich gehe im Kreis: der ölschwitzende Marmorblock, wo der gesalbte Leichnam Jesu lag, die Grabrotunde, weiter: der Bogengang der Heiligen Jungfrau, das Gefängnis Christi, die Kapelle des heiligen Longinus, der die Lanze in den Brustkorb des Herrn stach, die Kapelle der Kleiderverteilung, die Treppe hinab in die Grotte der Kreuzauffindung, und wieder hinaus und weiter in einer der ältesten Kirchen der Christenheit: die Verspottungskapelle, die Adamskapelle unter dem Felsen Golgatha, wo nach der Legende durch einen Riß im Gestein das Blut Christi hinabfloß über den Schädel des ersten Menschen, die Treppe hinauf zu dem Felsen, ich lege die Hand darauf, steige die Treppe hinab: der ölschwitzende Marmorblock, die dunkle Rotunde, von der Grabschächte ausgehen, die Säulen, willkürlich nebeneinander aus verschiedenen Zeiten, als müßte man hier nicht mehr an eine bauliche Vernunft denken, das Gefängnis Christi, rußgeschwärzt, der Chorumgang, und weiter: die Adamskapelle, ich setze mich auf die Stufen zum Felsen Golgatha, ich habe mich einschließen lassen, nachts in der Jerusalemer Grabeskirche, und warte auf den Beginn der griechischen Liturgie und steige zum Felsen Golgatha, lege die Hand auf den Stein … Das Öl, die Rotunde, die Kapitelle im Chorgang, es ist tags hier nicht zu ertragen vor Menschen, Betenden und Blinden, die ihren Kameras folgen, Tausenden täglich, wie auf einem Terminal, und nun trete ich ein in das Grab und verharre, stumm, betend stumm, eigentlich atme ich nur, trete wieder in den Chorgang und laufe im Kreis durch die Kirche, und ich kann nicht sagen, was ich suche, denn ich habe doch eigentlich gar nicht den Vorsatz, etwas zu suchen, die Rotunde wirkt im Dunkel noch größer als tags, wenn ich etwas finden oder erlangen würde, wäre es trostlos, und der Chorgang erscheint wie ein Gebirgsweg, ich trete ein in die Grabhöhle Jesu und verharre, stumm, betend stumm, bis ich beginne, mir dabei zuzuschauen, und mich nicht mehr konzentrieren kann, weil das Wissen um das Beten das Ende des Gebetes ist, und bete dennoch, die Kapitelle, die Lanzenspitze in der Seitenwunde, der Ruß, mein Verirren, und im Innern trage ich lauter Früchte … eine darunter mit dem süßen Aroma fehlender Erklärungen für meinen Ort, eine darunter so bitter, als müßte ich immer wieder durchleben, wer ich sei, die Schmach der Beweggründe, des törichten Lobes, und ein Knistern, Gottfeuerstätte, die alles Erreichte und die Zufälle und Entbehrungen verbrennt, und ich kann nicht sagen, wo und wann, und, umgeben von Kalkstein, habe ich nichts zu tun, schaue in die Flammen der Kerzen vor den Ikonen (woran bin ich gebunden?), und meine Schatten tanzen …

Παρακαλῶ δὲ ὑμᾶς, ἀδελφοί, διὰ τοῦ ὀνόματος τοῦ κυρίου ἡμῶν Ἰησοῦ Χριστοῦ, ἵνα τὸ αὐτὸ λέγητε πάντες καὶ μὴ ᾖ ἐν ὑμῖν σχίσματα, ἦτε δὲ κατηρτισμένοι ἐν τῷ αὐτῷ νοΐ καὶ ἐν τῇ αὐτῇ γνώμῃ.

ἐδηλώθη γάρ μοι περὶ ὑμῶν, ἀδελφοί μου, ὑπὸ τῶν Χλόης ὅτι ἔριδες ἐν ὑμῖν εἰσιν.

λέγω δὲ τούτο ὅτι ἕκαστος ὑμῶν λέγει, Ἐγὼ μέν εἰμι Παύλου, Ἐγὼ δὲ Ἀπολλῶ, Ἐγὼ δὲ Κηφᾶ, Ἐγὼ δὲ Χριστοῦ.

μεμέρισται ὁ Χριστός; μὴ Παῦλος ἐσταυρώθη ὑπὲρ ὑμῶν, ἢ εἰς τὸ ὄνομα Παύλου ἐβαπτίσθητε;

εὐχαριστῶ τῷ θεῷ ὅτι οὐδένα ὑμῶν ἐβάπτισα εἰ μὴ Κρίσπον καὶ Γάϊον,

ἵνα μή τις εἴπῃ ὅτι εἰς τὸ ἐμὸν ὄνομα ἐβαπτίσθητε.

ἐβάπτισα δὲ καὶ τὸν Στεφανᾶ οἶκον, λοιπὸν οὐκ οἶδα εἴ τινα ἄλλον ἐβάπτισα.

οὐ γὰρ ἀπέστειλέν με Χριστὸς βαπτίζειν ἀλλὰ εὐαγγελίζεσθαι, οὐκ ἐν σοφίᾳ λόγου, ἵνα μὴ κενωθῇ ὁ σταυρὸς τοῦ Χριστοῦ.

3. KAPITEL

Ich ermahne euch aber, liebe Brüder, im Namen unseres Herrn Jesus Christus, daß ihr alle mit einer Stimme redet und laßt keine Spaltungen unter euch sein, sondern haltet aneinander fest in einem Sinn und in einer Meinung.[16] */ Denn es ist mir bekannt geworden über euch, liebe Brüder, durch die Leute der Chloë, daß Streit unter euch ist. / Ich meine aber dies, daß unter euch der eine sagt: Ich gehöre zu Paulus, der andere: Ich zu Apollos, der dritte: Ich zu Kephas, der vierte: Ich zu Christus. / Wie? Ist der Christus etwa zerteilt? Ist denn Paulus für euch gekreuzigt? Oder seid ihr auf den Namen des Paulus getauft? / Ich danke Gott, daß ich niemanden unter euch getauft habe außer Krispus und Gaius, / damit nicht jemand sagen kann, ihr wäret auf meinen Namen getauft. / Ich habe aber auch Stephanas und sein Haus getauft; sonst weiß ich nicht, ob ich noch jemanden getauft habe. / Denn Christus hat mich nicht gesandt zu taufen, sondern das Evangelium zu verkündigen – nicht mit klugen Worten, damit nicht das Kreuz Christi zunichte werde.*
(1 Korinther 1,10-17)

12

Kranke Masse. – Die Idee der Einheit findet ihre deutlichste Gestalt in der Uniform – ein Hohlraum, Harnisch der abgelegten oder geraubten Verantwortlichkeit. Wer in einer Uniform steckt, gehorcht einem höheren Prinzip, der »einen Stimme« des Befehls. Meine erzwungene Kasernierung in der DDR Mitte der 1980er Jahre, zuerst für einige Monate in dem Kasernenkoloß des ehemaligen »Kraft-durch-Freude-Seebades-der-Zwanzigtausend« in Prora auf der Insel Rügen, stellte sich mir als reiner Ausdruck der kommunistischen Einheitslehre dar. Das Gebäude lag als eine steinerne Schlange kilometerlang an der Küste, fünf Stockwerke über der

Erde und darunter geflutete Keller. Angesichts des Betonkörpers bewegten wir uns nur noch in Marschkolonnen. Egal, ob die Schulterstücke der Soldaten neben mir die kleinen silbernen Spaten der Waffenverweigerer zeigten oder die Sterne der Befehlsgeber – die Uniform hieß: Seid bereit! Immer bereit! So brüllte ich schon als Pionier neben anderen Pionieren mit rotem Halstuch und weißem Hemd. Hier, in den Baueinheiten der NVA, nachdem ich den Wehrdienst mit der Waffe verweigert hatte, bezog ich einmal mehr Position im Kompromiß – dazuzugehören und einen eher hilflosen Rest Widerstandsfähigkeit zu bewahren, mehr als Tarnung vor mir selbst. Ich legte keinen Fahneneid ab, aber ich trug eine Uniform – war also unzweifelhaft Glied an einem kollektiven Körper, einem Tausendfüßler, der über den Asphalt kroch. Wir schippten Kabelgräben im Fährhafen Mukran, hackten Fundamentlöcher in den mit Findlingen durchsetzten Lehm, um den Bau von Straßen und Eisenbahngleisen vorzubereiten für den Transport von Panzern, Rüstungsgut und Truppen zwischen Rügen und Klaipeda in der Sowjetunion. Daß ich die Waffe ablehnte (als Begründung ließ das im Ostblock einzigartige Gesetz über einen Wehrersatzdienst in der NVA nur das religiöse Bekenntnis zu), war für die aufgeblähte stehende Armee im Grunde ein Vorteil, denn so konnte ich uneingeschränkt zur Arbeit gezwungen werden – und ich war doch dabei immer kenntlich als Soldat, als Teil einer Masse, die geordnet in Kolonnen eine Bucht zergrub.
Jede Masse erkrankt mit der Zeit. Sie bekommt einen üblen Geruch. Ihr gehen unweigerlich die Selbsterhaltungskräfte verloren: Immer sind Einzelne in ihr, die faulen. In der Zusammenrottung werden Keime übertragen. Wir hockten in der Kaserne auf engstem Raum, nur ein Bett, ein schmaler Spind für jeden, ein gemeinsamer Tisch und vielleicht vier Quadratmeter freie Fläche für sechs Personen. Oben in der

Wand hing ein Lautsprecher, der sich nicht ausschalten ließ. Man konnte ihn nur leise stellen und lauschen, wann ein Knistern anzeigte, daß wir jetzt abgehört wurden.

Wir bewegten uns beharrlich im Gleichschritt. Die Nachmittage waren mit Übungen angefüllt, die keinen anderen Sinn hatten als die Übung selbst: Drill, in dem der Körper sich der Uniform anpaßt und mit ihr verwächst. Den Bausoldaten, Abweichlern von der staatstreuen Linie, wurde besondere Aufmerksamkeit zuteil – die Macht konzentrierte sich auf solche weichen Stellen.

Appellplatz in Prora, Baukompanie III, Tag der NVA: Wir standen zwei Stunden schweigend. Der kleine Oberst Suche schlich um uns herum wie ein herrenloser Hund. Er witterte das ängstliche Leben, das Blut in den Soldaten. An mir huschte er vorbei, ich stand ganz stramm und konzentrierte mich darauf, den schmerzenden Druck einer Schnapsflasche im Stiefel zu ertragen. Der Schmuggel von Alkohol war Teil meines soldatischen Kompromisses. Er ließ den Anschein einer inneren Distanz zum gehorsamen Einheitskörper entstehen, war ein Ventil für den Überdruck in den Zellen, für ein Inneres, das mehr zu sein behauptete als Teil einer mehr oder weniger effizienten Menschenanordnung. Ich selbst konsumierte den Fusel selten, verdiente Geld damit – Alkohol ist ein Lösungsmittel, ich fürchtete um die letzten Gerinnsel von Gefühl und Selbstachtung.

Wir standen still, und derweil wuchsen feine auratische Nervenenden in die dicken Uniformjacken, in die ledergepolsterten Stahlhelme. Irgendwann kam ein Generalmajor angetorkelt und lallte eine wirre Rede ins Mikro: Er war das warme Exkrement der Masse, seine Stimme war ein Ausscheidungsprodukt.

Die Bewegungsformen einer Masse sind generell vereinfacht, primitiv – entweder sehr langsam in der Stauung oder sehr schnell in der Hysterie, entweder in duldender Zeitdehnung oder in Lynchlaune. Einmal erlebte ich den kollektiven seelischen Zusammenbruch einer Kompanie Bausoldaten, einen meuternden Aufschrei, der sich durch die Räume zog: Brennende Spinde flogen aus den Fenstern, Flaumfedern aus den aufgeschlitzten Betten schwelten auf den Fluren zusammen mit den Ausgangsuniformen. Die schweren Wintermäntel brannten schlecht, aber sie qualmten um so eindrücklicher. Der diensthabende Offizier und ein Rekrut des Wachregiments hatten sich eingeschlossen in einer winzigen Stube und hielten die Maschinenpistolen schußbereit im Anschlag. Dann betrat die Staatssicherheit das umstellte Gebäude, ruhige Herren in Zivil, die einzigen ohne Uniformen in der Kaserne. Sie boten Sonderurlaub an und vermittelten. Sie kühlten die Situation herab auf das gewöhnliche Maß der Ohnmacht.

Jede Masse neigt zum Fieber, sie ist schnell überhitzt, meist religiös überhitzt. Auch dort, wo sie sich um politische Ideen sammelt, wird sie doch zumeist von einer eschatologischen Erwartung gebildet, einer apokalytpischen Schmelze: der befreite Mensch, die neue, gerechte Gemeinschaft, das wiedergeborene Volk ... So klingen versteckte, zu politischen Formeln degenerierte religiöse Vorstellungen.

Zur Masse gehört, in wiederkehrender Konstellation, der Einzelne, der aus ihr heraustritt, um zu sprechen und um zu sterben.[17] Das geschah exemplarisch am Ursprung des europäischen Theaters und genauso in vielen religiösen Kulten seit Menschengedenken. Kassandra tritt (bei Aischylos in der »Orestie«, einer der ältesten überlieferten griechischen Tragödien) vor den Chor der Männer, um ihnen die Wahrheit über den Zustand Mykenes zu sagen – mit Todesfolge. Christus wird dem Volk vorgeführt mit dem Purpurmantel und einer Dornenkrone auf dem Kopf – ein Gefolterter im Königskostüm, seine Kreuzigung wird herbeigegrölt. Der Einzelne, wenn er als solcher hervortritt und vor den Vielen steht, ist entweder eine Funktion der Masse, ihre Stimme und Ausgeburt als Führer. Oder er ist ihr Opfer.

Aber ich habe dann eine kleine Wiese nahe der Baustelle in Mukran vor Augen. Wir schaufelten dort seit dem Morgendämmern das Fundamentloch für einen Lichtmast. Es war März. Zwischen Feuersteinfeldern lag das noch winterdürre Gras und war ganz lila überwuchert. Ich kann nicht sicher sagen, ob das Bild einem Traum angehört oder ob ich es damals wirklich so sah: Hunderte Krokusse blühten, blasse Kelche. Sie schienen merkwürdig zu schwanken zwischen Trauer und Heiterkeit. Sie sahen aus wie Adern in den Händen von alten Menschen, die diese Welt langsam verlassen und durchsichtig werden für die Erinnerungen, unangreifbar für die Schwerkraft. Jeder Stengel hatte eine besondere Haltung, jede Blüte eine eigene Physiognomie – der Teppich bestand aus lauter einzelnen Pflanzen. Darin lag der tiefe Trost dieses Bildes: Die Uniform erschien hier nur wie eine schwache Behauptung, eine vergängliche Fessel. Wirklich waren die unterschiedenen Wesen, wie diese einzelnen Kelche, ihre Schattierungen der Farbe.

Schon der Scholastiker Duns Scotus lehrte, daß sich in den einzelnen Dingen immer ein unergründlicher Rest verbirgt, der sich dem Begriff, ja, dem Zugriff der Erkenntnis überhaupt entzieht. Die Vorrangstellung des einzelnen Dinges vor der abstrakten Idee, die Brüchigkeit und Geröllform alles Wirklichen hat Johann Georg Hamann mit ganzer Schärfe als Konsequenz der eschatologischen Erwartung im Christentum herausgearbeitet: Gegen die Haltung, die Wahrheit läge im Ganzen, gegen begriffliche Systematisierungen, aber auch gegenüber einem Rückgriff auf Uranfängliches und damit auf eine »Struktur« setzt Hamann das flüchtige Leben, das einzelne Bild, fragmentarisch und dunkel zwischen den Zeiten. Anfang und Ende, und damit die Einheit meines Lebens liegen nicht in meiner Hand, kein philosophisches Apriori und keine Geschichtskonstruktion können sie mir begründen, denn: »Wenn Seine Zukunft gleich einem Dieb in der Nacht sein wird: so vermögen weder politische Arithmetiken noch prophetische Chronologien Tag zu machen.«[18] Was meint also Paulus, der von Eschatologie übermannte Apostel, mit seiner Forderung nach »einem Sinn« und »einer Meinung«?

13

Das Opfer. – Jede Masse leidet an Mangelerscheinungen. Sie ist bedroht von der vielfachen Parallelität der Begierden. Das wirksamste und wohl älteste Mittel, um eine Masse als Einheit zu verfestigen, ist das Opfer.[19] Wenn jüngst im Sudan eine junge Frau, nach islamischem Recht des Ehebruchs überführt, bis zum Oberkörper eingegraben und dann solange mit Steinen beworfen wurde, bis sich nichts mehr von ihr fand, was die Hyänen hätte anlocken können, dann zeigt sich darin eine Art und Weise der Kollektivierung, die uns Europäern näher ist, als wir es gern wahrhaben wollen. Das Opfer leitet Gewalt von innen nach außen, es bildet eine blutige Hülle, innerhalb deren sich Gemeinschaften stabilisieren können. Das Christentum unterscheidet sich davon nicht – auch in seinem Herzen lebt der Opfergedanke. Entscheidend aber war ein Perspektivwechsel: Die ersten Christen schauten nicht mehr mit den Augen von Tötenden auf das Opferblut, sondern umgekehrt mit dem Gekreuzigten auf seine Mörder. Jesus von Nazareth wurde sehr früh von seinen Anhängern als ein Opfer verstanden, eines aber, mit dem man sich identifizierte. Die Einfühlung in den gebrochenen Blick des sterbenden Christus veränderte grundlegend eine Weltsicht. Diese Identifikation eröffnete die Wahrnehmung zweier Seiten im Menschen: Man leidet mit, und man quält mit. Der Gang Christi hinauf nach Golgatha, wie ihn die Evangelien im Neuen Testament aus der Opferperspektive beschreiben, zielt auf kathartische Entlarvung: Wer das liest, erkennt sich in denen wieder, die Blut brauchen, um zu leben. Christus stirbt für andere. Zugleich wird der Schmerz des Leidenden in einer Weise dargestellt, daß er sich nicht mehr verdrängen läßt. Dieser neue Blickwinkel in der Erzählung einer rituellen Tötung erschütterte die antike Welt mit ihrer tief verinnerlichten Opferpraxis. Der empfundene Schmerz des Opfers wird heilig gesprochen, nicht mehr der zugefügte. Damit scheint Mitleid als Möglichkeit auf, wo vorher nur das Ritual stand. Der Leidende auf dem Schlachtfeld oder in der Gosse kann ein eigenes Gesicht bekommen, das ein Empfinden zeigt. Der Aussatz berührt weiter die sakrale Reinheit, kann aber als Krankheit verstanden werden, die ein Mensch durchleidet. Die Beziehung zwischen Gott und Mensch, der Schauplatz des Religiösen, beginnt sich zu verlagern aus der Objektivität des kollektiven Opferrituals nach innen, in den Raum der Seele. *Interior intimo meo,* innerlicher als mein Innerstes, so kann später Augustinus in seinen »*Confessiones*« das Gottesgeheimnis beschreiben.

Paulus steht ergriffen, verwirrt in diesem Wechsel der Idiome antiken Weltzugangs. Er kann von dem Christus und dem Damaskuserlebnis als Geschehen in seinem Inneren schreiben: »Als es aber Gott wohlgefiel, der mich von meiner Mutter Leib an ausgesondert und durch seine Gnade berufen hat, daß er seinen Sohn offenbarte *in mir,* damit ich ihn durchs Evangelium verkündigen sollte unter den Heiden, da besprach ich mich nicht erst mit Fleisch und Blut, ging auch nicht hinauf nach Jerusalem zu denen, die vor mir Apostel

waren, sondern zog nach Arabien …« (Galater 1,15-17) »In mir«? Was bedeutet dieses Innere der Offenbarung? Kommt es von außen? Oder geschieht das Äußere im Innern? Und was motiviert den reflexartigen Rückzug auf sich selbst? Weg von allen, die »vor mir Apostel waren«? Hätten sie ihm gar nichts zu sagen gehabt?
Paulus geht allein in die Wüste, an den gefährlichen Rand der bewohnten Welt, in einem Akt asketischer Gewalt gegen sich selbst, und betritt die noch sprachlosen Abgründe des erwachenden Inneren. Wir wissen nicht, wo genau sich Paulus aufhielt und was er in »Arabien« tat. Hier klafft eine bezeichnende Lücke in der biographischen Überliefung. Der Christus jedenfalls – das Opfer, getötet und auferstanden – hat sich Paulus, dem ehemaligen und mit Steinigungen vertrauten Christenverfolger, eingefressen wie ein Alptraum. Der gefolterte Gott läßt sich nicht auf Abstand halten. Wer wie Paulus von ihm erfuhr, gehört zu ihm, unweigerlich – als Mörder und als Befreiter von dem Gesetz, töten und quälen zu müssen, um zu leben. Beides zugleich, *simul iustus et peccator,* wie es Luther nannte: gerecht und schuldig in einem.

14

Ovum. – Das Christusereignis bringt Innen und Außen auf einen Punkt, einen Einstichpunkt. So als ob Gott die Welt, als Ovum, befruchtet hätte, schwimmt die Wirklichkeit neu, wie eine Keimscheibe, im Offenen. (Man denke an das Mariengeheimnis und an die Geschichte von der »unbefleckten Empfängnis«, Lukas 1,26-38.) Alle Unterscheidungen kommen erst danach, als Teilung und Wachsen und erneute Teilung, wie das Werden eines Embryos unter einem fremden, ewigen Herzton.

Der »eine Sinn«, von dem Paulus spricht, bezeichnet eine Einheit des Ursprungs, wie eine Eizelle. Darauf weist das griechische Verb *katartizein,* vollkommen machen, das Paulus hier verwendet: »daß ihr vollkommen seid in einer Denkart und in einem Sinn« (1 Korinther 1,10, anders als Luther übersetzt). Genau bedeutet *katartizein*: etwas in Ordnung bringen, wiederherstellen, auch reparieren, also: etwas vollenden im Sinne einer ursprünglichen und wahren Gestalt, die verloren ist.
Paulus ist kein Ideologe der Einheit, kein Machtmensch, der Verhältnisse ordnet. Er führt die korinthischen Spaltungen (und damit auch kommende Schismata der Christenheit) auf die Kehrseite aller Teilung zurück, auf den Anfang der *ekklēsia,* auf Christus, die Menschengestalt des Gottes »Ich werde sein, der ich sein werde« (Exodus 3,14). Die gegenwärtigen und alle kommenden christlichen Konfessionen und Denominationen, die vielen Kirchen und deren Abspaltungen ordnen sich wie Eisenspäne auf einem Magneten: Wo Christus ist, gibt es nur Christus und ist nichts Trennendes. Wenn sich Narbengewebe über die Offenbarungswunde schließt, wenn die sprachlichen Deutungen wachsen und die religiösen Bilder geordnet werden – dann entstehen notwendig Differenzen. Die Einheit bleibt für Paulus als Ursprungsgedanke bestehen, als Erinnerung an die Stille, bevor etwas war: Christus-Abgrund, Leere im Sinne der unendlichen Offenheit des Werdens. Sichtbar verwirklicht werden kann diese Einheit nicht. Denn das Einzelne, die Zelle, die je lebendige Gotteserfahrung, ist mehr als die abstrakte Idee einer Kirche, und so ist das Christentum von seinen ersten Anfängen an ein widersprüchliches und vielgestaltiges Gebilde. Katholizismus ist eine Sehnsuchtsfigur – eine Kindheitserinnerung oder eine Hoffnung auf endzeitliche Erfüllung, Alpha und Omega. So erkennt Paulus im menschlichen Körper als einer

Gestalt des Wachstums und der Differenzierung aus *einem* Ursprung das wichtigste Bild der *ekklēsia*: »Wenn der ganze Leib Auge wäre, wo bliebe das Gehör? Wenn er ganz Gehör wäre, wo bliebe der Geruch? Nun aber hat Gott die Glieder eingesetzt, ein jedes von ihnen im Leib ...« (1 Korinther 12,17-18)

15

Namen. – Nicht die faktischen Streitigkeiten in Korinth beunruhigen Paulus. Wie sollte es denn anders zugehen angesichts dessen, was da als *ekklēsia* in sehr unterschiedlichen Hausgemeinden in der großen Stadt Korinth geschieht? Paulus beunruhigt, daß die Korinther diese *ekklēsia* als etwas Teilbares erleben. Das ist ihm Anlaß zu grundlegender Sorge: Die *ekklēsia* kann man nicht zählen. Es handelt sich nicht um ein Mengenphänomen, sondern um eine Auflösungserscheinung bestehender Mengen und um einen bisher undenkbaren, offenen Horizont, in den diese Bewegung führt wie ein Strom zum Meer: »Hier ist nicht Jude noch Grieche, hier ist nicht Sklave noch Freier, hier ist nicht Mann noch Frau; denn ihr seid allesamt einer in Christus Jesus.« (Galater 3,28) Die *ekklēsia* ist nicht mit sich selbst identisch, sie hat ihren Ursprung und ihren Horizont nicht in ihrer Verfügung, und damit auch nicht ihre innere Einheit. Sie ist ein Echo aus großer Ferne, Widerhall im Gebet. (Wenn sich vor allem die evangelischen Kirchen heute zunehmend als Organisationen verstehen und präsentieren, die bestimmte Aufgaben haben, darunter sogenannte »Kernaufgaben«, die sich beschreiben lassen an Hand von Eigeninteressen und Mitgliederbewegungen, dann stehen sie in ähnlicher Gefahr wie die korinthischen Gruppierungen: das unteilbare und unverfügbare Wesen der *ekklēsia* zu verfehlen.)

Paulus hat etwas gehört, beunruhigende Gerüchte von den Leuten der Chloë. Vermutlich waren das die Sklaven einer Christin mit dem schönen Namen einer Farbe, *chloē*, Blond oder Grün, wörtlich: die Farbe der ersten Pflanzentriebe, die aus der Erde brechen, und das war auch ein Beiname der Göttin Demeter. Was zu Paulus drang, hatte für ihn einen äußerst dissonanten Klang: »Ich gehöre zu Paulus ... Ich zu Apollos ... Ich zu Kephas ... Ich zu Christus.« Paulus war wie alle Menschen der Antike ein Namensbewohner, er lebte in der Aura von Namen. Namen sind für ihn Wesen und im Wortsinn Wirklichkeit: Sie bezeichnen den Raum, wo etwas wirksam und erkennbar wird. Paulus hört nun eine vierfache Benennung. Sie zerlegt die *ekklēsia*: »Paulus ... Apollos ... Kephas ... Christus.«
Und darunter ist ein Name, der so nicht genannt werden darf! Nicht als Name unter anderen Namen! Man spürt im Brief den stockenden Atem: Wie kann der Christus so herabwürdigend mißverstanden werden? Für Paulus ist diese Reihung unerträglich, kaum über die Lippen zu bringen. Mit dieser Aufzählung würde sich das Geheimnis des Christus völlig in religiöser, ideologischer Partikularität verlieren, in der Fülle der Meinungen und Ansichten von der Welt und den Göttern. Ein Name unter Namen ... Nichts bliebe übrig! In einer sprachlichen Figur, die nicht mehr rhetorisch wirkt, sondern spürbar einen seelischen Schmerz wiedergibt, fragt er: »Ist denn Paulus für euch gekreuzigt? Oder seid ihr auf den Namen des Paulus getauft?«

16

Getauft. – Taufe, da wird ein Loch geschaufelt, es wird Wasser hineingefüllt, und Menschen werden darin ertränkt: »Oder wißt ihr nicht, daß alle, die wir auf Christus Jesus getauft sind, die sind in seinen Tod getauft?« (Römer 6,3) Das verschämte Betröpfeln von Kinderköpfchen in trauter Runde um ein winziges Taufbecken erleichtert es heute nicht, die Bedeutungstiefe dessen, was hier geschieht, auch zu empfinden. Die tiefen Pools, die man im ganzen Mittelmeerraum in den alten Kirchenruinen findet, waren Orte eines Rituals, das sich über Monate hinzog in verschiedenen Stadien der Initiation. Die Schärfe des biographischen Einschnitts – besser: des biographieauflösenden Einschnitts – spiegelte sich in der Handgreiflichkeit: Es wird untergetaucht. Einer stirbt unter Wasser und wird neu geboren, adoptiert von Gott. Wenn vielfach heute bei den kirchlichen Tauffeiern allein der beruhigende Gedanke der Gottesnähe, der väterlichen Segnung für einen Lebensweg in den Vordergrund gestellt wird, dann handelt es sich um eine Schwundstufe, um den Wurmfortsatz eines verblassenden Mysteriums. Vor dem neuen Leben steht der Tod im alten, in einem ganz realen Sinn. Der alte Mensch wurde in ausgedehnten Unterweisungen, Exorzismen, in Nachtwachen und langem Fasten mürbe gemacht, bis er entkräftet dem Teufel abschwor und dann schnell ertränkt wurde. Der klassische liturgische Ort dafür war die Osternacht. In der Dämmerung des Auferstehungsmorgens tauchte eine neue Kreatur auf – als Mensch in Erwartung. Er wird Teil jener *ekklēsia*, die eine Lücke in der Wirklichkeit markiert, eine Stätte, an der Christus geschehen wird, wie er geschah.

Die *ekklēsia* der Getauften ist ein Phänomen der Zwischenzeit … Ein Dämmern ruht über der Welt. Nur ein paar Steine liegen da, Spuren – man versucht, sie in Sprache zu übersetzen, es gelingt nicht. Das ist die Situation der Theologie.

Wasser, das Untertauchen ist ein Übergang, der kaum einzuordnen ist in die Chronologie eines Lebens – es ist ein Augenblick der Verdichtung, Einbruch des Gottes in die Zeit. Deshalb wurde in der frühen Kirche viel daran gesetzt, die Taufe durch Rituale ihrer Vergegenwärtigung in steter Erinnerung zu halten: »Wir Fischlein aber, gemäß unserem Ichthys Christus, werden im Wasser geboren und sind nur dann heil, wenn wir im Wasser bleiben«, schreibt Tertullian um das Jahr 200.[20]

In der Taufe geschehen seit ihren frühesten Feiern zwei Namenszuordnungen: Der eine Name begründet die Identität des Täuflings. Namentlich, so die dahinterliegende Bildlichkeit, wird er eingetragen in das Buch des Lebens, in ein Gedächtnis des Gottes, der diesen Menschen schon gedacht hat, ehe es ihn gab. Die Taufe aber geschieht in einem anderen Namen, dem des Christus. Der eben Benannte verliert in ihm seine Identität, sein Name verschwimmt in dem Namen, »der über alle Namen ist« (Philipper 2,9). Der Getaufte geht der Konsistenz seiner Lebenserzählung verlustig. Dieser Verlust aber begründet letztlich erst die unverfügbare Tiefe des Selbst, die Offenheit des neugeschaffenen, glaubenden Subjekts. Was es ist, gründet nicht mehr allein in der Immanenz, sondern wird ihm (man sage von außen oder von innen) zugesprochen. Dieses Subjekt sieht weiter, als seine eigenen Augen reichen, und umfaßt mehr als sich selbst, es ragt in die Fremde Gottes, der es schauend und erzählend hervorbringt: Kann eine Lebensgeschichte jemals meine sein?

17

Das Wort ward Fleisch. – Die Spannung zwischen den beiden Namensnennungen in der Taufe führt in den Bedeutungshof des Gedankens der Inkarnation, der als wichtigster Motor der Theologie in den ersten Jahrhunderten wirkte: »Und das Wort ward Fleisch und wohnte unter uns.« (Johannes 1,14) Der Gott, dem die Attribute allmächtig, allgegenwärtig usw. angestammelt werden, der unfaßliche und jeder sprachlichen

Darstellung entzogene Gott wird nicht nur Mensch, er wird *einzelner* Mensch. Er hat einen Namen: Jesus aus Nazareth. Das einzelne, begrenzte Leben wird zur Gottesoffenbarung, und das setzt sich fort: Namentlich bekannte Jünger begegnen ihm, werden Zeugen seiner Kreuzigung und Auferstehung. Der Auferstandene selbst erscheint in identifizierbarer Gestalt. Thomas legt ihm die Hand in die Seitenwunde. Und das alles hat einen geschichtlichen Ort, markiert durch Namen: Herodes, Pontius Pilatus, Augustus, Tiberius …

Im Katharinenkloster im Sinai hängt eine der frühesten erhaltenen Darstellungen Christi: eine enkaustische Ikone aus dem sechsten Jahrhundert. In Wachs gestrichen, leuchtet der *Christus Pantokrator* im Schräglicht, seine schwarzen Haare fügen sich wie ein innerer Kreis in den Goldgrund. Er schaut mit einer jenseitigen Milde knapp über den Betrachter hinweg. Man ist angesehen von ihm, aber nicht fixiert – das vertieft die Wärme, die von dem Gesicht ausgeht. Für die griechischen Mönche im Kloster ist das Bild eine »wahre Ikone« – menschgewordener Gott, nach einem offenbarten Urbild gemalt. Er hat ein eigenes, unverwechselbares Gesicht. Der Mund ist leicht spöttisch nach unten gezogen, ein gelassenes Lächeln: Er weiß von mir. Aber das linke Auge irrt ab, es schaut sinnend links aus dem Bild – als könne sich der Christus nicht konzentrieren, als dächte er nach und schaute für Momente nach innen.[21] Solche unvollkommenen Details geben dem Bild seine Wahrheit: »Das Wort ward Fleisch.« Die Ikone ist durch und durch realistisch, sie bildet selbst den Gedanken der Inkarnation ab, bildet eine eigene Wirklichkeit, eines der »Zentren des Seins«, wie es der russische Religionsphilosoph Pawel Florenski nannte, »Verdichtungen des Seins, die ihren eigenen Gesetzen folgen und deshalb ihre eigene Form haben; daher kann nicht, was existiert, als gleichgültiges, passives Material zur Ausfüllung irgendwelcher Schemata betrachtet werden, schon gar nicht des Schemas des euklidischen Raumes; und daher müssen die Formen auf Grund ihres *eigenen* Lebens erkannt und entsprechend dieser Erkenntnis aus sich selbst dargestellt werden.«[22]

Die kleine Wiese nahe der Baustelle in Mukran zwischen Feuersteinfeldern: Hunderte Krokusse blühen, blasse lila Kelche. Jeder Stengel in einer besonderen Haltung, jede Blüte mit einem eigenen Ausdruck. Der weite Teppich bestand aus lauter einzelnen Pflanzen, und das barg einen tiefen Trost für den Bausoldaten damals in seinem ausweglosen Kompromiß mit der Macht: » ... daher müssen die Formen auf Grund ihres *eigenen* Lebens erkannt und entsprechend dieser Erkenntnis aus sich selbst dargestellt werden.«

Folgt man dem neutestamentlichen Inkarnationsgedanken, wie er von Paulus und später im Kolosserbrief (Kolosser 1,15-20) und von dem Evangelisten Johannes (Johannes 1,1-16) theologisch ausgeformt wurde, ist in jedem einzelnen Ding und in jedem Lebewesen der Logos verborgen. Das hat zur Konsequenz, daß sich der christliche Glaube kaum nach außen abgrenzen kann: Jede irdische Gestalt kann auf den Christus verweisen. Daher ist die eine unteilbare *ekklēsia* letztlich nicht aus der Welt herauszulösen.

In den blühenden Krokussen, in den Feuersteinen, in den hackenden Soldaten war hundertfach etwas angedeutet, was man die Möglichkeitsform Gottes nennen könnte, eine unabschließbare Gestalt. Da, ein Falter fliegt auf von einer Moosinsel, zwei Augen im Flug, Tagpfauenauge, die großen Flügel flattern zu schnell, als daß ich ihnen folgen könnte, und er steigt höher in die Weiden ...

Doch immer gibt es auch eine andere Seite, Paulus wird nicht müde, darauf zu verweisen: die Dunkelheit der Offenbarung. Die östlichen Kirchenväter nannten sie später »Apophatik«: die grundsätzliche Unerkennbarkeit Gottes. Sie gilt selbst für

die Christusoffenbarung: »Was immer über die heilige Menschheit Jesu Christi bejahend gesagt werden kann, hat den Sinn einer höchsten und äußersten Verneinung«, schreibt der Pseudo-Dionysios[23], einer der einflußreichsten frühen Mystiker. Inkarnation und Apophatik kommen zusammen in einer Pendelbewegung: Nein! – Was du denkst, ist fern von dem Christusereignis, nicht mehr als ein Rand, schwarze Kante, Bruchlinie in die Tiefe – Ja! Hier ist Christus, der Mensch, der wie du vor dem Riß hockt und der dein ganzes Leben und dessen Wahrheit bereits gesagt hat: Folge mir nach!
Und so erstrahlt das Fanal: Zunichte! Das »Kreuz« – »nicht zunichte«!

῾Ο λόγος γὰρ ὁ τοῦ σταυροῦ τοῖς μὲν ἀπολλυμένοις μωρία ἐστίν, τοῖς δὲ σῳζομένοις ἡμῖν δύναμις θεοῦ ἐστιν.
γέγραπται γάρ

Ἀπολῶ τὴν σοφίαν τῶν σοφῶν
καὶ τὴν σύνεσιν τῶν συνετῶν ἀθετήσω.

ποῦ σοφός; ποῦ γραμματεύς; ποῦ συζητητὴς τοῦ αἰῶνος τούτου; οὐχὶ ἐμώρανεν ὁ θεὸς τὴν σοφίαν τοὺ κόσμου;
ἐπειδὴ γὰρ ἐν τῇ σοφίᾳ τοῦ θεοῦ οὐκ ἔγνω ὁ κόσμος διὰ τῆς σοφίας τὸν θεόν, εὐδόκησεν ὁ θεὸς διὰ τῆς μωρίας τοῦ κηρύγματος σῶσαι τοὺς πιστεύοντας·
ἐπειδὴ καὶ ᾿Ιουδαῖοι σημεῖα αἰτοῦσιν καὶ Ἕλληνες σοφίαν ζητοῦσιν,
ἡμεῖς δὲ κηρύσσομεν Χριστὸν ἐσταυρωμένον, ᾿Ιουδαίοις μὲν σκάνδαλον, ἔθνεσιν δὲ μωρίαν,
αὐτοῖς δὲ τοῖς κλητοῖς, ᾿Ιουδαίοις τε καὶ Ἕλλησιν, Χριστὸν θεοῦ δύναμιν καὶ θεοῦ σοφίαν·
ὅτι τὸ μωρὸν τοῦ θεοῦ σοφώτερον τῶν ἀνθρώπων ἐστὶν καὶ τὸ ἀσθενὲς τοῦ θεοῦ ἰσχυρότερον τῶν ἀνθρώπων.

4. KAPITEL

Denn das Wort vom Kreuz ist eine Torheit denen, die verloren werden; uns aber, die wir selig werden, ist's eine Gotteskraft. / Denn es steht geschrieben: »Ich will zunichte machen die Weisheit der Weisen, und den Verstand der Verständigen will ich verwerfen.« /
Wo sind die Klugen? Wo sind die Schriftgelehrten? Wo sind die Weisen dieser Welt? Hat nicht Gott die Weisheit der Welt zur Torheit gemacht? / Denn weil die Welt, umgeben von der Weisheit Gottes, Gott durch ihre Weisheit nicht erkannte, gefiel es Gott wohl, durch die Torheit der Predigt selig zu machen, die daran glauben. / Denn die Juden fordern Zeichen und die Griechen fragen nach Weisheit, / wir aber predigen den gekreuzigten Christus, den Juden ein Ärgernis und den Griechen eine Torheit; / denen aber, die berufen sind, Juden und Griechen, predigen wir Christus als Gottes Kraft und Gottes Weisheit. / Denn die Torheit Gottes ist weiser, als die Menschen sind, und die Schwachheit Gottes ist stärker, als die Menschen sind.
(1 Korinther 1,18-25)

18

Das leere Kreuz. – Rauhes Holz, vertrocknete Blutspuren … Das Kreuz ist leer. Der Nagel auf der einen Seite des Querbalkens ließ sich einfach herauslösen, unter der Oberfläche war der grob behauene Stamm morsch. Auf der anderen Seite mußte die Hand mit einem Eisen herausgehebelt werden, ebenso dann die beiden Füße.
Das Holz für ein Kreuz war kostbar, solange es nicht über eine größere Länge splitterte. Man ging sorgsam damit um: Die Balken erholten sich nun in der Sonne. Fliegen wurden von keiner Feuchtigkeit mehr angezogen. Nur wenige kreisten noch über den schweren Eisennägeln am Boden und

über dem schmalen Brett, auf dem er gesessen hatte, um langsamer zu sterben, langsamer, auf dem Brett, das von seinem Urin durchtränkt und wieder ausgetrocknet war.

Er ist tot. Stumm Gemachtes. Schorf. Das Kreuz ist leer. Pinienholz. Irgendwann wird es verbrannt, denn es altert unter den sterbenden Körpern. Es taugt nur für wenige Kreuzigungen. Flammen, Blau und Gelb, Orange und Rot, die vielen Hautfarben. Chaotische Trauer, orientierungsloses Erinnern: Das Kreuz ist leer. Der tiefste Schmerz entsteht an der abstraktesten Stelle, in der Abwesenheit. Ein Kreuz, zwei ineinandergefügte Balken. Das ist die ganze Wahrheit – »Gotteskraft« …

Das Kreuz ist leer. Paulus schaut zurück, um die Spur dessen zu verfolgen, der da fehlt und zum Gedanken wird. Wer war es zuletzt? Seit den Anfängen der Ikonenmalerei, aber vor allem seit den drastischen Kreuzigungsdarstellungen des Spätmittelalters suchte man ihn: den Sterbenden, den Christus an der Grenze zwischen Leben und Tod … Kein Gesicht, keine Physiognomie mehr. Der Kopf scheint länger zu werden, innerhalb weniger Minuten fallen die Wangen ein. Insekten, von keinem Reflex mehr aufgeschreckt, sammeln sich in den Mundwinkeln und an den Lidrändern. Grauschimmernde Lippen schließen sich nicht mehr über den Zähnen. Die glanzlosen Augäpfel, die weder nach außen noch nach innen sehen, die gar keine Sinnesorgane mehr sind, sondern durchblutete Gallerte … Aber Beschreibungen dieser Art (sei es wie hier entlang der Bildwerke Grünewalds und Cranachs) führen kaum näher heran an das, was Paulus zu verstehen sucht. Und wer damals sah, was vor den Mauern Jerusalems auf dem Felshügel Golgatha geschah, wendete wohl auch schnell den Blick ab. Es blieb ja nicht folgenlos, einen Gekreuzigten in den letzten Minuten seines Lebens anzuschauen. Was da sichtbar wurde, griff alle später wahrgenomme-

nen Gesichter an und vor allem das eigene Spiegelbild. Und das war gewollt: Der Körper am Kreuz war ein Ausstellungsstück. Er sollte gesehen werden! Seine Bewegungen waren am Ende nur noch Krämpfe, die sich allmählich der Leibesmitte näherten, der Lunge und dem Herzen. Lähmungen folgten, die irgendwann den Tod brachten. Eine langsame öffentliche Selbstaufgabe wurde zelebriert. Eine Kreuzigung war im Wortsinn *entwürdigend*, sie widerlegte jede *dignitas*. Das Kreuz wurde von den Römern meist als Strafe für Verbrechen angewendet, welche die Legitimität der politischen Verhältnisse angriffen, denn es bewies augenscheinlich und kaum widerlegbar die Unangemessenheit von Machansprüchen des Verurteilten: Am Kreuz war er gezwungen, sich über Stunden und vor aller Augen von dem zu lösen, was an ihm Menschliches und was ihm einmal Stolz war. Am Ende bestätigte das ausgehängte Fleisch die Ordnung.
Ämtern kam im antiken Verständnis eine Ewigkeitsform zu, die den konkreten Körper des Inhabers verwandelte und formte, die einen selbständigen mystischen Körper bildete, der den Berufenen begleitete und zum Gehorsam rief. Dieser, die *dignitas,* die Würde eines Amtes (aus der Rechtssphäre wanderte der Begriff später in die Moral ein), war unvereinbar mit einer öffentlichen körperlichen Zersetzung am Kreuz. Die Kreuzigung als Hinrichtungsform bedeutete den Ausschluß aus einem Mitleidsraum, aus einem Sozialkörper, der sonst auch die Sterbenden und sogar die Toten mit einschloß. Ja, das Kreuz negierte die Teilhabe an einem mythischen Ursprung, an einer Gattung, würden wir heute sagen. Hier wurde demonstriert, daß Rom und seine Götter darüber bestimmten, wer ein Mensch sei. »Jesus von Nazareth, der König der Juden« war es nicht! Vorgeführt wurde an den Balken die Nichtmenschlichkeit eines Menschen. Fraglich ist selbst, ob die Agonie am Kreuz von den antiken Zeugen als individuel-

ler Tod wahrgenommen wurde, etwas, worauf man sich etwa in einer *ars moriendi* hätte vorbereiten können. Die Marginalisierung des Todes in der technischen Moderne (»Jetzt wird in 559 Betten gestorben. Natürlich fabrikmäßig. Bei so enormer Produktion ist der einzelne Tod nicht so gut ausgeführt, aber darauf kommt es auch nicht an. Die Masse macht es. Wer giebt heute noch etwas für einen gut ausgearbeiteten Tod?«[24]) ist hier, als ein Ausnahmezustand, schon in der Antike angelegt. Vermutlich war der gekreuzigte Jesus eine Belanglosigkeit am Wegrand, wie ein zertretener Käfer. Angesichts des Kreuzes ist es nach antiker Wahrnehmung jedenfalls sinnlos, von einem Leben zu erzählen, das von messianischen Erwartungen begleitet war. Auf dem Felsen Golgatha wurde das Leben Jesu widerlegt, »zunichte« gemacht – ob er nun Menschensohn oder Christus gewesen sei, Lehrer oder Prophet.

Die Evangelien beschreiben Jesus während seiner mehrstündigen Hinrichtung in einem merkwürdigen Zustand der Hingabe, ja, des Einverständnisses mit dem eigenen Verlöschen. Die Evangelisten versuchen diesen Befund aufzulösen in einer theologischen Pendelbewegung zwischen zwei Naturen Jesu, zwischen einem leidenden Menschen und einem wissenden Gottessohn. In der frühen Kirche wurde lange um ein Verständnis dieser Doppeldeutigkeit Jesu gerungen. Das Konzil von Chalcedon prägte im Jahr 451 eine notwendig paradoxe Formel: »Christus ... in zwei Naturen unvermischt, unverwandelt, ungeschieden, ungetrennt ...« Nimmt man diese Zweinaturenlehre ernst als Ausdruck einer unaufgelösten Spannung, dann muß sie auch im Sterben gelten. Dann muß das Einverständnis Jesu in seinen Tod eine rein menschliche Seite haben, ohne alle göttliche Distanz. Was bedeutet dann diese anscheinende Aufgabe aller Gefühle, allen inneren Aufbegehrens Jesu? Verinnerlichte Ohnmacht? Drang kein Gefühl, kein Reiz mehr klar genug ins Innere vor, um

eine Reaktion auszulösen? Außenwelt und Inneres abgekoppelt wie bei einem Autisten? Wer starb da? Wohl ein Mensch, der nicht mehr Mensch war …
Paulus war nicht Zeuge der Kreuzigung. Für ihn ist das Kreuz vor allem eine theologische Figur – der tiefste Schmerz an der abstraktesten Stelle, in der Abwesenheit. Tot. Das Kreuz ist leer. Aber alles Elend, alle Fragen, die dieses Sterben auslöst, nimmt Paulus unweigerlich mit hinein in seine Suche nach einem Ausdruck dafür, was da geschehen sei, in sein »Wort vom Kreuz«. Es birgt das Entsetzen.

19

Zeuge ohne Worte. – Wann immer ich in der Stadtkirche St. Marien in Wittenberg im Gottesdienst vor den hohen Cranach-Altar trete, fällt es mir schwer zu sprechen. Das schwarze Mikro steht bedrohlich auf dem weißen Linnen. Dahinter die Predella, das Bild in Augenhöhe, nimmt der Stimme die Kraft und läßt die Worte fremd, wie von fern diktiert und unwirklich erscheinen: »Vater unser …« Es ist ein Beten gegen einen massiven Widerstand: nackte Steinblöcke, sauber übereinandergeschichtet zu einer Zelle ohne alle Gegenstände, sterile Flächen, als seien sie eben mit einem Schlauch abgespritzt, als sollte Grauenhaftes verborgen werden … Aber er ist doch zu sehen, gar in die Mitte gerückt: der Lebend-Tote, graue Haut, und die Knochen ragen in tödlicher Abstraktion heraus, ein Gerüst. In dem Körper ist keine innere Spannung mehr, kein Halt, er fällt herab und wird doch von den Nägeln im Holz gehalten. Und lebt wohl noch. Oder nicht? In großer Distanz, so daß viel von dem kahlen Mauerwerk sichtbar wird, stehen und hocken Menschen. Krasser Gegensatz: in sturer Stellung, im Gebetsharren, die verirrten Seelen im Anblick des Gemarterten. Was erwarten sie?

Und auf der anderen Seite steht einer auf der Kanzel, es ist Martin Luther, und zeigt auf den Fast-Leichnam, weist auf das Thoraxmuster, die übergroßen Gelenke, und sagt: … Was? Nein, er sagt nichts, er zeigt nur. Zeuge ohne Worte? In die Scham, in die Fremdheit der Sprache gerissen, wenn die Worte an etwas rühren, an dem sie nur zeigen können, daß sie wie tote Zeichen geschieden sind vom Menschen, vom Sprechenden, und der verstummt, weil er sich nicht mehr darin wiedererkennt?

In das Bild dringen spätere Bilder, angezogen von der visionären Schärfe der Darstellung: »Muselmänner«, Mumien-Menschen aus den Vernichtungslagern des 20. Jahrhunderts (so sehr es sich in mir sträubt, weil der Bezug weitreichende Fragen aufwirft). Die »Muschelmänner«, die »Schalenmenschen« aus Auschwitz werden sichtbar, nicht nur vordergründig im Sinne einer Ähnlichkeit, sondern eines ebensolchen Abgrundes in der Widerspieglung – Zerfall von Erzählbarkeit, von Autorposition und Zeugenschaft, von Ordnung in den Fakten und Bezügen zwischen den Details.[25] Was gäbe es dort, von der Kanzel aus, zu sagen?

»Weil nämlich Christus Gott und Mensch in einer und derselben Person ist […], deshalb ist alles in ihm verschlungen …«[26] Oder: »Ich erinnere mich, daß sie, während wir die Treppe zum Bad hinuntergingen, mit uns eine Gruppe von Muselmännern hinuntergehen ließen, wie wir sie später nennen sollten – Mumien-Menschen, lebendige Tote; sie ließen sie mit uns hinuntergehen, nur um sie uns zu zeigen, als wollten sie sagen: Ihr werdet sein wie sie.«[27]

Die Muselmänner waren von Müdigkeit, von dem ständigen Kreisen der Gedanken um Nahrung ausgezehrt, bis die Aushungerung in die Psyche eingriff: »Wer nie eine Zeitlang selbst Muselmann war, der hat keine Vorstellung davon, wie tiefgreifend die psychischen Veränderungen waren, die so ein Mensch durchmachte. Das eigene Schicksal wurde so gleichgültig, daß man sich mit allem abfand und in aller Ruhe den Tod abwartete. Man hat keine Kraft oder keine Lust mehr, ums tägliche Überleben zu kämpfen; das Heute ist genug, man ist zufrieden mit dem, was man als Ration erhält oder aus dem Müll gräbt ...«[28]

War es das, was die romanischen Kruzifixe als menschliche Seite der strahlenden Gelassenheit des toten Gottes darstellten – die Selbstaufgabe? Jesus als ein Sterbender, dem schon alles gleichgültig war, zurückgezogen in eine stumpfe Seelenwelt als Schutzwall gegen das Äußere, gegen das Innere, gegen die Scham und gegen den Schmerz?

»Die Kranken wurden gleichgültig gegenüber allem, was um sie herum geschah. Sie zogen sich aus allen Verbindungen mit ihrer Umgebung zurück. Wenn sie sich bewegen konnten, so taten sie das sehr langsam, ohne die Knie dabei einzubiegen. Aufgrund der niederen Körpertemperatur, die in der Regel unter 36°C absank, zitterten sie vor Kälte [...]. Der Muselmann weckte bei niemandem Mitleid und erfuhr von niemandem Herzlichkeit. Die Kameraden, deren Existenz ja selbst bedroht war, beachteten die Muselmänner nicht. Den Funktionshäftlingen brachten die Muselmänner zuviel Ärger ein, für die SS-Männer waren sie nur unnützer Abfall. Die einen wie die anderen brachten sie um, jeder auf seine Weise.«[29]

Kein Mitleid, keine Beachtung. Die einen wie die anderen standen am Wegrand nach Golgatha, wo Auschwitz wie angedeutet scheint – als ein Fakt, der Deutungen auflöst und ganz neue Begriffe für den Menschen und seine Abgründe verlangt, kein Fakt als Gegebenheit, sondern als quälende Frage: »Was ist der Mensch, daß du seiner gedenkst?« (Psalm 8,5) Die oft beklagte »Sakralisierung« von Auschwitz hat hier einen Sachgrund: in der Deutungslosigkeit, dem Defekt im Erinnern. Was immer man sagt, wird falsch. Auch jetzt, und wer davon im Abendland spricht, bezieht sich auf ein theologisches Untergrundgeräusch, eine heimliche Symbolik des Grauens – das Kreuz. Es gibt nichts dazu zu sagen, was das Geschehen im mindesten eingrenzen könnte. Die ganze Ungeheuerlichkeit, die eine Aussage wie »für uns gestorben« für die Zeitgenossen des Paulus bedeuten mußte, wird mir in der Erinnerung an Filmaufnahmen der Alliierten in den befreiten Konzentrationslagern deutlich, die wir als Schulkinder im Geschichtsunterricht wieder und wieder sehen mußten, projiziert an eine weiße Wand im Klassenraum. Bei den Leichenbergen konnte die Kamera geduldig verweilen, bei den verrenkten, übereinandergestapelten nackten Leibern verharrte sie gar. Bei den Halblebenden aber, den »Muselmännern« hielt sie es nicht aus, schwenkte abrupt weiter. Das da war unerträglich für den menschlichen Blick. Was würde es bedeuten, wenn jemand von so einem Lebend-Toten predigen wollte und sagte: »Denn die Juden fordern Zeichen und die Griechen fragen nach Weisheit, / wir aber predigen den gekreuzigten Christus, den Juden ein Ärgernis und den Griechen eine Torheit; / denen aber, die berufen sind, Juden und Griechen, predigen wir Christus als Gottes Kraft und Gottes Weisheit«?

Sagen wir statt Torheit Sinnlosigkeit und blicken auf die »Muselmänner«: Was kann »Gottes Kraft«, was kann »Weisheit« im langsamen und tausendfach verwechselbaren Siechen zum Tode eines Menschen sein? Das da, was am Kreuz war, dieser Menschennachhall – was sollte das meinen? Wenn es etwas bedeutete, dann eine Zersetzung: die Unverständlichkeit des Menschen in seinem gegenwärtigen Zustand, bloßgelegtes Grauen, Tohuwabohu statt Geschichte, die prinzipielle Unmöglichkeit von Teleologie und Religion. Das, was man da hängen sah, was immer es hieß: Es ist inakzeptabel, will man weiterleben.

20

Dynamis. – Die vier Evangelien des Neuen Testaments haben in den Passionsgeschichten ihr literarisches Herz. Dort liegt auch der Anfang ihrer Entstehung. Die Berichte von Jesu Hinrichtung sind die frühesten sprachlichen Gebilde, die von ihm erzählen. Sie wurden von Mund zu Mund weitergegeben. Von Golgatha her zurück wurde das Leben Jesu dargestellt, sein Weg von Nazareth nach Jerusalem, seine Heilungen und Wunder, seine Wanderschaft ... Am Anfang stand das Ende, die Widerlegung dieses Lebens, und die Bedingungen antiken Erzählens von einem Wundermann oder einem Gottmenschen zerfallen schon zu Beginn an ihrem Gegenstand: kein Gesicht, keine Physiognomie, ein Toter ohne Würde, ausgehängt am Kreuz.

Die Passionsgeschichten sind liturgische Texte, die sich um ein Negativ kristallisieren: toter Gott, der tote Mensch. Abegott[30], der »Muselmann«. Sie sprechen gegen ihren Gegenstand an. Die »Evangelien« (was für ein eigenwilliger und erhellender Euphemismus angesichts des geschilderten Gefälles) entstehen als sprachliche Wesen aus der Dunkelheit einer Offenbarung, die etwas Unerkennbares andeutet, die in die Wirklichkeit einen Riß zieht. Indem die Evangelisten etwa die sieben Worte Jesu am Kreuz aufschrieben, legten sie theologische Verbände um eine Wunde und konnten doch nicht verbergen, daß die Voraussetzungen dafür, etwas auszusagen, etwas in die bestehende Wirklichkeit hinüberzuretten, nicht mehr faßlich waren. Wenn die Evangelisten nicht schweigen, dann nicht, weil sie etwas bezeugen wollten: Zu bezeugen gab es unter dem Kreuz nichts. Der Messias ist tot – das kann nicht der Inhalt eines Zeugnisses sein, und Worte wie die des römischen Soldaten nach Jesu Tod: »Wahrlich, dieser ist Gottes Sohn gewesen«, sind im Perfekt formuliert,

Ausdruck tiefster Resignation. Nein, das Wesen der Passionsgeschichten ist der Umschlag vom Starren ins Dunkel zur Bitte um Sinn. Das »Wort vom Kreuz« ist ein Hilferuf. Es ist die Bitte, daß Gott sei, angesichts seiner Undenkbarkeit, und diese Bitte ist seine Offenbarung.[31]

Was ist also die »Gotteskraft« (*dynamis*), von der Paulus spricht? Sie ist zunächst ein Leerschmerz, ein verzweifelter, bestimmender Durst. Sie führt in die Fähigkeit, den sterbenden Jesus anzusehen und dabei auszuhalten, was mir hier blind entgegenstarrt – der verlöschende, der dunkle Gott: »Und um die neunte Stunde schrie Jesus laut: Eli, Eli, lama asabtani? Das heißt: Mein Gott, mein Gott, warum hast du mich verlassen?« (Matthäus 27,46) Und zu bitten um Sinn …

Das Wort *dynamis* bezeichnet im Griechischen eine Art Kraftfeld, Vermögen, Stärke, eine Potenz (*potentia*), wie es die Lateiner übersetzten. Sie kann etwas schöpferisch hervorbringen. *Dynamis* und Gottesverständnis fielen für die Griechen fast in eins: Gemeint war eine das All erschaffende und durchdringende Kraft, ein Möglichkeitsraum … der, so nun Paulus in seiner widersinnigen Predigt, in dem Christus ohnmächtig am Kreuz hängt. *Dynamis* – wird zur Ohnmacht, ein hartes Paradoxon.

Paulus, da gilt es nun genau zu lesen, berichtet eigentlich gar nicht von der Kreuzigung Jesu, von dessen Sterben an einem Freitag, einem 15. Nissan um das Jahr 30. Davon weiß Paulus nicht viel, und er recherchiert auch nicht. An Fakten hat er augenscheinlich kein besonderes Interesse. Die Resonanzräume, denen ich bisher nachgegangen bin, werden durch den biblischen Kanon gebildet, durch die Voranstellung der Evangelien vor die paulinischen Briefe in den ersten umfassenden Sammlungen des Neuen Testamentes um 200 (in Analogie zur Stellung der Thora, der fünf Bücher Mose, vor den Propheten im Alten Testament): Davon konnte Paulus nichts ahnen.

Der sterbende Jesus, der Schrei, bevor er verschied – ein Schrei? Als wollte Jesus noch einmal behaupten, daß er ein Mensch sei? Oder war der Schrei nur ersehnt von den Umstehenden, ein halluzinatorisches Aufbäumen der ihn Liebenden, der Mutter, des Johannes (jenes Jüngers, »den er liebhatte«, Johannes 19,26), und der Maria Magdalena? Nur diejenigen hörten diesen Schrei, die aufrechterhielten, was nicht mehr der Wirklichkeit entsprach: Gottes Sohn! Und was doch eine Wahrheit war, nur auf einem anderen, einem unbekannten Weg der Bewahrheitung ... Und auf diesem Weg geht nun Paulus.

Wie auch immer: Vergangene Ereignisse meint Paulus nicht. Er meint: »das Wort vom Kreuz«. Das ist nicht das Kreuzesgeschehen selbst, und um das zu unterstreichen, bindet Paulus die beiden Ausdrücke eng zusammen: »... damit nicht das Kreuz Christi zunichte werde. Denn das Wort vom Kreuz ist eine Torheit ...«

21

Das Wort vom Kreuz. – Was ist das »Wort vom Kreuz«? Wenn es sich dabei um Sprache handelt, dann um keine in einem vertrauten Sinn. Sie hätte vielleicht Ähnlichkeit mit einem Gedicht, so wie es vielfach in der Moderne und vor allem nach den geschichtlichen Beben des 20. Jahrhunderts verstanden wurde: als notwendig unzusammenhängendes Stottern, als Lautgebilde, dessen Aussagen sublim in Rissen und Lücken geschähen, gegensprachliches Sprechen, magischer Rest. Ezra Pound hat eine Poetik des Zwischenraums formuliert, die viele Dichter nach ihm (und bis heute) prägte: Sinn geschieht an Brüchen und in Überlagerungen von Ebenen, an

Schnittlinien.[32] Die Dichtung Paul Celans zielt auf keine Mitteilung, ist keine Sprache, wie sie gewöhnlich geschieht. Es ist eine dunkle, verstümmelte Sprache, die ganz auf etwas jenseits der Worte verweist. Ja, nicht einmal verweist, nur darauf wartet. Und auf diesen Vergleich bringt mich die Sprache des Paulus selbst, besonders in diesen Versen des ersten Korintherbriefes, mit den poetischen Figuren des Parallelismus, den bewußt gebauten Widersprüchen, etwa dem zweifachen Oxymoron in Vers 25: »Denn die Torheit Gottes ist weiser, als die Menschen sind, und die Schwachheit Gottes ist stärker, als die Menschen sind.«
Aber versuchen wir, es noch schärfer zu fassen: Was ist das »Wort vom Kreuz«? Primo Levi berichtet in seinem Buch »Atempause« von einem Kind, das ihm nach der Befreiung in Auschwitz begegnete. Es wurde Hurbinek genannt: »Hurbinek war ein Nichts, ein Kind des Todes, ein Kind von Auschwitz. Ungefähr drei Jahre alt, niemand wußte etwas von ihm, es konnte nicht sprechen und hatte keinen Namen: Den merkwürdigen Namen Hurbinek hatten wir ihm gegeben; eine der Frauen hatte mit diesen Silben vielleicht die unartikulierten Laute, die der Kleine manchmal von sich gab, gedeutet. Er war von den Hüften abwärts gelähmt, und seine Beine, dünn wie Stöckchen, waren verkrümmt; aber seine Augen, eingesunken in dem ausgezehrten dreieckigen Gesicht, funkelten erschreckend lebendig, fordernd und voller Lebensanspruch, erfüllt von dem Willen, sich zu befreien, das Gefängnis der Stummheit aufzubrechen. Die Sehnsucht nach dem Wort, das ihm fehlte, das ihn zu lehren niemand sich die Mühe gemacht hatte, das Bedürfnis nach dem Wort sprach mit explosiver Dringlichkeit aus seinem Blick, den niemand von uns ertragen konnte, so sehr war er durchdrungen von Kraft und Leid.«[33] Und dann beginnt Hurbinek ein Wort zu artikulieren, ständig und immer wieder. Es klingt wie »mass-

klo« oder »matisklo«. »In der Nacht lauschten wir angestrengt: Tatsächlich aus der Ecke, wo Hurbinek lag, kam von Zeit zu Zeit ein Laut, ein Wort. Nicht immer das gleiche, um genau zu sein, aber bestimmt ein artikuliertes Wort, oder besser artikulierte Worte, die sich leicht voneinander unterschieden, experimentierende Variationen über ein Thema, eine Wurzel, vielleicht über einen Namen.
Hurbinek setzte seine beharrlichen Experimente fort, solange er lebte. In den folgenden Tagen hörten wir alle schweigend zu, ängstlich bemüht zu verstehen, denn alle Sprachen Europas waren unter uns vertreten – aber Hurbineks Worte blieben dunkel. Nein, es war sicher keine Botschaft, keine Offenbarung, vielleicht sein Name, wenn er je einen besessen hatte ... Hurbinek starb in den ersten Tagen des März 1945, frei, aber unerlöst. Nichts bleibt von ihm: Er legt Zeugnis ab durch diese meine Worte.«[34]

Das »Wort vom Kreuz« – etwas wie »mass-klo«, Laute ohne bestimmbaren Sinn, die eine Lücke markieren, einen Ausfall in der Orientierung durch Worte. Hier wird etwas gesagt, indem es nicht gesagt wird. Ein sterbendes Kind spricht nach innen, preßt Laute hervor. Solcherart Ausdruck ist Paulus auf der Spur. Denn das »Wort vom Kreuz« hat seine Wahrheit nicht in dem, was es sagt – es spricht von einer Unmöglichkeit zu sprechen angesichts dessen, was geschehen ist, des entwürdigenden Sterbens des Erlösers.

Das »Wort vom Kreuz« bezeichnet den Moment, in dem Sprache verloschen ist, verstummt, und erst stammelnd entsteht, auf dem Grund des Unsagbaren. Es ist der pure Unsinn für die, die es einordnen wollen in ihr sprachliches Selbstverständnis. Anderen ist diese Sinnlosigkeit eine »Gotteskraft«, und worin der Unterschied in der Wahrnehmung gründet, entzieht sich selbst wiederum dem menschlichen Verständnis, ragt in das Absurdum, das die Theologie mit dem Wort der Prädestination verhüllt.[35] Paulus setzt in aller Schärfe das Präsens: »Denn das Wort vom Kreuz *ist* eine Torheit denen, die verloren werden; uns aber, die wir selig werden, *ist's* eine Gotteskraft.« Jetzt. Jetzt bin ich gerettet. Jetzt bin ich verloren. Aber worin besteht die Rettung? Und die Verlorenen, wohin bewegen sie sich? Verlorenheit und Rettung geschehen in diesem Moment, heute – aber was ist es, das letztlich scheidet? Ein dunkler Wille? »Wo sind die Klugen? Wo sind die Schriftgelehrten?«

Wer kann erklären, was »mass-klo« ist? Man denkt an ein Grauen, Pforten der Hölle, aber doch an etwas, das in die Sprache drängt. Nur sagbar wird es nicht. Nächtliches Lallen. Vielleicht, so vermuten die Zeugen im befreiten Auschwitz, war »mass-klo« nur ein Ausdruck für Hunger? Brot? Vielleicht Fleisch, »auf bömisch«?[36] Vielleicht war für das Kind das Vergangene gar nicht mehr vorhanden, weil es dem stummen Bewußtsein nicht zugänglich war, verkapselt, und es zählte nur der nackte Augenblick? Der Name verbirgt sich im Geheimnis, »mass-klo«: »Nichts bleibt von ihm: Er legt Zeugnis ab durch diese meine Worte.«

Die Männer lauschten in die Ecke, wo Hurbinek lag, und etwas ganz Verwandtes bedeutet für Paulus die »Torheit der Predigt«: Worten zu folgen, deren Sinn auf einer Sinnlosigkeit aufsitzt. Tod des menschgewordenen Gottes – was soll das heißen? War denn der Gott tot? Und was hieße dann die Vokabel Gott, wenn sie so manipulierbar wäre? Die Predigt des Paulus gründet auf der puren Annahme, der unbegründbaren Überzeugung (einer Art transzendentem Instinkt), daß – um in dem bildlichen Resonanzraum zu bleiben – »mass-klo« etwas bedeutet. Den Schriftgelehrten ist das Wort unbekannt, den Weisen ist es nicht entschlüsselbar. Paulus, der Stotterer, kann nur auf eine Lücke hinweisen mit seinen Worten, auf ein Raunen im Hintergrund. Etwas ist

durch das Wort gesetzt. Was es sein könnte, wird durch den Kontext, seien es hier die Passionsgeschichten oder dort die Berichte von Primo Levi, umrissen. Aber es bleibt ungesagt. Der Glaube, so Paulus, die »Gotteskraft« derer, die »selig werden«, bezieht sich nicht auf Aussagen oder auf Informationen in der Sprache, er bezieht sich auf eben das Ungesagte, das die Sprache einerseits zum Zeichensystem entzaubert und sie anderseits, im gleichen Atemzug, bis zum Mysterium des Sinns auflädt. Es heißt: »mass-klo«. Oder: »Kreuz Christi«. Mehr gibt es nicht.
(Nicht zufällig gehört es zum Kernbestand christlicher Frömmigkeit, die direkte Brücke zwischen dem Tod Jesu und dem Ausblick auf das eigene Sterben zu schlagen: »Erscheine mir zum Schilde, / Zum Trost in meinem Tod, / Und laß mich sehn dein Bilde / In deiner Kreuzesnot. / Da will ich nach dir blikken, / Da will ich Glaubens voll / Dich fest an mein Herz drücken. /Wer so stirbt, der stirbt wohl.«[37] Dann, wenn man selbst die Ordnung der Sprache verläßt, geht es um solche Worte wie »mass-klo«. Sie bergen die Seligkeit.)

22

Skandalon. – Ein Partizip wie *estaurōmenon* (gekreuzigt, 1 Korinther 1,23) bezeichnet ein Resultat, eine Eigenschaft, die aus der Vergangenheit in die Gegenwart herüberreicht und in dieser nicht mehr aufgelöst werden kann. Christus als Gekreuzigter bleibt ein Gekreuzigter, was auch immer geschieht. In solchen grammatischen Figuren versucht sich Paulus tastend zu orientieren: Es gibt die Geworfenheit des Daseins, wie Heidegger es nannte, die faktische Situation, hinter die es nie zurückgeht. Das Kreuz gehört der Geschichte. Ihm, Paulus, der »unzeitigen Geburt«, ist der Auferstandene begegnet – der aber ist der Gekreuzigte. »Wir aber predigen den gekreuzigten Christus, den Juden ein Ärgernis (*skandalon*) und den Griechen eine Torheit.«

Messias – gekreuzigt: Diese harte Fügung ist der Ausgangspunkt der Überlegungen des Apostels zum Wesen des Christus. In diesem Wortpaar werden Gewißheiten aufgelöst. Das ist wichtig: Die Korinther vertragen ja noch keine »feste Speise«, noch geht es um die Verflüssigung des »fleischlichen Menschen« (1 Korinther 3,1-4), darum, nicht zu verharren im Vergangenen und in einer Sprache, die sich zur Wirklichkeit verschoben hat wie eine Folie auf einem darunterliegenden Bild.

Messias – gekreuzigt: Das ist den Juden, so der Jude Paulus, ein *skandalon*. Das griechische Wort *skandalon* bedeutet eigentlich: die Falle. Etwas, das bei Berührung hochspringt oder zuschnappt. Außerhalb des jüdisch-christlichen Raumes kommt das Wort nicht in übertragener Bedeutung vor. In der Septuaginta, der Übersetzung der hebräischen Bibel ins Griechische für die hellenistischen Juden, ist das Wort aber sehr erweitert und metaphorisch gedehnt worden. Dort steht das *skandalon* zunächst allgemein für ein Straucheln, ein Stolpern, dazu für jedes Hindernis, das einen Menschen zu Fall bringt. Das geschieht naturgemäß in der Bewegung, auf einem Weg, und so gerät das *skandalon* in den Sog einer älteren Metapher: Als Wanderung, als Weg haben die Israeliten ihr geschichtliches Dasein gedeutet – von Ägypten durch die Wüste ins Gelobte Land. Die Thora, das Gesetz, galt den Juden dann als »Weg der Gerechten« (Psalm 1,6), und wer davon abirrte, war »wie Spreu, die der Wind verstreut« (Psalm 1,4). *Skandalon* bezeichnete vor diesem Hintergrund eine Falle auf dem Heilsweg – Anlaß von Unheil, Ursache von Verderben, eine Schlinge, und das göttliche Strafgericht folgt. Ein sehr jüdisches, religiös aufgeladenes Wort war entstanden: das »Ärgernis« für den Frommen, der nach der Thora lebt. Es kann überall versteckt sein, vor allem in der eigenen Seele.

Christus am Kreuz: Da lauert eine Falle auf dem »Weg der Gerechten«, dem Weg zum Heil. Eine Schlinge kündigt Verderben an. Und sie hat sich schon zugezogen um die Beine der strauchelnden Frommen. Paulus meint das wörtlich. Ihm geht es nicht um Erkenntnistheorie, als könne man das Kreuz auch anders und besser verstehen, als es die Juden tun. Nein, Paulus will hier nicht auf einen irgendwie gestörten Zugang zum verborgenen Wesen des Kreuzes hinweisen oder ein falsches Verständnis vom wahren Messias bei den Juden anprangern. Das Kreuz ist nicht durch Verständnisleistungen zu umgehen, hier endet die Einsicht. Es ist eine wirkliche Falle – Glaubenshindernis, ernste Gefahr.

Warum? Weil das Kreuz die Blickwinkel verdreht und zentrale religiöse Formen des damaligen Judentums entleert. Ein gekreuzigter Messias – das ist sinnlos, eine Schlinge, des Todes absurde Fehlgeburt. In dieser Schlinge ist die Hoffnung auf den kommenden Herrn erstickt, auf einen endzeitlichen König aus dem Geschlecht Davids, auf den rettenden Menschensohn, und damit würde sich das Gefälle der Heilsgeschichte seit dem Auszug aus Ägypten verlieren wie eine Lache, die versickert. Das Kreuz – ein *skandalon*, Ursache zum Verderben: Denn hier wird umgekehrt, was man glaubte, und diejenigen, »die berufen sind«, wissen auch nicht weiter, stecken ebenso in der Falle. Nur führt sie dieser Schock, das Erschrecken im Straucheln, zum wirklichen Gleichgewichtsverlust und in die Offenheit des freien Falls der Seele … (dem sie sich überlassen, betend und fallend, und sie hoffen allein auf die *dynamis* Gottes, die »Gotteskraft«, unendlicher Möglichkeitsraum, der auch diesen Fall, undenkbar, verwandeln kann …). Paulus gibt den Juden recht: Das Kreuz ist ein *skandalon.* Wer in die Falle tappt, stürzt ab aus allen bekannten religiösen Bezügen.

23

Torheit. – Den Juden ein *skandalon*, für die Griechen heißt das *mōria*: ein geistiger Mangel, »Torheit«, wie es Luther übersetzt. *Mōros* kann fade, schlaff, dumm bedeuten, je nachdem – eine Mangelerscheinung bei Menschen, Tieren oder wo auch immer.

»Wir aber predigen den gekreuzigten Christus, den Juden ein Ärgernis und den Griechen eine Torheit (*mōria*).« Die persönliche Erfahrung des Paulus mag in dieser Wortwahl Spuren hinterlassen haben: Er stotterte auf den Plätzen der griechischen und kleinasiatischen Metropolen von dem Gekreuzigten, von dem Auferstandenen ... Nein, was hatte er gesagt? Also ... der auferstandene Gekreuzigte. Ja, man hat doch die Wunden noch gesehen! Gelächter ...

Das »Wort vom Kreuz« – eine Mangelerscheinung. In den Ohren der Griechen war Paulus nicht ein Irrtum unterlaufen, sondern eine Peinlichkeit, ja, eine Taktlosigkeit. Ein gekreuzigter Gottessohn – das ging gegen den guten Geschmack, das war wie übler Geruch, wie ein aufgedunsenes Trinkergesicht.

Mōria – auch das meint Paulus, wie er es schreibt: Es geht um eine tatsächliche Schwäche. Die Griechen haben genau hingesehen: *mōria.* Das Kreuz, ein gekreuzigter Gott, war eine Torheit, Zeugnis geistiger Deformation, nicht diskutabel. Auch an dieser Stelle geht es Paulus nicht um eine Kritik verstellter Wahrnehmung oder von Mißverständnissen bei den anderen. Wußten es die Christen denn besser? Nein: Es war eben eine *mōria.* Auch für die, die »selig werden« sollten, blieb das so. Nur erkannten diese sich ganz in der *mōria* wieder, als die verlorenen Toren, sie sahen sich selbst als Narren, Leute, denen nicht mehr zu helfen ist, gezeichnet von einer Art schwerer geistiger Behinderung: »Seht doch, liebe Brüder, auf eure Berufung. Nicht viele Weise nach dem Fleisch, nicht viele Mächtige, nicht viele Angesehene sind berufen. / Sondern was töricht ist vor der Welt, das hat Gott erwählt, damit er die Weisen zuschanden mache; und was schwach ist vor der Welt, das hat Gott erwählt, damit er zuschanden mache, was stark ist; / und das Geringe vor der Welt und das Verachtete hat Gott erwählt, das, was nichts ist, damit er zunichte mache, was etwas ist ...« (1 Korinther 1,26-28) Die also, die »selig werden«, folgen dem Absturz Gottes in die Narretei. Sie bilden selbst ein Mangelsymptom der Welt, eine Art Skorbut der Wirklichkeit mit Zahnausfall und Blutungen: *mōria.*

Das »Wort vom Kreuz« – eine Sinnlosigkeit. Was folgt daraus? Wie läßt es sich verstehen? »Darauf fand die gestörte Vernunft der kleinen Gemeinschaft eine geradezu schreckliche Antwort: Gott gab seinen Sohn zur Vergebung der Sünden ... Wie war es mit einem Mal zu Ende mit dem Evangelium!«[38] So bringt Nietzsche Jahrhunderte der Theologiegeschichte und einen eklatanten inneren Widerspruch im Christentum auf den Punkt. (Wohl bemerkt: Diesen Widerspruch sieht ein später »Grieche«, als der sich Nietzsche versteht. Fragt man nach logischer Konsistenz und Widerspruchsfreiheit, ergibt sich eben kein »christliches Gedankensystem«.) Die Versuche, das Kreuz entlang der antiken und jüdischen Bilder von Opfer und Sühne zu erklären, es einzuzeichnen in einen Verstehenshorizont, führten um so tiefer ins Dunkel der Gottheit.

Die Antwort also? Hielt dem Fakt nicht stand. Keine Lehre von einem vernünftig zu bewältigenden »Warum?«[39] und vom Sinn des Kreuzes, keine Überlegungen zum »Sühneopfer« oder zur »stellvertretenden Genugtuung« für den »Zorn Gottes« konnten je übertünchen, daß es im Grunde keine Antwort gab. Denn im Sinne des Evangeliums als Wort vom

Kreuz war es von Anfang an zu Ende mit dem Verständnis des Evangeliums. Keine Antwort. *Mōria* – das ist in menschlicher Perspektive eine Eigenschaft Gottes und sie prägt seine Spuren in der Wirklichkeit. Der Gläubige ahnt, daß dort, wo etwas seinen Willen durchkreuzt, wo etwas wider die eigene Lebenslogik geht, der Gott näher ist denn je. (»Nah ist / Und schwer zu fassen der Gott. / Wo aber Gefahr ist, wächst / Das Rettende auch.«[40]) Christen sind Toren. Und »Gottes Weisheit«, von der Paulus wiederholt spricht – sie ist etwas Kommendes, eine Hoffnung jenseits des Menschen. Paulus kann nur ironisch davon sprechen, daß Christen zur Weisheit gekommen seien.

24

Wo sind die Klugen? – Paulus zitiert an der Grenze zur Sprachlosigkeit die Schrift. Er führt einen Vers aus dem Buch Jesaja an. Dabei greift er in den Text ein. (Vielleicht zitiert er auch einfach ein wenig falsch aus dem Gedächtnis.) Bei Jesaja (29,14) liest man in der griechischen Bibel, die Paulus verwendete, in der Septuaginta: »Ich will zunichte machen die Weisheit der Weisen, und den Verstand der Verständigen will ich verbergen (*krypsō*).« Verbergen, Verborgenheit – das reicht Paulus nicht, und es klingt ihm wohl auch zu sehr nach hellenistischer Weisheitsmythologie. Er verschärft: » … will ich verwerfen (*athetēsō*).« Verwerfen, nichtig machen. Vom Kreuz her liest und versteht Paulus die jüdische Bibel. Er liest, einmal mit dem Christus konfrontiert, inmitten der heillosen Auflösung der vertrauten Worte überall von dieser Erfahrung: Gott beginnt, wo der Mensch endet. Und wenn Gott in die Geschichte eintritt, wenn er die Menschensphäre berührt, dann verliert sich der Blick ins Leere, dann verfliegt, was bisher verstanden war: »Ich will zunichte machen die Weisheit der Weisen, und den Verstand der Verständigen will ich verwerfen.«

»Wo sind die Klugen? Wo sind die Schriftgelehrten?« Paulus hat die Wortführer seiner Zeit vor Augen, die Eloquenten, die Sprachmächtigen, die Ausleger und die Gelehrten, die Philosophen und die Systematiker. Diese sind die Träger jeder etablierten Religion – anders geht es nicht, wenn der Mensch zu Hause sein will in einer religiös gedeuteten und mythisch strukturierten Welt. Im Christentum aber schlummert der Keim der Selbstnegation, ein böser Erreger, ein *skandalon*, eschatologische Lebensunfähigkeit.

Der paulinische Kreuzesgedanke hatte es schwer in der Geschichte der Kirche. Er konnte keine theologische Gestalt finden, ohne sie zugleich von innen her zu zersetzen. Trotz der zentralen Stellung der Korintherbriefe im Kanon des Neuen Testaments muß man festhalten: Der korinthische Weg der Weisheit, dem Paulus hier und immer wieder in seinem Brief vehement widersprach, war letztlich das Erfolgsmodell. Die Korintherbriefe des Paulus sind gegen den Strom geschrieben. Die ausschlaggebenden Kräfte der damaligen Zeit kann man in der Gnosis und später in den Suren des Korans verfolgen. Dort wird Christus je vom Kreuz befreit, einmal im Sinne einer göttlichen Unempfindlichkeit gegenüber der Materie, einmal im Sinne des Sterbens eines Scheinleibes. Das Christentum mußte, wollte es sich als *corpus* in der Welt etablieren, das Kreuz in der Vernünftigkeit, in der Begrifflichkeit einer Theologie und in dem Konsens der Konzilien abmildern. Die große Kraft des Christentums ist es, Substanz seines unvergleichlichen immunologischen Gedächtnisses, daß es das Kreuz nie darin auflöste.

Und so schreibt schon um 200 Tertullian, mitten im Gerinnungsprozeß der altkirchlichen Dogmen: Das Sterben des Gottessohnes sei glaubhaft, weil es ungereimt sei, seine Auferstehung gewiß, weil sie unmöglich sei.[41] In dieser sperrigen Substanz liegt die historische Fahrigkeit des Christentums begründet, seine dauernde innere Unruhe. Von Anfang an ist es traumatisiert. Das sieht man an Paulus. Im Grunde bricht er in seinen verstörend genauen Reflexionen über das »Wort vom Kreuz« und im Sog des Christusereignisses sogar mit dem Gottesbegriff. Nietzsche hat das erkannt: »Was hat dieser Dysangelist alles dem Hasse zum Opfer gebracht! Vor allem den Erlöser: er schlug ihn an *sein* Kreuz.[42] [...] *deus, qualem Paulus creavit, dei negatio. [Gott, den Paulus geschaffen hat, ist die Negation Gottes].*«[43] Das ist eine Einsicht christlichen Glaubens, die seit Paulus mal verdeckt, mal offen die gesamte Kirchengeschichte durchzieht und der Theologie ein dissonantes Untergrundgeräusch beimischt. Die Theologie weiß nie wirklich, wovon sie spricht. Grelles Licht oder Schwarz, Erfahrung oder Blendung – Nähe bis hin zur Verwechselbarkeit von Offenbarung und Negation zuckt immer wieder durch die Gelehrtensprache, etwa wenn Dietrich Bonhoeffer Mitte des 20. Jahrhunderts in größter Prägnanz den Satz formuliert: »Einen Gott, den es gibt, gibt es nicht.«

Rauhes Holz, einige Blutspuren ... das Kreuz ist leer. Der Nagel auf der einen Seite des Querbalkens ließ sich einfach aus dem gesplitterten Holz lösen. Unter der Oberfläche war der behauene Stamm morsch. Auf der anderen Seite mußte die Hand herausgehebelt werden, ebenso dann die beiden Füße. Die Balken erholen sich in der Sonne. Fliegen werden von keiner Feuchtigkeit mehr angezogen. Nur wenige kreisen noch über den schweren Eisennägeln am Boden und über dem schmalen Brett, auf dem er gesessen hatte, um langsamer zu sterben. Stumm Gemachtes. Schorf. Das Kreuz ist leer, zwei Balken. Das ist die ganze Wahrheit, Kraft Gottes denen, »die selig werden«.

Σοφίαν δὲ λαλοῦμεν ἐν τοῖς τελείοις, σοφίαν δὲ οὐ τοῦ αἰῶνος τούτου οὐδὲ τῶν ἀρχόντων τοῦ αἰῶνος τούτου τῶν καταργουμένων·

ἀλλὰ λαλοῦμεν θεοῦ σοφίαν ἐν μυστηρίῳ τὴν ἀποκεκρυμμένην, ἣν προώρισεν ὁ θεὸς πρὸ τῶν αἰώνων εἰς δόξαν ἡμῶν,

ἣν οὐδεὶς τῶν ἀρχόντων τοῦ αἰῶνος τούτου ἔγνωκεν· εἰ γὰρ ἔγνωσαν, οὐκ ἂν τὸν κύριον τῆς δόξης ἐσταύρωσαν.

ἀλλὰ καθὼς γέγραπται

Ἃ ὀφθαλμὸς οὐκ εἶδεν καὶ οὖς οὐκ ἤκουσεν
καὶ ἐπὶ καρδίαν ἀνθρώπου οὐκ ἀνέβη,
ἃ ἡτοίμασεν ὁ θεὸς τοῖς ἀγαπῶσιν αὐτόν.

ἡμῖν δὲ ἀπεκάλυψεν ὁ θεὸς διὰ τοῦ πνεύματος· τὸ γὰρ πνεῦμα πάντα ἐραυνᾷ, καὶ τὰ βάθη τοῦ θεοῦ.

τίς γὰρ οἶδεν ἀνθρώπων τὰ τοῦ ἀνθρώπου εἰ μὴ τὸ πνεῦμα τοῦ ἀνθρώπου τὸ ἐν αὐτῷ; οὕτως καὶ τὰ τοῦ θεοῦ οὐδεὶς ἔγνωκεν εἰ μὴ τὸ πνεῦμα τοῦ θεοῦ.

ἡμεῖς δὲ οὐ τὸ πνεῦμα τοῦ κόσμου ἐλάβομεν ἀλλὰ τὸ πνεῦμα τὸ ἐκ τοῦ θεοῦ, ἵνα εἰδῶμεν τὰ ὑπὸ τοῦ θεοῦ χαρισθέντα ἡμῖν·

ἃ καὶ λαλοῦμεν οὐκ ἐν διδακτοῖς ἀνθρωπίνης σοφίας λόγοις ἀλλ' ἐν διδακτοῖς πνεύματος, πνευματικοῖς πνευματικὰ συγκρίνοντες.

ψυχικὸς δὲ ἄνθρωπος οὐ δέχεται τὰ τοῦ πνεύματος τοῦ θεοῦ· μωρία γὰρ αὐτῷ ἐστιν καὶ οὐ δύναται γνῶναι, ὅτι πνευματικῶς ἀνακρίνεται.

ὁ δὲ πνευματικὸς ἀνακρίνει τὰ πάντα, αὐτὸς δὲ ὑπ' οὐδενὸς ἀνακρίνεται.

τίς γὰρ ἔγνω νοῦ ν κυρίου, ὃς συμβιβάσει αὐτόν; ἡμεῖς δὲ νοῦν Χριστοῦ ἔχομεν.

5. KAPITEL

Wovon wir aber reden, das ist dennoch Weisheit bei den Vollkommenen; nicht eine Weisheit dieser Welt, auch nicht der Herrscher dieser Welt, die vergehen. / Sondern wir reden von der Weisheit Gottes, die im Geheimnis verborgen ist, die Gott vorherbestimmt hat vor aller Zeit zu unserer Herrlichkeit, / die keiner von den Herrschern dieser Welt erkannt hat; denn wenn sie die erkannt hätten, so hätten sie den Herrn der Herrlichkeit nicht gekreuzigt. / Sondern es ist gekommen, wie geschrieben steht:[44]
»Was kein Auge gesehen hat und kein Ohr gehört hat
und in keines Menschen Herz gekommen ist,
was Gott bereitet hat denen, die ihn lieben.« /
Uns aber hat es Gott offenbart durch den Geist; denn der Geist erforscht alle Dinge, auch die Tiefen der Gottheit. / Denn welcher Mensch weiß, was im Menschen ist, als allein der Geist des Menschen, der in ihm ist? So weiß auch niemand, was in Gott ist, als allein der Geist Gottes. / Wir aber haben nicht empfangen den Geist der Welt, sondern den Geist aus Gott, daß wir wissen können, was uns von Gott geschenkt ist. / Und davon reden wir auch nicht mit Worten, wie sie menschliche Weisheit lehren kann, sondern mit Worten, die der Geist lehrt, und deuten geistliche Dinge für geistliche Menschen. / Der natürliche Mensch aber vernimmt nichts vom Geist Gottes; es ist ihm eine Torheit, und er kann es nicht erkennen; denn es muß geistlich beurteilt werden. / Der geistliche Mensch aber beurteilt alles und wird doch selber von niemandem beurteilt. / Denn »wer hat des Herrn Sinn erkannt, oder wer will ihn unterweisen«? Wir aber haben Christi Sinn.
(1 Korinther 2, 6-16)

25

Sophia. – Wenn ich Sätze aus der Mitte des ersten nachchristlichen Jahrhunderts lese, wo und wann existieren sie eigentlich? In mir, dem Leser, den die Worte verzaubern und verstören, den sie in unbekannte Vorstellungen führen, in die er doch heimzukehren scheint wie an einen Ort der Kindheit? Oder leuchten sie vage herüber aus einer fernen Zeit und aus einem fremden, mir kaum faßlichen Dasein? Sind sie nur damals ganz wirklich gewesen – für den, der sie zuerst einem Schreiber diktierte, Paulus, bei seinem Aufenthalt in Ephesos? Aber war er ihr Autor? Oder greifen seine Worte wiederum weiter zurück in einen Raum, der sich dem einzelnen Bewußtsein entzieht? Wo Erinnerung und Schöpfung verschwimmen und wo es das, was sich als Person aus einem chorischen Raunen sondert und sprechend behauptet, noch gar nicht beständig gibt? Und wenn ich von einem Rückgriff rede, der sich in eine Vorzeit erstreckt, so ist ja auch das nur eine bestimmte Metapher. Sie könnte ersetzt werden etwa durch den antiken Gedanken einer göttlichen Präexistenz, die alle menschliche Erkenntnis umschließt, und es wäre dann bedeutungslos, von »früher« oder »später« zu sprechen … »Der Herr hat mich schon gehabt im Anfang seiner Wege, ehe er etwas schuf, von Anbeginn her. / Ich bin eingesetzt von Ewigkeit her, im Anfang, ehe die Erde war. / Als die Meere noch nicht waren, ward ich geboren, als die Quellen noch nicht waren, die von Wasser fließen. Ehe denn die Berge eingesenkt waren, vor den Hügeln ward ich geboren …« (Sprüche 8,22-25)

So singt im Buch der Sprüche die Weisheit von sich selbst – ein Wesen wie ein Nebelhauch, eine Spielgefährtin Gottes und dessen »Lust täglich« (wie Luther nach der lateinischen Bibel des Mittelalters, der Vulgata, übersetzte, Sprüche 8,30), schillernd zwischen männlich und weiblich, zwischen Gestalt und gestaltloser Potenz, war sie immer schon da, *sophia*. Wo kommt sie her? Wer ist sie?

»Wovon wir aber reden, das ist dennoch Weisheit (*sophia*) bei den Vollkommenen …« Dissonant bricht dieser Satz in den

Briefzusammenhang ein, hackt in den Kontext. Also ist doch Weisheit in dem, was Paulus schreibt? *Sophia?* Ich verliere den Faden: Weisheit oder Torheit, was ist denn nun gemeint? Was für eine Weisheit ist das jetzt?

Ich will zunächst anders fragen, vorsichtiger: Warum zerreißt das Gewebe des Textes an dieser Stelle? Paulus, so wirkt es auf mich, scheint einen Schritt zurückzutreten. Er versucht, noch einmal zu beginnen, wieder von vorn, mit anderen Worten, um das Ausmaß der Verstörung zu erkunden, das unsichere, das abrutschende Terrain, Geröll, in dem er sich bewegt als *apostolos*, als Entlassener aus der Christusbegegnung. Da ist wieder ein Wort, das er aufgreift wie einen rettenden Ast: *sophia.*

Vermutlich ist Paulus der *sophia* in der korinthischen Gemeinde selbst begegnet. Vielleicht war in einem Brief an ihn, auf den er nun antwortet, von ihr die Rede. Vielleicht hat man ihm berichtet. Die korinthischen Christen schienen sehr vertraut mit ihr zu sein, allzu vertraut. Das hat Paulus irritiert.

Paulus hat eben vor den Augen der korinthischen Leser einen Krater umwandert, mit behutsam gesetzten Worten – tastend um das eine »Wort vom Kreuz«. Der Ertrag blieb merkwürdig unfaßlich: Hier übersteigt etwas menschliches Maß. Hier ist eine Aphasie zu stark, zu anhaltend, und Paulus entkommt nicht ihrem Grund, dem Einbruch des Christus. Jetzt ein weiterer Anlauf, und Paulus weiß, daß er sich zwangsläufig von Anfang an in Widersprüche verstricken muß. Paulus beschwört die *sophia.* Sie möge ihm ein Faden im Dunkel des Nichterzählbaren sein, im Labyrinth der sprachlosen Erinnerungslast, wo jeder Ausdruck als sein eigenes Echo in wirren Gängen hallt. *Sophia* soll doch, so heißt es, vor allen Worten und vor aller Erkenntnisfähigkeit geworden sein: »Ich ging vom Munde des Höchsten aus / und bedeckte wie Nebel die

Erde. / Mein Zelt war in der Höhe und mein Thron auf den Wolken. / Ich allein durchwanderte das Himmelsgewölbe / und durchzog die Tiefen des Abgrunds. / Auf den Wogen im Meer, überall auf Erden … Vor der Welt, im Anfang bin ich geschaffen, und werde ewig bleiben« (Sirach 24,4-9.14), ich, *sophia.*

Im zweiten Schöpfungsbericht der Bibel (Genesis 2,4b-25) wird der Ursprung des Lebens in einen Nebel gelegt, der über das Land zieht. Wer einmal einen Regenguß in einer der Wüsten Vorderasiens, so wie ich im Negev, erlebt hat, wird das Bild wiedererkennen. Das Wasser verwandelt sich über Sand und Gestein in schweren Dunst, der in Schwaden aus den Senken quillt und einen Treibhausatem birgt, warme Feuchtigkeit. Zugleich erwacht ein ohrenbetäubender Lärm – die Insekten, die Vögel, ja, die Sandkiesel stoßen Laute hervor, die aus Urzeiten zu stammen scheinen, Geburtsschreie und Ohnmachtsröcheln im Schlamm, sirrende Kristallstrukturen, »fröhliche Urständ«[45]. *Ed,* so heißt auf hebräisch der Anfangsdunst: » … aber ein Nebel stieg auf von der Erde und feuchtete alles Land.« (Genesis 2,6) Dieser Nebel, der Atemhauch Gottes über der Steppe, wird in den späteren biblischen Weisheitstexten zum veränderlichen und unfaßbaren Körper der *sophia.* In der Zeit zwischen den beiden Testamenten der Bibel (also zwischen 150 v. und 50 n. Chr.) drängte sie immer bestimmender in die religiöse Vorstellungswelt des hellenistischen Judentums ein. Schauen wir ein Stück zurück, wie sie wurde, die Nebelgeburt, wie zwei Keime ineinanderwuchsen, aus griechischem und aus jüdischem Samen.

Sophia im Griechischen bezeichnet ursprünglich zunächst eine besondere Gabe, das heißt: Sie ist keine Errungenschaft. Zur Weisheit führt keine Bemühung, ihr entspricht keine Tätigkeit (das unterscheidet sie etwa von der Erkenntnis, der ein Erkennen vorausgeht, von der *gnōsis*). *Sophia* ist ein Wort hoher Energie, es verschmilzt, was sonst sprachlich geschieden ist: Geistiges und körperliches Vermögen bilden in ihr eine Einheit. Es entsteht eine Lebensform, die der Vollkommenheit.

Weise, *sophos*, konnten die alten Griechen einen Handwerker nennen, einen Feldherren, einen Arzt, ja, sogar einen Wagenlenker. Weisheit meinte dabei die Beherrschung einer Kunst in einem Maße, das den Menschen eigentlich übersteigt. Sie war nicht erlernbar: Weisheit war eine Gnade. Ihr Erscheinungsfeld lag in weiten Teilen jenseits der bewußten Kontrolle. Besonders Dichter wurden häufig *sophos* genannt. Das unverfügbare Moment der Inspiration ging in ihrem geheimnisvollen Tun eine innere Einheit mit der kunstvollen Beherrschung des Versbaus ein. Weise waren eben Virtuosen. Und das in einem immer umfassenderen Sinn: Daseins-Virtuosen. Ihr Stand bildete die Wurzel des Stammbaums der *Philosophen.* Sokrates und Platon etwa ließen, dieser Herkunft folgend, die *sophia* in einer besonderen Enthobenheit schweigend agieren – in der hohen Vorstellung, daß der Weise das Sein selbst wisse und eigentlich gar nichts Seiendes, also nichts weiß. Platon vor allem rückte die Weisheit ganz an den Grund des Seins und ordnete sie allein der Gottheit zu. Was ein Philosoph erreichen konnte, war niemals ihr Besitz, nur ein *erōs*, das Verlangen nach ihr.

Für die zur Zeit des Paulus schon etwas in die Jahre gekommene *sophia* wurde die Stoa zu einem verhüllenden und dabei prächtig schmückenden Gewand. Die Zeiten waren wirr, man sehnte sich nach Geborgenheit im Abenddämmern der Antike. Die Stoiker legten der *sophia* den Schlüssel zum Weltganzen in die Hände, zu einer Ordnung in den funkelnden Splittern einer zerfallenden Welt. *Sophia*, ganz mütterlich, tröstete, klärte, tröstete und barg, sie versprach, in eine Lebensform zu führen, die vor allem eins sei: entsprechend. Wer mit ihr lebte, würde zu sich selbst finden und zu seinem eigenen, ihm gemäßen Ort im Kosmos. Man empfand zwar, daß die Weisheit nur unvollkommen in der Sprache Ausdruck finden konnte, aber sie wurde – so war es zumindest den »Vollkommenen« verheißen – in der Lebensführung explizit: Die Stoa war verwirklichte Philosophie.

So entstand, als der lange Schatten einer Begriffsgeschichte, die ungleiche Annäherung: *homoiōsis theou,* das Ähnlichwerden des Menschen mit der alles durchdringenden Gottheit, die als wahre Weisheit und verborgene Weltordnung erschien. In dieser Gestalt lebte die *sophia* im östlichen Christentum fort. Der Weise, und das war hier vor allem der Mönch, stieg in langwierigen asketischen Bemühungen auf einer Leiter empor, um der Gottheit immer ähnlicher zu werden.

Vielleicht war die *sophia* der Griechen ja immer schon eine Art Schatten gewesen, der Schatten des Göttlichen in der Welt, und am Abend wurde er länger und wuchs ins Dunkel, größer und bestimmender, während der Glaube an die alten Mythen schon schlief.

Aber das ist nur die eine Geschichte. Neben sie tritt eine jüdische und darin verflochten eine orientalische. Im Alten Testament stand Weisheit für die Kunst der Lebensführung. Der Weise war klug, und das hieß vor allem: sachgerecht. Dieser nomadische Pragmatismus nahm wie ein trockner Schwamm die Bilder aus dem altorientalischen Umfeld auf – *ma´at* etwa, jene schwer zu fassende Urordnung der Welt im ägyptischen Vorstellungsraum, die sich ebenso mit ›Wahrheit‹ wie mit ›Recht‹ übersetzen läßt[46], oder die sprachlich dichte Listenkultur aus dem Zweistromland, jenes Sammeln von Erscheinungen im Benennen und Beschreiben und Erzählen von Zusammenhängen, das in seiner Einfachheit alle heutige Prosa beschämt. Die mesopotamischen Weisen holten das Disparate in eine sprachliche Ordnung – gern auch in Sprichwörtern, die in semantischem Reim (dem *parallelismus membrorum*) etwa einen Zusammenhang zwischen dem, was ein Mensch tut, und seinem Schicksal, wie es ihm die Götter zuweisen, behaupteten und so die Kausalität erfanden. Bei den Ägyptern hingegen waren die Weisen vor allem Überlieferer. Ihr Amt bestand im Erinnern, ihre Prophetie im Rückblick, in der gültigen Schau des Gewesenen. Darin lag die entscheidende Voraussetzung für einen harmonischen Zustand in Staat und Gesellschaft. Die israelitischen Weisheitsschulen nahmen nun all das auf und entdeckten ihre Gestalt der *sophia*: »Wer mich findet, der findet das Leben und erlangt Wohlgefallen vor dem Herrn. / Wer mich aber verfehlt, zerstört sein Leben; alle, die mich hassen, lieben den Tod.« (Sprüche 8,35-36)

Nach den harten Zäsuren der israelitischen Geschichte und in den hellenistischen Kulturkämpfen reifte die Weisheit im Judentum zur theologischen Figur. *Sophia* wurde ein göttliches Prinzip, eine Schöpfungsmittlerin – und sie wurde zugleich immer konkreter lebendig. In ihrer Gottesintimität entwickelte sie einen betörenden, einen transzendenten Liebreiz. Die zunehmende Personifizierung der *sophia* hatte im alttestamentlichen und jüdischen Kontext immer eine spielerische Seite (ähnlich vielleicht den Darstellungen der vier Winde auf Barockstichen, pausbäckigen Knaben, die pusten und schnaufen, bis ihnen die Adern schwellen). Im Griechischen gibt es das Wort Hypostase (*hypostasis*), das etwas Mittleres zwischen Metapher und realer Person bezeichnet. *Sophia* wurde im hellenistischen Judentum zu so einer Hypostase. Das flüchtige Atemwesen war die Braut Gottes, und sie war *wie* eine Braut Gottes. Dabei lebte sie nicht eben monogam, sondern ließ sich auch gern von den erwählten Weisen in die Kammer schauen, ja, lockte sie mit ihren subtilen Verführungskünsten. Die neblige Schönheit, das präexistente Zwischenwesen, suchte auch eine Wohnung auf Erden, und das war ihr Verhängnis: Sie fand keine. Nur wenige Auserwählte, seien es nun die Gesetzestreuen Israels (so identifiziert sie Jesus Sirach) oder die Gerechten der Endzeit (so die apokalyptischen Texte und die Schriften von Qumran), nahmen sie auf. Die Weisheit blieb in dieser Welt fast allen verborgen. Wenn sie erkennbar wurde, war es Gnade, und ihr Erscheinen kündigte das Ende des Äons an: Denn die wahre Heimat der *sophia* ist die kommende Welt. Dann wird sie als Wind, als Atemhauch und Geist (*pneuma*) zu den Geretteten stoßen. Paulus hat diese Geschichte der *sophia* im Hinterkopf, wenn er »von der Weisheit Gottes, die im Geheimnis verborgen ist, die Gott vorherbestimmt hat vor aller Zeit zu unserer Herrlichkeit« schreibt.

Unter den Intellektuellen in den Städten Kleinasiens und Griechenlands, die Paulus bereiste, stand *sophia* als griechisch-jüdisches Mischwesen in höchstem Kurs. So war es auch in Korinth. Sie erschien vielen wie eine innere Spiegelung Gottes, in der er sich selbst und seinen Plänen begegnete: »Ich ging vom Munde des Höchsten aus und bedeckte wie Nebel die Erde.« (Dieser Dunst, so lasen und übertrugen es in verblüffender Revitalisierung die Alchemisten an der Schwelle zur europäischen Neuzeit, birgt den Samen aller Dinge, ist formlose Potenz allen Seins, die sich bindet an die Stoffe.)

Entscheidend für den damaligen Charakter der *sophia* war ihr leises, aber beständiges eschatologisches Sirren, das Paulus genau hörte: Der Nebel der *sophia* weht im Judentum von der Schöpfungsfrühe herüber bis in die Schau der Propheten von der endzeitlichen Erlösung: »Träufelt, ihr Himmel, von oben …« So klingt der Adventsruf des Jesaja (Jesaja, 45,8).[47] Potenz, Urschöpfung – der Messias kommt wie ein Regen.

Feuchter Nebel ist sein Anhauch, *Ed*, wie im ersten Anfang, denn die messianische Erwartung zielt auf eine neue Schöpfung. »Wie geschrieben steht« (und das folgende Zitat, 1 Korinther 2,9, von dem man nur vermuten kann, woher es stammt, endet in einem syntaktischen Nirgendwo, man weiß nicht, wer was von wem sagt, man kann es wohl nicht wissen):

»Was kein Auge gesehen und kein Ohr gehört hat
und in keines Menschen Herz gekommen ist,
was Gott bereitet hat denen, die ihn lieben.«

Ein zweiter Anlauf: Paulus beschwört die *sophia*, und das wohl auch ihrer endzeitlichen Ausstrahlung wegen. Ein Flirren zwischen den Äonen. Dämmerung, blaue Stunde im Dunst – das Ende als Anfang. »Was kein Auge gesehen und kein Ohr gehört hat ...« Ein Atem geht, ein Wind ohne Halt, *sophia*. Paulus versucht mit ihr das vor Damaskus Erlittene nicht nur als ein abgeschnittenes Wort zu begreifen, sondern als Neuschöpfung, als eine »unzeitige Geburt« aus dem Nebel.

26

Im Anfang, ehe die Erde war. – Der eigene Anfang ist dem Menschen ebenso entzogen wie sein Ende. Wir bemerken es nicht, wenn der letzte Schnee fällt, und der eigene Tod ist kein sinnvolles Thema des Denkens, nur eben das Leben hin zum Tod, das endliche Leben. Darüber hinaus gibt es wenig zu sagen – was wiederum nichts sagt über den Tod, der auch ein offenes Tor sein kann. Auch in entgegengesetzter Richtung zeichnet den Menschen eine merkwürdige Unsicherheit aus: Ich habe meinen Anfang nicht. So weit ich mich auch zurückerinnere – fernes Gefühl einer schweren Hand, wohl die des Vaters, auf meinem rechten Bein, und ich saß auf seinen

Schultern, hielt mit den Armen den großen Kopf umfangen und atmete den beruhigenden Geruch von durchschwitztem Haar – da war ich doch schon da, und mein Anfang liegt davor.

Der erste Satz der Bibel, »Am Anfang schuf Gott Himmel und Erde. Und …« (Genesis 1,1), ist für sich gesehen merkwürdig haltlos, bezieht er sich doch auf einen Kontext, den er eigentlich nicht voraussetzen kann. Er braucht einen Spiegel, das Ende: »Und ich sah einen neuen Himmel und eine neue Erde …« (Offenbarung 21,1) Dann erst entsteht jener Zwischenraum, auf den sich Sprache allein bezieht und in dem eine bewohnbare Welt liegt.

Paulus erkennt im Damaskuserlebnis das Ende seiner selbst und einen Anfang, der ihm entzogen ist. *Sophia* als eine Hypostase, die da war, bevor Gott »etwas schuf, von Anbeginn her« schaut von fern und führt ihn fort in eine neue Identitätssuche: Woher bin ich, der ich bin?

Die *sophia* war da »von Anbeginn her«, und zugleich ist ihr Ort doch immer die Gegenwart, in der sie sich finden läßt in der Tiefe der Dinge. Sie ist Weisheit Gottes, »die im Geheimnis verborgen *ist*« – im Präsens. Und sie ist zugleich Weisheit, »die Gott vorherbestimmt hat *vor aller Zeit*«. So fallen die Zeitformen in eins: Die *sophia* trägt die Schöpfung aus dem Nichts in den gegenwärtigen Augenblick: Jetzt! Jetzt geschieht sie. Jetzt wird die Welt. Die Weisheit, *sophia,* gleichzeitig zu allem und verhüllt durch den Schleier der Jahrtausende, durch das Verrinnen der Zeit: Jetzt ist sie ganz da!

Was Paulus als Apostel erlebt, ist eine *creatio ex nihilo.* Paulus spricht, er betet in den Nebel: »Es werde …« Die Anrufung der *sophia,* »eingesetzt von Ewigkeit her, im Anfang, ehe die Erde war« (Sprüche 8,23), wird zum Versuch, der vordergründigen Negativität des Christusereignisses, seiner zerstörerischen Glut, sprachlich beizukommen. Paulus ist dabei von einer frühen gottesdienstlichen Form getragen: In der zentralen liturgischen Feier des Jahres bei den ersten Christen, in der Osternacht, wenn die Täuflinge in weißen Gewändern zum Sterben ins Wasser gingen und auftauchten in das Dämmern des anbrechenden Tages, wurden die Schöpfungsgeschichte und die Berichte von der Auferstehung Jesu nebeneinander gelesen. Denn hier waren sie eins, hier erwachte Leben aus dem Nichts, grundlos, neues Leben, das nackte Leben. Bis heute hat sich dieser Bogen in den Lektionaren der großen Kirchen für das Osterfest erhalten: Anfang und die Erwartung eines neuen Anfangs im Ende fallen in eins, wenn in der morgendlichen Frühe die Osterfeuer flakkern.

27

Weisheit im Geheimnis. – Eben zieht ein abendliches Unwetter herauf, es hängt schwer im Elbtal, und der Regen wird so stark, daß das Erdreich kein Wasser mehr fassen kann, über die unbefestigte Straße, den Hof schießen Bäche, und am Gerüst vor unserem Haus schlägt ununterbrochen eine lose Stange gegen ein Trittbrett.

Wie verhält sich diese Stimmung, in die meine Aufmerksamkeit immer wieder beunruhigt abgleitet, diese mit kalter Luft durchwirbelte Schwüle am Abend des sechsten Juni des Jahres 2011 zu dem Brief, über den ich nachdenke? Ein Nebeneinander? Oder entsteht Resonanz? Eine Zuordnung? Wie sich Luftschichten durchdringen, wie sich an einer Wetterscheide Wolken auftürmen? Ein Übergang? Ein Dämmern?

Paulus beschwört die *sophia*, die nebulöse Zeugin allen Werdens. Sie ist ihm nah, und sie ist ihm entzogen wie ein frem-

der Körper. Kein Wissen, keine Erkenntnis erfaßt diese Gestalt »vor aller Zeit«, die sogar mit dem Gott spielen kann. »Weisheit im Geheimnis« – das ist keine einschränkende Präzisierung, als gäbe es auch eine Weisheit ohne Geheimnis. Nein, so ist sie, die Nebelgestalt, die den Anfangs- und Endlosen zu berühren vermag: »im Geheimnis«. Was der *sophia* für ein »Weisheitswissen« entsprechen könnte, kann und will Paulus nicht sagen. Die »Weisheit Gottes« ist in verborgener Schönheit ein weißer Fleck ... besser vielleicht: eine leise Bewegung, kaum merklich, wie der Tanz von geflügelten Samen in einem Luftzug im Sommer oder ein Windhauch, flüchtig und doch vollkommen. Nahen kann man ihr nur im Verlangen, im Gebet – nicht in der Form aussagender Sätze, die sich eines Inhalts bemächtigen. Paulus spricht davon ganz offen: Entweder du wirst von dem Wehen, als einem Sehnen, erfaßt, oder du verstehst nichts: »Und davon reden wir auch nicht mit Worten, wie sie menschliche Weisheit lehren kann, sondern mit Worten, die der Geist lehrt, und deuten geistliche Dinge für geistliche Menschen.«
Es gibt einen »geistlichen« und einen »natürlichen« Menschen (wohl meist in einer Person), und was sie trennt, sind zunächst verschiedene Ebenen der Sprache. Sie hören andere Worte in den Worten. Das ist eine verstörende Erfahrung der frühen *ekklēsia*: Sie nehmen anders auf, was die Sprache zeigt. Heute würden wir sagen: Sie spürten tiefere Schichten. Damals hieß es: Sie drangen in höhere Sphären. Damit ist eine ganz elementare Grenzziehung in der Selbstreflexion christlichen Daseinsverständnisses markiert. Sie kehrt an allen Orten, allen *loci* einer entstehenden theologischen Semantik wieder. Lebensbestimmend wurde sie für die frühen Christen aber zunächst als Verhaltensregel – als Arkandisziplin. In den frühen Gemeinden galt, wie in den hellenistischen Mysterienkulten, ein Schweigegebot für die zentralen

Glaubensaussagen und deren liturgische Verwirklichung. Man kann nicht mit jedem von Glaubensdingen sprechen, als handele es sich um etwas, das »der Fall ist«. Es kann sie nicht jeder verstehen, und das liegt nicht unbedingt an den Worten. Das Schweigegebot in den urchristlichen Gemeinden hatte nicht zum Ziel, etwas zu verstecken, sondern etwas zu schützen, vor der Sprache selbst zu schützen. (Der mystisch inspirierte Wittgenstein hat den zugrundeliegenden Zusammenhang 1921 am Ende seines *Tractatus logico-philosophicus* gültig auf den Punkt gebracht, lesbar eben auch als Handlungsmaxime: »Wovon man nicht sprechen kann, darüber muß man schweigen.«[48] Wenn heute Kirchenleute aller Konfessionen geradezu zwanghaft die mediale Präsenz suchen, verletzen sie diese Regung der Scham, sie treten die formscheue Ahnung des nahenden, des bedrohlich-tröstenden Gottes in vereinfachenden und jedermann verständlichen Sätzen breit.[49])
Vermutungen zu einer inhaltlichen Bestimmung dessen, was im Sinne des Paulus »die Vollkommenen« von der Weisheit und als Weisheit wissen könnten, wo also der feste Haken im Windspiel dieser Sätze sei, sind eine Konstante in der Auslegungsgeschichte des ersten Korintherbriefes. Ist das Wesen der Weisheit für Paulus vielleicht ein Heilsgeschichtsplan? Das apokalyptische Wissen von dem Ende des Äons und dem Kommen des Christus? Oder ist es die Erkenntnis des Kreuzes als Weg zur Erlösung? Die Bestimmungsversuche scheitern je an dem merkwürdigen Nebensatz, der sich an die Weisheit heftet: »... die keiner von den Herrschern dieser Welt erkannt hat; denn wenn sie die erkannt hätten, so hätten sie den Herrn der Herrlichkeit nicht gekreuzigt.« Hier wird nun wirklich alles widersprüchlich, und Paulus erweist sich einmal mehr als Werkmeister einer (notwendigen) Verwirrung. Eben hat Paulus das Kreuz als Torheit beschrieben,

»gestörte Vernunft«. Jetzt sollte das Kreuz plötzlich in einer tieferen Weisheit gründen? Noch dazu: in erkennbarer, ja, nach dem Kalkül der Herrschenden anwendbarer Weisheit? Eine Art hilfreiches kosmisches Hintergrundwissen? Und wieso hätten die »Herrscher dieser Welt«, wenn sie von dieser »Weisheit« gewußt hätten, Christus nicht gekreuzigt? Im Gegenteil: Sie hätten ihn dann doch gerade kreuzigen müssen aus Einsicht in die Notwendigkeit. Was wäre aus dem verborgenen Heilsplan geworden, wenn Pilatus und die römischen Soldaten den »König der Juden« plötzlich angebetet hätten?[50]

Und wie verhalten sich jene Sätze, die Paulus kurz zuvor als eine Art Selbstporträt schrieb, zu so einem vermeintlichen Weisheitswissen: »Auch ich, liebe Brüder, als ich zu euch kam, kam ich nicht mit hohen Worten und hoher Weisheit ... Denn ich hielt es für richtig, unter euch nichts zu wissen als allein Jesus Christus, den Gekreuzigten. Und ich war bei euch in Schwachheit und in Furcht und mit großem Zittern ...« (1 Korinther 2,1-3)?

Nein, das Kreuz führt zwangsläufig in Widersprüche, die sich nicht auflösen lassen. Paulus gerät, wie seine Leser, in einen Riß im Verstehen, und er sucht Halt bei der *sophia*, als ein »Vollkommener«, der von nichts weiß. Es gibt bei ihr nichts zu wissen. Das Wesen der *sophia* ist eine Bewegung ins Offene. Sie geht als ein Luftzug – wie der Wind einem fernen Unterdruck folgt und einströmt ins Land, Kühle im Gefolge, rauschendes Laub oder Lichtspiegelungen über warmen Steinen. *Sophia* ist »im Geheimnis«.

Der Weise läßt sich treiben in einer plötzlichen Böe. Schau doch den Schwalben nach, wie sie tief, nur wenige Zentimeter über dem Gras, dahingleiten, kaum ein Flügelschlag ist zu sehen, und es genügt eine leichte Thermik über einem Hügel, daß sie in Kreisen aufsteigen, bis sie in großer Höhe sich plötzlich neigen, zur Seite gleiten und wieder hinabschnellen und der Blick sie verliert …

28

Madschnūn und Lailā. – Man könnte sagen: Paulus stellt eine frühe Form griechischen Weisheitsverständnisses wieder scharf. Der Dichter gilt als ein Weiser, weil er in seinen Metaphern ins Unverfügbare, ins Ungesagte greift – wie eben Paulus als Prototheologe, der um Worte ringt. Ein Dichter versucht, etwas zu formen, was nicht gesagt ist, und erkennt, wie sich das Ungesagte fortbewegt mit seiner Suche nach einer Form. Die Verwechselbarkeit von Narrentum und Weisheit, die bei Paulus so irritiert, kehrt wieder: Der Dichter, als Weiser, hat nichts in der Hand, er hascht nach Wind.
Eine frühe Ätiologie von Dichtung bringt das für mich erhellend ins Bild. In ihr wird, wie bei Paulus, ein Narr geboren. Die Geschichte stammt von der Arabischen Halbinsel, aus jenem Kulturraum, in dem ein weiteres Kind der Antike, ein jüngerer Bruder des Christentums, aufwuchs: der Islam. Der Dichter oder Narr, um den es geht, ist Qais. Sein Beiname ist Madschnūn, arabisch: der Besessene. Als Gleichnis einer Gottbeziehung ist die Legende später in der islamischen Mystik gelesen worden. Folgendes wurde nun, in vielen Formen und Variationen, erzählt und gesungen: Qais verliebt sich in das Beduinenmädchen Lailā, aber sie ist von seinem Werben abgestoßen und heiratet einen anderen Mann. (»Es ist eine alte Geschichte, / Doch bleibt sie immer neu; / Und wem sie just passieret, / Dem bricht das Herz entzwei.«[51]) Qais zieht sich in die Wüste zurück. Er irrt wie ein Tier durch die Einöde. Immer wieder trifft er auf verlassene Lagerplätze von Lailās Stamm: auf rußgeschwärzte Steine, Knochen und Speisereste, Kamelhaarflocken … Allmählich wird ihm die weite

Landschaft zu einer einzigen Spur. Und die ganze Wirklichkeit wird ihm zur Wüste – als lebloses Zeugnis von etwas Verlorenem, Schutt, und die einzigen Momente, in denen Qais noch von sich weiß auf seinen ziellosen Wanderungen, sind die Punkte des Schmerzes über den Verlust. Qais sucht Zuflucht in visionären Versen auf die Geliebte, in denen er sie immer mehr verklärt. Er besingt seine Lailā, immer schöner wird sie, immer begehrenswerter, immer tiefer dringt der Schmerz, und immer vollendeter wird der Versuch, den Schmerz durch Worte zu stillen. Qais wird zum Besessenen einer sprachlichen Gestalt, einer Lailā aus Worten. Sie ist ganz unerreichbar geworden – das ist die merkwürdige Logik dieser Entrückung. Qais wird, indem er singt, zum Fremden in der Welt. Als er nach Jahren die wirkliche Lailā noch einmal trifft, erkennt er sie gar nicht wieder. Qais nimmt (so die spätere Bildlichkeit in der islamischen Mystik) die Gestalt eines gekreuzigten Sängers an: Mit offenen Armen streckt er sich nach einer imaginären Lailā, die von seinen Verse doch erst erschaffen wird als ein notwendig unerreichbares Wesen, und um den Schmerz dieser Unerreichbarkeit zu beruhigen, werden neue Verse gedichtet, die Lailā weiter und weiter wegführen.

Der Dichter erzeugt also Metaphern, die wahr und falsch zugleich sind, die reich und völlig leer sind, die – das ist die mystisch-theologische Sicht auf die Legende – das Paradox jeder religiösen Rede zeigen: nicht schweigen und auch nicht sprechen zu können. Entfremdung ist dieser Bewegung immanent. Qais erschafft seine geliebte Lailā in der Sprache, und das führt ihn immer weiter fort von Lailā. So trägt den religiösen Menschen jeder Ausdruck seiner Sehnsucht nach Gott in die Gottesferne. Und so ist der Weise unterwegs in einer Welt als Einöde, durchzogen von Spuren der fernen *sophia,* und die Sehnsucht ist sein Verhängnis und seine Kraft.

29

Uns aber hat es Gott offenbart … – Der erste Korintherbrief ist durch Spannungen zwischen Paulus und Teilen der von ihm gegründeten Gemeinde veranlaßt. Wir können nur ansatzweise und hypothetisch erklären, was sie trennte, denn nur der eine Teil des Briefwechsels ist überliefert. Vermutlich aber hat die Entfremdung etwas zu tun mit einem divergierenden Verständnis von der *sophia*. Paulus kennt keine Weisheit im Sinne eines eigenen Vermögens, einer expliziten Erkenntnis oder eines erzählbaren Heilsweges. Für ihn hängen das Nachdenken über das Kreuz und über die *sophia* eng zusammen und nähern sich an. Es entstehen sprachliche Umhegungen des Christusereignisses, Einfassungen des Unfaßlichen. Sie spiegeln je die Erkenntnis, daß sich das, was dem Apostel widerfahren ist, in keinen konsistenten gedanklichen Zusammenhang und in keine Systematik fügt.

»Religionen sind Gedichte. Sie bringen / unseren Tages- und Traumgeist in Einklang, / unsere Gefühle, Instinkte, den Atem und die uns angeborenen Gestik / in das einzig vollkommene Denken: Dichtung.« So schreibt der australische Lyriker Les Murray.[52] Jede Religion ist eine Gestalt der Vollendung und zugleich der Entfremdung – auch das entstehende Christentum, und Paulus zuckt reflexartig zurück vor jeder Begrifflichkeit, die das Unsagbare zu ordnen anhebt.

Lärmend, scheppernd fast wirkt in solchem Zusammenhang der Auftritt des zehnten Verses dieses zweiten Briefkapitels: »Uns aber hat es Gott offenbart …« Bei genauem Lesen verebbt der übersteuerte Sound schnell. Daß es Paulus nicht um Kraftgehabe geht, macht eine einzige Frage deutlich: Was ist *es*? Bezugsraum ist wohl das fragmentarische Zitat zuvor: »Was kein Auge gesehen und kein Ohr gehört hat

und in keines Menschen Herz gekommen ist,
was Gott bereitet hat denen, die ihn lieben.«

Ja, aber was ist es nun? Etwas, das Paulus augenscheinlich nicht ausdrücken kann, soll aus der Verborgenheit gehoben werden: offenbart. Wenn Paulus von »offenbaren« spricht, ist etwas sehr Einfaches und Bestürzendes gemeint: eine Enthüllung. Ganz wörtlich: Ein Schleier wird fortgenommen, ein Tuch weggerissen. Sichtbar wird ein Namenloses, ein bisher Nichtseiendes … »Was kein Auge gesehen und kein Ohr gehört hat …« Was ist es? Die Frage kann an dieser Stelle keine Antwort erwarten. Was offenbart wird, hat hier zunächst selbst die Struktur einer Frage: Was suchst du? Und das heißt für Paulus: Wer bist du, der du so fragst?

30

Pneuma. – Offenbart wird durch den Geist (*pneuma*). Der »geistliche Mensch« dreht den Kopf in einen Wind, der so heftig ist, daß er ihm den Atem raubt. Die Griechen verbanden den Geist (*pneuma*) mit der Vorstellung einer oberen Welt, einer anderen Sphäre der Wirklichkeit, aus der etwas herüberweht in die Gegenwart. Für hellenistisch-jüdische Ohren, und die des Paulus gehörten dazu, hatte *pneuma* einen eher eschatologischen Klang. Der Geist dringt aus einem anderen Äon in diese Welt und zeigt deren Ende an: »Und *nach diesem* will ich meinen Geist ausgießen über alles Fleisch, und eure Söhne und Töchter sollen weissagen, eure Alten sollen Träume haben, und eure Jünglinge sollen Gesichte sehen.« (Joel 3,1)

Juden und Griechen verbindet das Bewußtsein, daß der Geist in einem Grenzgebiet erfahren wird. Er ist Bewohner eines Niemandslandes – sei es zwischen Diesseits und Jenseits, sei es zwischen gegenwärtigem und kommendem Äon. Dabei ist sein Terrain de facto unabgeschlossen, denn die Ausdehnung dieses Zwischenraumes ist für den Menschen nicht überschaubar. (Da ihm die ungewisse Zeit bis zur Vollendung der Schöpfung gehört, gilt er später den Christen als »Tröster« darüber, daß sich das Kommen des Herrn über Jahre und Jahrzehnte verzögert.) Sein Atem läßt alles, was besteht, vorläufig und fragmentarisch erscheinen – auch den Menschen. Der Geist, so Paulus, verändert ihn: » ... daß wir wissen können, was uns von Gott geschenkt ist.« Er verwandelt ihn also zu einem Gefäß, in das etwas einströmen kann. Er verändert seine Wahrnehmungsstruktur, seine Sinne und sein Selbstverständnis. Das *pneuma* ist ein harter Eingriff, eine Verwirbelung höchster Geschwindigkeit, und was folgt, ist nicht einfach zu beschreiben: eine Art Durchlässigkeit der Seele, feineres Gehör, gestimmt auf das Andere hin, und das Bewußtsein, geweitet durch Synästhesien, gleicht einem reinen, leeren Feld ... Die »Gaben des Geistes«, die Paulus später beschreibt, Prophetie und Heilungskraft, Zungenrede und wundertätiger Glaube, sind je Gesten der Öffnung. Sie münden für Paulus, davon wird die Rede sein, in der Liebe.

(... Als würde ich vor einem Spiegel stehen und hundertmal und nochmals hundertmal »Du« sagen oder, in aller Unsicherheit, die Silbe »Gott« oder immer wieder »Gott, erbarme dich!« und würde mir dabei in die rechte schwarze Pupille schauen, in den schwarzen Glanz der Tränen, und es bliebe dieses Rätsel: Wer ist das? Woher kommt das Bewußtsein von der kaum erträglichen Tiefe in mir selbst? Wessen winziges Bild sehe ich in der Pupille im Spiegel schwimmen? ... So pflegten Mönche in östlichen Wüstenklöstern in das Geheimnis ihres Inneren zu tauchen, das nicht ihnen gehörte, sondern dem *pneuma* ...)

Was nun der Genitiv »Geist Gottes« bedeutet, bleibt noch ganz offen. »So weiß auch niemand, was in Gott ist, als allein der Geist Gottes«? Welchen Sinn hat dieser Satz jenseits eines tautologischen Kreisens um sich selbst? Wer oder was ist hier das *pneuma*, das weiß, »was in Gott ist« und das die »Tiefen der Gottheit« erkundet? Paulus selbst scheint vor dieser Wendung zurückzuschrecken. Sie kam ihm unter in einem Vergleich, der ihm wohl aus dem Ruder gelaufen ist: »Denn welcher Mensch weiß, was im Menschen ist, als allein der Geist des Menschen, der in ihm ist? So hat auch niemand erkannt, was in Gott ist, als allein der Geist Gottes ...« Paulus ist kein Abenteurer, seine Erlebnisse haben ihn immunisiert gegen spekulative Mythologien. Schnell korrigiert Paulus dann auch den »Geist Gottes« zu: »Geist *aus Gott*, daß wir wissen, was uns von Gott geschenkt ist«.

31

Vollkommene. – Verwirrend ist die Frage, wer eigentlich die ganze Zeit mit »wir« gemeint ist. Zwei Zusammenhänge sind verschränkt: Wir, das sind die, die von der »Weisheit bei den Vollkommenen« reden und denen »es Gott offenbart« hat durch den Geist. Wir, das sind »die geistlichen Menschen«, die von niemandem beurteilt werden können, sie haben »Christi Sinn«.

Es gibt hier, scheint es, eine Scheidung, die für Paulus fundamental ist. Sie betrifft ein Resonanzphänomen: die Möglichkeit, vom Geist bewegt zu werden. Paulus schreibt: »Der natürliche (*psychikos*) Mensch aber vernimmt nichts vom Geist Gottes.« Das ist eine dunkle Vorstellung: Mensch ist nicht gleich Mensch. Also: Keine Anerkennung einer *natürlichen* Würde eines jeden Menschen! Diese Ungeheuerlichkeit für heutige Ohren hängt mit dem griechischen Wort *psychē* zusammen, meist mit »Seele« übersetzt. Bei Paulus steht, dem Sprachgebrauch seiner Zeit entsprechend, *psychē* für einen besonderen Aspekt des Menschen: für seine Wirklichkeit in dieser Welt. Dafür das deutsche Adjektiv »natürlich«[53] zu setzen trifft die Aussageabsicht des Paulus exakt: Es ist die Natur des Menschen, nicht zu erkennen. Die Unterscheidung zwischen natürlichem und geistlichem Menschen ist für Paulus keine Frage der Beschaffenheit: Jede und jeder ist *psychikos*, das heißt: seelisch oder eben natürlich. Erst die Gnosis formte Jahrzehnte später eine gestufte Naturenlehre, ein dualistisches Szenario, in dessen Dramaturgie manche Menschen ganz in die stumpfe, ausweglose Materialität gerieten, andere in ein geistliches Wetterleuchten. Die später gnostisch genannte Vorstellung von einer im Wesen gespaltenen Menschheit ist im Umfeld des Paulus erst in Gärung. Paulus beschreibt die Scheidung ganz anders: Sie geschieht in einer Begegnung. Die einen reagieren so, andere anders, wenn der Geist sie berührt. Einer redet in Zungen oder hat Gesichte, der andere bemerkt nichts. Keiner weiß, warum, und es ist damit auch keine Festlegung verbunden. Schnell kann alles ganz anders kommen. Der Spalter, eindringender Keil, ist der Geist allein, und er folgt keiner Regel und keiner Gewohnheit.

Ich erinnere mich, wie der Trompeter Markus Stockhausen bei einer Probe zu einer Rundfunkaufnahme in einen offenen Flügel blies. Der klare Trompetenton vervielfachte, verwandelte sich. Die Saiten gaben Resonanz in einer Schärfe, als wäre sie angeschlagen worden, als spielte ein unsichtbarer Pianist einen verwirrenden Akkord, der in den Obertönen immer leiser und komplexer wurde, hundertfingriger Anschlag. Man stelle sich vor: Der Flügel bliebe still. Keine Resonanz, nur die leblose Stille einer Apparatur.

Was Paulus schreibt, ist schwer mit der fröhlichen Hoffnung auf eine Erlösung aller vereinbar: »Wenn aber jemand auf den Grund baut Gold, Silber, Edelsteine, Holz, Heu, Stroh, /

so wird das Werk eines jeden offenbar werden. Der Tag des Gerichts wird's klar machen; denn mit Feuer wird er sich offenbaren.« (1 Korinther 3,12-13) Feuer, auch das ein biblisches Bild des Geistes, der trennt, der weht, wo er will, und der Flammen entfacht oder niederdrückt.

Einer Gefahr, die in einer solchen Gedankenfigur liegt (die mönchische Seelenlehre in ihrer Sensibilität für Verblendungszusammenhänge sieht hier eine der schwierigsten Stufen auf dem Weg der innerlichen Läuterung), entzieht Paulus den Wirkungsraum: der selbstgewissen Überheblichkeit. Ich kann ja nicht wissen, wo die Trennlinie verläuft und wie sie gebildet wird, und geborgen bin ich nicht in einer Menge oder in einer Zugehörigkeit oder einer Leistung, sondern im Gebet zu dem Gott, dessen Tiefen allein vom Geist ergründet werden, unergründliche Tiefen …

»Verbissene Ordnung der Gewitter«[54]: Eine große Kastanie ist im Sturm gebrochen, fast lautlos, sie fiel in ein verwildertes Gartengrundstück neben unserem Haus. Nur ein Knistern war zu hören und das Splittern der Äste der benachbarten Bäume. Nun liegt sie auf einem abgeknickten Zaun im Dikkicht zwischen wuchernden Brombeersträuchern und Weiden, wie ein unleserliches Zeichen. Wuchtige Spur des Gewitters, nicht zu entziffern. Die klare Luft, die Irritation der Stille nach den Orkanböen dringt in mein Lesen:

»Wir aber haben Christi Sinn.« Dieser Satz klingt widersprüchlich. Denn worin dieses »Wir« sich selbst erkennt, ist etwas ganz Fremdes: der Christus. Dieses »Wir« ist ein unbestimmter Kreis von Wartenden, vom Geist beunruhigt, von der *sophia* betört, die vor »unseren« Augen tanzt: Sie dreht sich, scheint es, immer um die eigene Achse, Anfang alles Geschaffenen, anfangslos, und schreitet aus, Fülle des Kommenden, endlos, sie spielt mit der Figur der Unendlichkeit, mit dem Gedanken »Gott« oder mit einer Welt hinter der Welt

hinter der Welt ..., sie ist wie in einem »Spiegel ein dunkles Bild« (1 Korinther 13,12), in dem »wir« Gott als Gott erahnen ...
Und weil dieses »Wir« der Gegenwart und sich selbst letztlich fremd ist und entzogen, kann es auch von »niemandem beurteilt« werden, auch nicht in eigener distanzierter Reflexion (etwa durch eine Wissenschaft, als die sich die Theologie in der Neuzeit gern versteht). Es ist nur ganz bedingt objektivierbar. Einen äußeren Standpunkt, von dem aus man dieses »Wir« erfassen könnte, gibt es in dieser Welt nicht. Vielmehr kann es in seiner Heimatlosigkeit alles, was ist, und jeden, der spricht, in einen erahnten, unendlichen Horizont setzen, in der Erwartung des neuen Äons ... der strenggenommen nicht »neu« ist, denn er läßt sich nicht aus einem »alten« schlußfolgern, und der auch kein »Äon« ist, weil er nicht in einer Folge von Äonen steht und sich jeder Kategorisierung entzieht, also ein Nicht-Äon, wie ihn die unbegreifliche Nicht-Weisheit lehrt, *sophia.*
Paulus zitiert noch einmal die Schrift, »denn wer hat des Herren Sinn erkannt, oder wer will ihn unterweisen?«[55] Des Herren Sinn? Da muß ich an *sophia* denken in der Schöpfungsfrühe, Gottes Gespielin vor allem Anfang, aus seinem Atem geboren, und in letzter Konsequenz leuchtet ein Gedanke auf, der erst nach Paulus seine Form finden wird: daß Christus und *sophia* eins seien, ein *logos,* eins mit dem Schöpfer Geist und eins mit dem Ungesagten, dem einen Gott.

32

Lanzarote, Mar de Lava. – Lavabrocken, so weit das Auge reicht, bis hinunter an den schwarzen Strand. In dem wogendstarren Schotterfeld pfeift der Passat, summt an Graten und Klüften, in Hohlgängen, über hauchdünnen Blasen, in Adergeflechten aus Stein. Die bizarren Formen machen hellwach, sie dürsten nach Namen: Dort ein kobaltblaues Ei ... ein grünes Rippenmuster von weißen Flechtenflecken überzogen ... ein Überhang schwappt ins stille Wundrot ... kraterdurchsetzter Fels wie ein Mond. Dort eine versteinerte Larve ... dieses silbrig schimmernde Flöz ist der Flügel einer riesigen Libelle in ihrer Metamorphose ... gläsern schwarze Gefäße ... und immer Abbruchkanten, Skalpellschärfe, und dazwischen wohlige Höhlen wie Herzkammern der Insel: Lanzarote. Ich streife durch eine Handschrift, erkaltetes Magma wie Majuskeln in Zeilen, die ein verstummtes Geräusch bergen: Bewegung, überlebt vom Stoff. Dieses »Meer aus Lava« rauscht nicht, seine Wellen liegen still, seine Strömung ist erstarrt. Erstaunlich schnell fließende Gesteinsschmelze schoß vor zweihundert Jahren an dieser Stelle aus mehreren kleinen Kratern, selbst die grasenden Ziegen konnten nicht mehr fliehen und verkohlten zischend. Nun ist alles Spur. Die zersplitterten Flächen bezeugen, was war, geronnene Steine, die Flut, und wie sie blieb. Nimm das Abwesende, nimm die verloschene Glut, sag, was gesät ist, und das unerklärliche Wort!

33

Geburtsikone. – Das Dunkel dieser gemalten Höhle ist tiefer als das nächtliche. Strahlendes Schwarz: Es gibt keinen Schatten darin und keine Kontur. Blinder als Blindheit. Der Blick zuckt zurück, flieht zum goldgefaßten Rahmen. Der bietet Schutz: ein Bild ...

Vor dem Höhlenabgrund im Inneren des dargestellten Felsens erkenne ich eine Frau. Sie hat eben entbunden und schläft, klar wie ein Kiesel, ein Kind schläft, und die Schnauzen von Tieren, Ochs und Esel, leuchten wie Mondsicheln in ihren Höfen.

Aber der Säugling fällt doch gleich! Fällt schon in die Tiefe! Er berührt keinen Boden mehr! Ruht …
Ich betrachte eine Ikone der Geburt Jesu im Katharinenkloster im Sinai. Gemalt im sechsten Jahrhundert, leuchtet sie in dem besonderen Glanz, den Wachsfarben entfalten, enkaustische Tiefe der Konturen … Ich könnte sagen: Maria. Ich könnte sagen: Nyx, Göttin der Nacht, orphische Allmutter … Geboren ist … als zitterte die dünne Schicht des Sichtbaren wie eine Milchhaut, als hielte ich selbst das nackte Kind umfangen, die Nabelschnur wird von einer Klammer abgedrückt … als würde ich sie durchschneiden, Knorpelgeräusch, das sich verfängt in der Erinnerung: da, für immer … Und könnte ich denn sagen, was davor überhaupt von Bedeutung war?

δοκῶ γάρ, ὁ θεὸς ἡμᾶς τοὺς ἀποστόλους ἐσχάτους ἀπέδειξεν
ὡς ἐπιθανατίους, ὅτι θέατρον ἐγενήθημεν τῷ κόσμῳ καὶ
ἀγγέλοις καὶ ἀνθρώποις.
ἡμεῖς μωροὶ διὰ Χριστόν, ὑμεῖς δὲ φρόνιμοι ἐν Χριστῷ·
ἡμεῖς ἀσθενεῖς, ὑμεῖς δὲ ἰσχυροί· ὑμεῖς ἔνδοξοι, ἡμεῖς δὲ
ἄτιμοι.
ἄχρι τῆς ἄρτι ὥρας καὶ πεινῶμεν καὶ διψῶμεν καὶ
γυμνιτεύομεν καὶ κολαφιζόμεθα καὶ ἀστατοῦμεν
καὶ κοπιῶμεν ἐργαζόμενοι ταῖς ἰδίαις χερσίν· λοιδορούμενοι
εὐλογοῦμεν, διωκόμενοι ἀνεχόμεθα,
δυσφημούμενοι παρακαλοῦμεν· ὡς περικαθάρματα τοῦ
κόσμου ἐγενήθημεν, πάντων περίψημα ἕως ἄρτι.

6. KAPITEL

Denn ich denke, Gott hat uns Apostel als die Allergeringsten hingestellt, wie zum Tode Verurteilte. Denn wir sind ein Schauspiel geworden der Welt und den Engeln und den Menschen. / Wir sind Narren um Christi willen, ihr aber seid klug in Christus; wir schwach, ihr aber stark; ihr herrlich, wir aber verachtet. / Bis auf diese Stunde leiden wir Hunger und Durst und Blöße und werden geschlagen und haben keine feste Bleibe / und mühen uns ab mit unsrer Hände Arbeit. Man schmäht uns, so segnen wir; man verfolgt uns, so dulden wir's; / man verlästert uns, so reden wir freundlich. Wir sind geworden wie der Abschaum der Menschheit, jedermanns Kehricht, bis heute.
(1 Korinther 4,9-13)

34

Korinth. – Die Stadt ist unerwartet hell. Der Stein blendet. Das Sirren der Zikaden, das ihm wie die eigene Stimme vertraut ist und noch beim Aufstieg vom Meer überall aus den trockenen Ginsterbüschen, dem Thymian und aus hartem Gras drang, ist nun verstummt. Seine Blicke kleben am Boden, sie streifen nie weiter, als seine staubigen Füße noch sichtbar sind. Einige Minuten bleibt er bei zwei Skarabäen stehen, die versuchen, eine Dungkugel aus einem Loch im Pflaster zu rollen. Sie zu beobachten beruhigt ihn. Es sind Bilder, die wie von fern aus Tarsus, aus seiner Kindheit herüberklingen. Der eine der schwarzen Käfer versucht rückwärts die Last zu stoßen, die dünnen Hinterbeine vorn und der Kopf hinten, die Arme im Staub versenkt. Der andere steht fast aufrecht, doch auf dem Kopf. Mit den gezackten Vordergliedmaßen faßt er die Kugel, die langen Hinterbeine ragen nach oben. Er zieht. Aber die Pille aus Mist bewegt sich nicht.

Die beiden Tiere purzeln übereinander. Da geht er weiter und hat das Lachen des Kindes über die beiden pummeligen Wesen in der Kehle. Die vielen Füße, die mit ihm gehen oder gegen ihn streben, bewegen sich immer dichter. Er sollte aufschauen, aber er schafft es nicht. Was war mit den Skarabäen? Er kehrt um und findet die heiligen Pillendreher noch immer bei ihrer Arbeit. Aber einer der Käfer beginnt plötzlich in der Fuge zwischen den Pflastersteinen, wohin die Kugel gerollt ist, aufgeregt zu graben. Er wühlt einen sandigen Hohlraum frei und rutscht dabei immer tiefer.[56] Was wollen die Käfer? Worauf zielt ihre Mühe? Da geht er weiter. Er sollte aufschauen, aber das schafft er nicht, es sind zu viele Menschen um ihn.
Korinth ... Wie betrat Paulus die Stadt? Was war sein erster Eindruck? Er kam hierher auf seiner zweiten Reise durch den Mittelmeerraum, folgt man der Zählung der Apostelgeschichte. Das war vermutlich im Jahr 50, und er blieb dann zwei Winter. Korinth – eine Metropole, Cäsar hatte sie einst zerstören lassen nach der vernichtenden Niederlage des Achäischen Bundes im Krieg gegen Rom. Im Jahre 44 v. Chr. wurde die Stadt neu gegründet, als römische Anlage. Sie blühte rasch wieder auf und war seit 27 v. Chr. Hauptstadt der Provinz Achaia (des mittleren und südlichen Griechenlands). Die *Colonia Julia Laus Corinthiensis* war eine belebte Hafenstadt, reich, prunkend, ein Finanz- und Handelszentrum, und natürlich als Hafenstadt ein verruchter Ort: *korinthiazestai* (korinthisch tun) nannte man seit Aristophanes unter den Griechen alles, was an Unzucht denkbar und undenkbar war. Einer der hiesigen Tempel der Aphrodite soll, so Strabo, Tausende Hierodulen gehabt haben, die auf den hohen Kalkfelsen von Akrokorinth käufliche Liebe anboten zu Ehren der Göttin.
Wie hat Paulus die Stadt erlebt? Es gab eine jüdische Gemeinde. Fand Paulus dort Obdach? Wann begann er zu pre-

digen? Und zu wem? In der Synagoge und dann, wie meist vermutet, in den Häusern jener »Gottesfürchtigen«, die als faszinierte Beobachter und Sympathisanten das hellenistische Judentum allerorts begleiteten?

Wer von Paulus erzählt, ist auf die Imagination angewiesen, das galt schon für Lukas, den Autor der Apostelgeschichte.[57] Ein Beobachter – derjenige also, der die Abenteuer des Sichtbaren erzählt – ist herausgefordert von der Fremde der Wirklichkeit. Derjenige, der imaginiert, muß Fremde erst zulassen, denn die Bilder fügen sich seinem Plan und seinen Ideen. Lukas jedenfalls war wohl kein Augenzeuge. Er verstand zuviel von dem, was er erzählte.

Also zurück: Er kehrt um und findet die heiligen Pillendreher noch immer bei ihrer Arbeit. Aber erst einer, dann der andere, beginnen sie zu graben in der Fuge zwischen zwei Pflastersteinen, wohin die Kugel gerollt ist. Sie legen einen Hohlraum frei, in den der rötliche Sand nachrieselt. Sie erweitern emsig das Loch. Was wollen sie erreichen? Er sollte aufschauen, aber das schafft er nicht – es sind zu viele Menschen um ihn.

Wichtiger als das, was Paulus in Korinth zuerst wahrnahm, war wohl das, was er als antiker Mensch mit einem Blick verband: das Gefühl, berührt zu werden, betastet und ergründet mit einem Strahl aus fremden Pupillen. Das wurde vermutlich sehr materiell empfunden, das Sehen war ein Übergriff.

Paulus spürte diese dichten Sehstrahlen in den Straßen von Korinth. Augen, die ihn unverhohlen anpeilten, prüfend. Augen, die sich versteckten, die sich scheu verbargen oder berechnend abglitten. Augen, nachgezeichnet mit Schminke, von langen Wimpern begrenzt. Augen, die ihn erkannten: den Fremden, den Juden. Augen, die ihn suchten: den Orientierungslosen. Paulus wird: geschaut. Er wird von Blicken getroffen. Was er zur Sichtbarkeit brachte, beschreibt er in der Auseinandersetzung mit der korinthischen Gemeinde nun so: »Denn ich denke, Gott hat uns Apostel als die Allergeringsten hingestellt, wie zum Tode Verurteilte. Denn wir sind ein Schauspiel geworden der Welt und den Engeln und den Menschen. [...] Wir sind geworden wie der Abschaum der Menschheit, jedermanns Kehricht, bis heute.«

35

Scham. – Worin besteht das »Schauspiel« des Paulus? Man denkt an den Auftritt eines Gladiators in der Arena in Korinth, der sich seinem Schicksal, dem Zweikampf zum Tode, überlassen muß. »Zum Tode Verurteilte«, Todgeweihte (*epithanatious*), dieses seltene und starke Wort läßt an auswegloses Verhängnis denken. In der Septuaginta kommt es nur an einer einzigen Stelle vor, in den Zusätzen zum Danielbuch, wo diejenigen »Todgeweihte« genannt werden, die als Futter in den Graben zu den Löwen geworfen wurden, täglich zwei Männer (Bel und der Drache, 31).
Auch der Stoiker konnte seine Existenz als »Schauspiel« begreifen: Er stand im irdischen Dasein als tapferer Kämpfer, der keine Emotionen zuließ und selbst den härtesten Umständen furchtlos entgegensah, ein *spectaculum* für die Welt. In der Fähigkeit, als gegeben hinzunehmen und als sinnvoll zu begreifen, was auch immer kam, vermochte er innerlich frei zu bleiben und sich zu behaupten, selbst auf verlorenem Posten und im Angesicht des Todes. »Man schmäht uns, so segnen wir; man verfolgt uns, so dulden wir's; man verlästert uns, so reden wir freundlich.« Paulus greift hier auf einen sogenannten Peristasenkatalog zurück, auf eine Aufzählung von Entbehrungen, wie sie vor allem in der Stoa beliebt war: Es galt in allem, was geschah, weise Beharrungskraft zu demonstrieren.

Aber der Kern des paulinischen »Schauspiels« ist damit wohl nicht erfaßt, denn Paulus ist ja gerade nicht frei, nicht innerlich unabhängig wie der Stoiker. Er pflegt keine vernünftige Selbstgenügsamkeit. Vielmehr wirkt er bedroht von jedem fremden Blick. Was Paulus als Selbstbild zur Sprache bringt, ist wörtlich zu nehmen: »Abschaum … jedermanns Kehricht«. Was ist der Hintergrund? Was will Paulus sich und anderen zeigen? Etwa seine Nähe als Apostel zu dem Gekreuzigten, wie es viele Ausleger meinen?
Ich vermute: Er will auf gar nichts Drittes hinaus. Zum »Schauspiel« als »Allergeringster« wird Paulus durch seine einfache Anwesenheit. Er ist ausgestellt: in der Scham. Er steht auf der Straße und vor der Menge. Gezeichnet von einer Gottesbegegnung … Scham läßt Paulus so sprechen: »Abschaum der Welt … jedermanns Kehricht, bis heute.« Als wollte er sich verstecken, wie ein Tier ohne Deckung im Tageslicht, vor dem, was das heißt: Apostel. Paulus will gerade nicht anderen ein höheres Selbstbild vorführen. Er will sich nicht rhetorisch gegen Widerstände behaupten oder sich zur Christusähnlichkeit im Leid stilisieren. Nein, ihn treibt ein wirkliches Fluchtbedürfnis, Scheu. Denn Paulus, seiner selbst beraubt durch den Christus, bleibt doch er selbst, und diese bleibende Haftung, diese Fremde im Eigenen, bedeutet eine erschütternde Bloßstellung, gerade im Glaubensvollzug. Was wäre denn die zwingende Konsequenz der Begegnung mit dem Christus? Zu folgen. Sich aufzugeben. Nicht zurückzuschauen, sondern ganz dem Messias und der kommenden Welt zu eigen zu werden. Aber das gelingt nicht, denn selbst wenn Paulus sagt: »nicht ich, sondern Christus lebt in mir« (Galater 2,20), spricht er ja geschieden, spricht er, der Paulus.
»Was in der Scham zur Erscheinung kommt, ist also genau das An-sich-selbst-Gefesseltsein, die radikale Unmöglichkeit, uns selbst zu entkommen, uns vor uns selbst zu verstecken:

die unverzeihliche Selbstgegenwart des Ich«, so schreibt Emanuel Lévinas über die Scham.[58] Paulus kann sich selbst nicht annehmen. Dabei verhandelt er noch gar nicht seine Vergangenheit als Christenverfolger, nicht eine Täterschaft: … Steine, die Stephanus trafen, an den Schläfen, an der Stirn, Schläfen, Stirn, bis kein Kopf mehr sichtbar war, nur noch … Hier geht es nicht um eine Biographie, sondern um das pure Vorhandensein in dieser Welt, die erbärmliche Trennung von dem Christus in jedem gesprochenen Satz, in jedem Gefühl und in jedem Gedanken: »Ich elender Mensch! Wer wird mich erlösen von diesem todverfallenen Leibe?« (Römer 7,24) Und Paulus, zerrissen in sich selbst, hat nur eine Antwort, die keine ist, weil sie in keiner denkbaren Folge zu einer ihr vorausgehenden Frage stehen kann, auch zu diesem Hilferuf nicht, weil sie, wie die Glut eines Meteors, plötzlich am nächtlichen Himmel, geschieht: »Dank sei Gott durch Jesus Christus, unseren Herrn!« (Römer 7,25) Paulus, der dem Christus begegnete (und er war »entrückt ins Paradies und hörte unaussprechliche Worte, die kein Mensch sagen kann«, 2 Korinther 12,4), schaut auf und starrt ins Dunkel – eben war da ein Licht, und es bleibt ein geglaubtes Licht. Verloschen. Für immer erstrahlt.

36

Satt. – Also zurück: Es will Abend werden, der Tag neigt sich, und er steht auf einem hohen Steinblock und schaut herab. Seine Zuhörer hocken zu seinen Füßen. Und während er spricht, wächst das Unbehagen in ihm. Zunächst ist es ein Kribbeln in den Fingern und plötzlich eine Tonlosigkeit der Stimme. Sein Schatten wird länger. Nervöses Tierempfinden: Es ist da kein Unterschlupf und alles in seiner Nähe eben und viel zu weitläufig. Die Gesten geraten ihm nun zu groß, er spürt, wie sein Körper zuviel tut, wie sein Stand auf dem Stein unsicher wird, wie Sandkörnchen unter den Zehen fortrinnen. Er merkt, wie die anderen beginnen, ihn zu taxieren, und spricht lauter, vom Anbruch einer Zeit nach der Zeit, von einer Verwandlung, und hechelt, fängt an zu stottern, die Lippen zittern, er denkt an die Mühen der Skarabäen, warum sie zu graben anfingen, Scham kriecht ihm über die Haut: » … ein Schauspiel geworden der Welt und den Engeln und den Menschen.«

Paulus war kein überzeugender Redner. Aber seine Unsicherheit scheint andererseits doch überzeugend gewirkt zu haben. Sie resultierte aus dem, was er sagte. Auch in seinen Briefen wird das spürbar: Den Korinthern macht er nichts vor, und er setzt sich ihnen aus. Nicht weinerlich, sondern er kehrt seine Schwäche um zu einem Argument. Sie erfährt eine theologische Deutung. Paulus stellt folgende Fragen an die Korinther, bevor er sich als »Kehricht« bezeichnet: »Denn wer gibt dir einen Vorrang? Was hast du, das du nicht empfangen hast? Wenn du es aber empfangen hast, was rühmst du dich dann, als hättest du es nicht empfangen? / Ihr seid schon satt geworden? Ihr seid schon reich geworden? Ihr herrscht ohne uns? Ja, wollte Gott, ihr würdet schon herrschen, damit auch wir mit euch herrschen könnten!« (1 Korinther 4,7-8)

Paulus schreibt im Stil der Diatribe, also in der Art, wie popularisierende Philosophen seiner Zeit redeten. In einer Fragenkette verschlingen sich die Stichworte mit gedachten Antworten. Du – das ist der Jedermann, und es fällt schwer, sich zu entziehen: »Was hast du, das du nicht empfangen hast?« Paulus wird ironisch. Schneidend: Satt sind die Korinther, reich und feist und bequem. Sie sind zufrieden mit sich und eins mit ihren ruhend-erlösten Seelen. Sie wissen nichts von der Zerrissenheit des Menschen in dem Christus. Sie haben keine Ahnung von der bloßzulegenden erbarmungswürdigen, erbärmlichen Gebundenheit des Apostels an sich selbst und davon, was sie bedeutet. Ihn verfolgt – betend, predigend – immer ein gleichzeitiger schmerzlicher Fluchtreflex vor dem Christus, der stets einhakt, wenn er »ich« sagt: »Jeder Vers ein Grabspruch, und jedwedes Tun / Ein Schritt auf den Richtblock zu, ins Feuer, in den Meerschlund.«[59] Paulus hat davon nicht nur gesprochen, er hat es verkörpert, und der Riß zwischen »hohen Offenbarungen« und den Faustschlägen von »Satans Engel«, die Paulus einen »Pfahl im Fleisch« (2 Korinther 12,7) nennt, war für alle irritierend sichtbar: ... wenn Paulus in Krämpfen und plötzlichem Bewußtseinsverlust wie ein steifes Brett aus den Sätzen fiel und Schaum vor den Lippen an die Stelle der Silben trat.[60]

In ihrer Selbstgenügsamkeit entgeht den Korinthern der eschatologische Vorbehalt jeder christlichen Selbstwahrnehmung: Die Schau von »Angesicht zu Angesicht« (1 Korinther 13,12), die Einheit mit dem Herrn, steht aus. Wer sich auf den Christus bezieht, ist zwar jedem denkbaren Maßstab der Beurteilung, jeder Gerichtsbarkeit entzogen, denn der kommende Christus richtet ihn allein, aber er steht zugleich unter einem anderen harten Urteil, das er sich selbst spricht: Ich bin verloren in mir, auch dann und gerade dann, wenn ich glaube. Wenn es Erlösung gibt, dann ohne kausale oder sonst irgend erklärliche Beziehungen zu meiner Vorstellungswelt, meinen Wünschen und meinen Beweggründen, dann als Gnade: »Ich elender Mensch! Wer wird mich erlösen von diesem todverfallenen Leibe? Dank sei Gott durch Jesus Christus, unseren Herrn!« (Römer 7,24-25)

Anders als die reichen und gesättigten Korinther meinen, hat Paulus nichts, worauf er eine Sicherheit gründen könnte. Er herrscht nicht – nicht einmal im eigenen Haus der »Myriaden Partikeln, die ›Ich‹ ausmachen«.[61] Er kann sich nicht selbst finden – außer in seiner Scham.

»Was in der Scham zur Erscheinung kommt, ist also genau das An-sich-selbst-Gefesseltsein, die radikale Unmöglichkeit, uns selbst zu entkommen, uns vor uns selbst zu verstecken: die unverzeihliche Selbstgegenwart des Ich«, sagt Emanuel Levinas. »Durch Gottes Gnade bin ich, was ich bin« (1 Korinther 15,10), sagt Paulus. Diese beiden Sätze können Pole des Glaubens im Schatten des Christusereignisses markieren: Scham und Ekstase. Paulus ist ganz von dem Christus ergriffen, er verliert sich in der Gnade, und diese *wirkt in ihm* – das geschieht in einem Verschmelzen und Verschwimmen, wie es Mystiker kennen. Und er ist darin doch auf sich selbst geworfen – als den, der unverzeihlich da- und zurückbleibt und feststellt, daß er das erfahren habe (ein Ascherest, *caput mortuum*, wie die Alchemisten die seelenlose Materie im Reagenzglas nannten, wenn alles verdampft und entwichen ist). Und aller Glaube wird zur Scheu, zur Scham.

Also zurück: Es will Abend werden, der Tag neigt sich, und Wolkentürme wachsen über den Bergen nahe der Stadt. Er steht auf einem hohen Steinblock, hält den Kopf leicht geneigt, seine Zuhörer hocken und liegen zu seinen Füßen. Es sind nur wenige geblieben. Auch jetzt wenden sich manche schon zum Gehen: »Dieser Satz noch … Wenn er denn einen sinnvollen Abschluß findet, aber … Wovon spricht er? Was hat mich bis eben gehalten, wo ich doch nichts wirklich verstehe?« Er redet ruhig, und mehr als seine Stimme spricht seine rechte Hand, die sich eben noch in die Luft krallte, verkrampfte in einem Kampf mit sich selbst oder etwas Unsichtbarem; nun aber öffnet sie sich weich und weist auf einen hohen Torbogen, und dahinter leuchtet der abendliche Himmel …

37

Noli me tangere. – Paulus ist ein Apostel der Ausnahme. Es genügt, sich vor Augen zu führen, wie die zwölf Apostel der Evangelien dem auferstandenen Christus begegneten und wie das bei ihm war. Die Jünger Jesu befanden sich nach Ostern über Wochen in einem betörenden Zwischenreich: Faktizität und Entrückung, Wahrnehmung und Vision verschwammen. Es ist über den Zeugnissen der Evangelien ganz unstrittig: Die Jünger erlebten den auferstandenen Christus in aller Sinnlichkeit. (Das gilt unabhängig davon, wie man dieses Erleben deutet.) Man konnte ihn sehen, man sprach mit ihm, und Thomas konnte seine Hand in die Seitenwunde legen, die ein Soldat dem toten Jesus am Kreuz beigefügt hatte. Der Auferstandene trat zu Maria Magdalena und wurde als Mensch erkannt, im morgendlichen Dämmern als Gärtner, und als er sprach, war ihr in einem Augenblick klar: Es ist der Jesus aus Nazareth. *Noli me tangere!* Rühr mich nicht an! (Johannes 20,14-17) Was für ein Satz aus dem Mund des Gekreuzigten! Was für eine Verwandlung! Auch die tiefste Erfahrung der Einheit mit dem Gott in der Jüngergemeinschaft kehrte wieder: das gemeinsame Essen. Am Tisch war die Unterscheidung zwischen Geistigem und Materiellem, zwischen Zeit und Ewigkeit aufgehoben, weil Wort und Brot, Logos und der immer süßer werdende Geschmack der zerkauten Teigkrusten auf der Zunge nicht zu trennen waren, wenn er sagte: Das ist mein Leib.

Diese Sinnlichkeit ist Paulus verborgen. Christus, das war für ihn vermutlich – er erzählte ja nichts davon – ein grelles Licht, dem tagelange Blindheit folgte. Dieses Licht war abstrakt: die völlige Abwesenheit von Eindrücken bei gleichzeitiger, explosiver Bedeutungsdichte. Wie ein Schmerz, weil etwas, weil alles fehlte. Paulus sagte dazu: der Christus. Das war für ihn klar, ohne daß deutlich wird, wodurch. Paulus konnte darüber hinaus nur sagen, was *danach* geschah, nichts von dem Ereignis selbst.

Der fraglos sinnlichen Präsenz Gottes in einer Kirche, die in Sakrament und Hierarchie die Ordnung der Sphären abbildete, war in der zweitausendjährigen Geschichte des Christentums immer die paulinische Irritation beigemischt, faßlich vor allem als Mystik und als eine Eschatologie, die alle gültige Gestalt ins Kommende verschob. Die Blickwinkel, die Erfahrungshorizonte wechselten in Wellen, je die eine oder die andere Seite war bestimmend: katholische Sakramentalität oder östliche Apophatik, dogmatische Lehrsystematik oder mystische Sprachlosigkeit. Man denke auch an Joachim von Fiore (ca. 1130 – 1202) und an seine Lehre von den Weltzeitaltern, nach der die Gestalt der Kirche von einem Reich des Geistes aufgehoben werde. Man denke an die Spiritualen der Franziskaner oder an die Reformatoren, die alle den Gegensatz je eigen faßten: Kirche des Leibes versus Kirche der Endzeit. Oder: Ausdruck versus Schweigen.[62]

Heute scheint bei vielen Menschen (und vor allem bei den »religiös musikalischen«) eine große Sehnsucht nach sinnlich faßbarer Gewißheit des Göttlichen und nach fraglosen Erfahrungen des Transzendenten einherzugehen mit einem tiefen Zweifel an allen Repräsentationen und Gestalten solcher Erfahrungen. Eine beklagenswerte Schere zwischen Zeichen und Sinn hat auch die Frömmigkeit erfaßt. Die Zeugnisse tiefreligiöser Menschen sind voll davon. Wer heute betet, fragt irgendwann: Wer betet hier? Wie kann ich unterscheiden, was mir meine Psyche und die Prägungen meiner Herkunft vorspielen und was mir wirklich gegenübertritt? Und wie soll ich in der Art, wie ich vom Göttlichen spreche, in meinem Bekenntnis, das heute immer neben anderen Be-

kenntnissen steht, die sich wiederum auf Erfahrungen berufen, der Falle der reinen Subjektivität entkommen?
Scham als Grundgegebenheit des Glaubens kann, mit Paulus, zu einem Schlüssel werden, um das fragile christliche Subjekt zu verstehen: immer gespalten und immer erhofft. Der Spiegel sagt ihm nichts, sondern allein das künftige Angesehensein von Gott. Das heißt: Letztlich bleibe ich heute gefangen in der Subjektivität meines Glaubens, und Glauben heißt dann, immer wieder das Offene zu suchen und in der Enge meiner selbst anzukommen. Es gibt keine Gewißheit. Und daß es keine Gewißheit gibt, das ist die christliche Verheißung.

38

Trümmer. – Also zurück: Er steht auf einem Steinblock, hält den Kopf gesenkt, seine Zuhörer, es sind wenige, lagern auf einer abgebrochenen Terrasse. Hinter ihm steht ein Mann, der sich ihm zuneigt, als wolle er ihn stützen, wenn der Prediger taumeln sollte. Es ist vermutlich Timotheus, der Schüler und Weggefährte des Paulus; fast berühren sie sich beide, und dieser schweigende Begleiter wirkt wie ein Resonanzkörper, seine Anwesenheit gibt den Worten des Apostels Volumen und Grund. Die Laute schwingen beharrlicher.
Ich betrachte hier ein Gemälde von Giovanni Paolo Panini: *Predica di un Apostolo (1744)*[63]. Was dieses Bild vor allem auszeichnet, ist der Hintergrund der Predigtszene: Es sind Ruinen. Ein Tor, auf dem Büsche wuchern, und der Rest von einem Gesims ragt nach vorn, als würde es gleich herunterkippen. Ein trauriger Adler, verwitterter Schlußstein, schaut von dem Bogen herab. Darüber, dahinter ist nichts Menschliches mehr, nur der Ausblick auf ferne Berge. Säulenstümpfe, ionische Kapitelle, behauene Steine, formschö-

nes Geröll der Geschichte … Groß ragt ein zerfallener Tempel auf.
Panini folgt den populären Topoi seiner Zeit und malt Trümmer, Reste vergangenen Glanzes, nun an der Grenze zu Formen der Natur. Paulus steht hier bei einem Schuttfeld, und man fragt sich: Wann soll das gewesen sein? Paulus hat diese Ruinen nie gekannt: Er predigte in blühenden Städten, in Korinth, Philippi, Athen, Thessalonich, Ephesos, in Rom …
Indem Panini malt, was er selbst knapp 1700 Jahre später in Rom sieht, bringt er die Zeit ins Bild: Er gestaltet kein Historiengemälde von einem fiktiven Auftritt des Apostels auf dem Forum Romanum, sondern er läßt Zeitschichten ineinanderfallen. Die Gegenwart wird zur Spur des längst Vergangenen. Das Vergangene wird zum Puls der Gegenwart. Panini malt detailgenau, was er sieht, und die Ruinen sind Erinnerungslandschaften, sie prägen das kulturelle Gedächtnis, in dem sich der Künstler bewegt. Und es gibt in dem Gemälde noch eine dritte unsichtbare Ebene: die Predigt des Paulus vom Ende der Zeit. Die Städte, die Paulus besuchte, und deren politischer Mittelpunkt, die Stadt Rom, waren für ihn im Grunde keine Lebensräume mehr, sondern nur kurz noch intakte Steinmassen, fast schon Trümmer, angesichts des Anbruchs des neuen Äons. Das wird in der Bildkomposition sinnfällig: Paulus spricht gegen die historische Logik inmitten von Ruinen, denn sie sind das Wesen der Städte des Menschen. Durch die Zeit, wie sie sich Paulus darstellt, geht ein Riß. Er markiert zwei Daseinzustände, die sich in jedem Augenblick, jetzt, durchdringen: die brüchige Faktizität des Gegenwärtigen und die alles unterwandernde, subversive Kraft des kommenden Messias, des auferstandenen Christus.
Der Messias, wie verändert er die Ansicht der Metropolen? Man erkennt Ruinen als ihr Wesen, und man ahnt Ruinen der Seele: abgebrochene Identitäten, haltlose Absichten, Trüm-

mer der einst glänzenden Konstruktionen der eigenen inneren Welt. Die Korinther sehen das nur zum Teil. Sie sind kurzsichtig. Sie sehen Tempel und Paläste und weißen Marmor im Sonnenlicht und wissen: Das ist nur ein kurzer Schein. Aber die Welten ihres Bewußtseins, ihre Erlösungsgewißheit halten sie für beständig. Sie verwechseln die Fragmente ihrer religiösen Erfahrung mit der kommenden, der verborgen Wirklichkeit des Christus. Paulus setzt mit wenigen Worten ihre Selbstsicherheit in eine eschatologische Klammer: »Ihr seid schon reich geworden? Ihr herrscht ohne uns? Ja, wollte Gott, ihr würdet schon herrschen, damit auch wir mit euch herrschen könnten!«

Die Ränder christlicher Subjektivität, so Paulus, werden markiert durch fraglosen Glauben und durch das Gefühl der Verlorenheit in der Fremde des eigenen »Ich«. Beide Pole liegen eng beieinander, jeder Gläubige weiß davon zu erzählen. Es gibt die Momente, in denen sich im Gebet etwas öffnet und sich ohne Ankündigung der Augenschein verwandelt, vertieft und ich in eine ruhende, wie summende oder leuchtende Weite treibe (ja, so etwas wie leuchtendes Summen), und es gibt das Gegenteil: den Absturz des Betenden in den reinen Vollzug, in das Gefühl, nur wieder bei mir selbst zu sein, wie eine Monade mit ihren kleinlichen Vorstellungen, ein Mensch, eingekreist in sich selbst (*homo incurvatus in se ipsum*[64]). Ein schlichtes Gedicht von Ernst Jandl »an gott« bringt das auf einen biographischen Punkt:

»daß an gott geglaubt einstens er habe
fürwahr er das könne nicht sagen
es sei einfach gewesen gott da
und dann nicht mehr gewesen gott da
und dazwischen sei gar nichts gewesen
jetzt aber er müßte sich plagen
wenn jetzt an gott glauben er wollte

garantieren für ihn könnte niemand
indes vielleicht eines tages
werde einfach gott wieder da sein
und gar nichts gewesen dazwischen«[65]

Zwischen Scham und Ekstase, in jenem wiederkehrenden Riß, wo »gar nichts gewesen dazwischen«, ist wohl auch das Geheimnis der Krankheit des Paulus anzusiedeln, sein »Pfahl im Fleisch« (2 Korinther 12,7). Kann es sein, daß der Bewußtseinsverlust des Epileptikers genau jene Unmöglichkeit zeigte, daß das Ich seine Verwandlung in dem Christus, seine volle und seine heile Verwirklichung *erfahren* könnte?[66] Ist der Anfall das notwendige Symptom des gespaltenen Paulus? Ein schamhaftes, ein scheues Zurückzucken vor der Ankunft, endlich, bei sich selbst und in dem Christus? Denn wer empfände die Erlösung? Wer wäre es denn, der die Überwindung seines »Schauspiels vor der Welt und den Engeln und den Menschen« erleben würde? Paulus erstarrt, knirscht mit den Zähnen, und der Schrei des Fallenden ist tiefster Ausdruck seiner gläubigen Zerrissenheit.

Ὅλως ἀκούεται ἐν ὑμῖν πορνεία, καὶ τοιαύτη πορνεία ἥτις
οὐδὲ ἐν τοῖς ἔθνεσιν, ὥστε γυναῖκά τινα τοῦ πατρὸς ἔχειν.
καὶ ὑμεῖς πεφυσιωμένοι ἐστὲ καὶ οὐχὶ μᾶλλον ἐπενθήσατε,
ἵνα ἀρθῇ ἐκ μέσου ὑμῶν ὁ τὸ ἔργον τοῦτο πράξας;
ἐγὼ μὲν γάρ, ἀπὼν τῷ σώματι παρὼν δὲ τῷ πνεύματι, ἤδη
κέκρικα ὡς παρὼν τὸν οὕτως τοῦτο κατεργασάμενον·
ἐν τῷ ὀνόματι τού κυρίου ἡμῶν Ἰησοῦ συναχθέντων ὑμῶν
καὶ τοῦ ἐμοῦ πνεύματος σὺν τῇ δυνάμει τοῦ κυρίου ἡμῶν
Ἰησοῦ,
παραδοῦναι τὸν τοιοῦτον τῷ Σατανᾷ εἰς ὄλεθρον τῆς
σαρκός, ἵνα τὸ πνεῦμα σωθῇ ἐν τῇ ἡμέρᾳ τοῦ κυρίου.
Οὐ καλὸν τὸ καύχημα ὑμῶν. οὐκ οἴδατε ὅτι μικρὰ ζύμη ὅλον
τὸ φύραμα ζυμοῖ;
ἐκκαθάρατε τὴν παλαιὰν ζύμην, ἵνα ἦτε νέον φύραμα, καθώς
ἐστε ἄζυμοι· καὶ γὰρ τὸ πάσχα ἡμῶν ἐτύθη Χριστός.
ὥστε ἑορτάζωμεν μὴ ἐν ζύμῃ παλαιᾷ μηδὲ ἐν ζύμῃ κακίας καὶ
πονηρίας ἀλλ’ ἐν ἀζύμοις εἰλικρινείας καὶ ἀληθείας.

7. KAPITEL

Überhaupt geht die Rede, daß Unzucht unter euch ist, und zwar eine solche Unzucht, wie es sie nicht einmal unter den Heiden gibt: daß einer die Frau seines Vaters hat. / Und ihr seid aufgeblasen und seid nicht vielmehr traurig geworden, so daß ihr den aus eurer Mitte verstoßen hättet, der diese Tat begangen hat? / Ich aber, der ich nicht leiblich bei euch bin, doch mit dem Geist, habe schon, als wäre ich bei euch, beschlossen über den, der solches getan hat:[67] */ wenn ihr in dem Namen unseres Herrn Jesus versammelt seid und mein Geist samt der Kraft unseres Herrn Jesus bei euch ist, / soll dieser Mensch dem Satan übergeben werden zum Verderben des Fleisches, damit der Geist gerettet werde am Tag des Herrn. / Euer Rühmen ist nicht gut. Wißt ihr nicht, daß ein wenig Sauerteig den ganzen Teig durchsäuert? / Darum schafft den alten Sauerteig weg, damit ihr ein neuer Teig seid, wie ihr ja ungesäuert seid. Denn auch wir haben ein Passalamm, das ist Christus, der geopfert ist. / Darum laßt uns das Fest feiern nicht im alten Sauerteig, auch nicht im Sauerteig der Bosheit und Schlechtigkeit, sondern im ungesäuerten Teig der Lauterkeit und Wahrheit.*
(1 Korinther 5,1-8)

39

Nachbilder. – Im Dunkel, Nachbilder wie Flammenkreise, als stürzte dieser kriechende, der züngelnde Raum in sich zusammen. Blendungen, sie schrumpften bald, rasten auf mich zu. Ich hob reflexartig die Arme. Aber ich konnte den Farben keinen Widerstand entgegensetzen, und alles fiel – nicht in einen Abgrund, sondern in mich hinein.
Allmählich wurde es dunkler. Die Ringe verblaßten, Nachkommen des Tageslichts, und die Panik wuchs: Ich war allein. In dem Stahlkessel. Und auch das war nur noch eine Vermu-

tung, wo doch der Raum, besser: die schwarze Hintergrundfläche, sich immer weiter zusammenzog. Mir war schwindlig. Ich meinte kurzzeitig, auf dem Kopf zu stehen, oder drehte sich das Ganze? Wo kam ich her?

Immer dunkler ... Doch! Es war nun deutlich ein umschriebener Raum fühlbar. Ich war von der Leiter aus hineingesprungen, in die gekrümmte Enge. Ich mußte mich auf den Atem konzentrieren. Die unerwartete Luftknappheit machte mir angst. Angst, die instinkthaft tief aus den Eingeweiden kam, bestimmend, ausweglos. Ich war es nicht geübt, bei körperlicher Anstrengung die Luft nur durch den Filter einer Gasmaske zu ziehen. Ohne Kontakt nach außen, im »wandlosen Gefäß / des Raumes«[68], eingehüllt in eine Gummihaut, hockte ich mich nieder, stand dann auf und suchte die Gegenstände, die ich hier haben sollte: eine Stirnlampe und einen Preßlufthammer ...

Mein Aufgabe war es, erstarrte Reste von Schwefelsalzen aus einem leergepumpten Kesselwaggon zu pickern, damit er wieder vollständig befüllt werden konnte. Dies gehörte zu den Arbeiten, für die sich 1988 in den maroden Chemieanlagen Leunas kein Zivilist mehr fand, trotz hoher Bezahlung. Die Bausoldaten konnten dazu befohlen werden. Ich hatte einen Preßlufthammer, Ohrschützer, ich hatte einen Helm, eine Stirnlampe und Arbeitshandschuhe und eine Gasmaske. Es gab irgendwo eine Luke, die ich derzeit nicht sehen konnte und durch die man mich wieder herausholen würde. Nach vier Stunden? So hatte ich gehört. Ich sah im Lichtkreis der Stirnlampe die gelben Kristalle, die Höhleninnenwelt und begann zu schlagen, zu hacken ... Zu hacken, daß außer mir ein Geräusch sei ... Aber der Lärm ergab keine Wirklichkeit ... Ich war allein, nur ich, die Schläge, der Hallraum, nur ich, schlagend ... Es blieb eine dunkle Vorstellung, ein implodierender Traum, der sich nie zu einer klaren Erinnerung, nie zu einem Fakt in der Vergangenheit verfestigen sollte ...

»Bis durch ein rundes Loch ich wieder etwas, / von dem gewahr ward, was den Himmel schmückt; / dann traten wir hinaus und sahn die Sterne.«[69] *Quindi uscimmo a riveder le stelle* ... So einfach und kurz stellt Dante in seiner *Divina Commedia* (Inferno, 34. Gesang, 137-139) den undenkbaren Weg aus der Höllentiefe dar, ein Vers, der wie aus dem Jenseits herüberklingt ...

Es war mir ganz warm, als ich wieder einen Menschen sah. Noch am Kesselrand ... der Anblick des Offiziers, der mich in den Waggon befohlen hatte. Eine große Nickelbrille mit dunklen Gläsern und durch den Farbkontrast hervorgehoben die Wangenhaut, unrein und blaß, und ich war von einem blinden Vertrauen, von einer weinerlichen Dankbarkeit erfaßt, die seiner bloßen Existenz galt: Ich will dir gehorchen ...

Ich sah die stolzen Krähen, sehr sicher in ihrem Flug über den Rohren der nahen Sauerstoffanlage, die schön in ihrem Dampf lag, und ich sprach vor mich hin: Leuna ... Was für ein märchenhafter Name! Leuna. Ein Ort dieser Welt? ... Ich sah das Pflaster und das Moos, die Schlackeschaufeln, meinen Helm, den Schutzanzug, und ich erinnerte mich: Es gab den Geschmack des Salzes, des getrockneten Schweißes auf den Lippen, das Morgenlicht, wie ein Fresko auf dunklem Grund, die Köpfe der anderen Soldaten, die ihre Schutzmasken ablegten, und die Mohnblumen am Rand der Werkstraße ...

40

Anwesenheit des Abwesenden. – Ich bin durch dieses Erlebnis sensibilisiert. Die stundenlange Isolation in dem Stahlkessel veränderte, verstärkt durch den Lärm und die Luftknappheit, mein Inneres: Es wurde gegenständlicher und fragiler, kaum noch zu unterscheiden von äußerlichen Sinneseindrücken. Ein bedrohlicher Zustand! War die Wirklichkeit noch zu gebrauchen?

Ich lese über diesen Erinnerungen, die nicht mehr sind als Schatten, merkwürdig unentschieden zwischen Fakt und Tagtraum, die spärlichen Zeugnisse von der Berufung des Paulus erneut: Paulus war nach dem Sturz tagelang blind und verschlossen. Er aß nichts, trank nicht, sprach nicht. Er wurde geführt, ohne Widerstand zu leisten, hockte stumpf in einem Haus in Damaskus. Er war abgeschnitten von der Außenwelt. »Ein Licht vom Himmel«, »eine Stimme …: Saul, Saul, was verfolgst du mich?« (Apostelgeschichte 9,3-4) Wenn Lukas davon schreibt, daß die Begleiter des Paulus diese Stimme auch gehört haben sollen, aber »niemanden sahen«, ist die Aussageabsicht evident: Lukas will dem Berufungserlebnis Zeugen beiordnen. Aber allein der Fakt, daß keine weiteren Reaktionen der anderen berichtet werden, zeigt, daß das nicht stimmen kann. Paulus war, in sich, allein. Was geschah, geschah *in* ihm.

Es besteht daher die Versuchung, die theologischen Gedanken des Paulus ganz als Klärung einer »inneren Erfahrung« zu verstehen, etwa in dem Sinne: »daß die Existenz Erfahrung ist, daß sie abgelöst von Ziel, Projekt und Willen, nichts anderes tut, als sich dem Unvorhersehbaren auszusetzen, dem Unerhörten ihres eigenen Ereignisses. Sie tut nichts, müßte man sagen, als ›sich ereignen‹ [*s'évenir*]. Dieses ›ereignen‹ eröffnet *in* der Welt ein *Außerhalb,* das keine Jenseitswelt ist, sondern die *Wahrheit* der Welt.«[70] So versucht Jean-Luc Nancy in seinem Buch »Dekonstruktion des Christentums« luzide (und trickreich) die Transzendenz in die Immanenz zu holen: Er staunt über das, was ist, weil es eine Öffnung *in* der Welt ist. Reine Immanenz, auf die scheinbar der Schatten des

»Anderen« fällt, doch ist es eigentlich ein erhellendes Licht von innen. Auch Alain Badiou versucht auf ähnliche Weise zu verstehen, was Paulus vor Damaskus in den Staub warf: eine »subjektive Geste in ihrer gründenden Macht«, unfaßlich faßbar in der »Unmöglichkeit irgendeiner Zuschreibung des Wahrheitsdiskurses an historisch bereits konstituierte Mengen«.[71]

Aber es will nicht recht gelingen, die Erfahrungen des Paulus auf sich selbst zu beziehen, sei es im Modus einer Öffnung, sei es als subjektives Wahrheitsereignis. Was mit Paulus geschieht, ist mehr als eine Öffnung – es ist eine Veränderung, ein Eingriff. Woher?

Man könnte »Gott« sagen. Aber was ist damit gemeint? Das Wort »Gott« führt für sich genommen zunächst nicht weiter als in die Tautologie eines (verweigerten) Namens: »Ich werde sein, der ich sein werde.« (Exodus 3,14) Aber Paulus sagt gar nicht »Gott«, er sagt »Christus«. »Christus« oder »Messias« ist der Name des *kommenden* Gottes, der Name, der erst die Bedeutung des Namens »Gott« erweisen wird. Denn noch benennt der Name »Gott« in unserer Sprache nichts, was es geben könnte. In unserem gegenwärtigen Zustand verweist das Wort nur – als ein feiner und verwechselbarer Wink, »ein stilles, sanftes Sausen«, wie es der Prophet Elia am Horeb erlebte, »und er verhüllte sein Antlitz mit seinem Mantel« (1 Könige 19,12-13) – auf etwas jetzt Abwesendes, das doch wirksam ist in der Wirklichkeit wie ein starker Sog.

Paulus spricht oft in Figuren der Negativität von Gott, aber er ringt dann in ganz körperlichen Anstrengungen, in hektischen und gefährlichen Reisen und in einer erbarmungslosen Unnachgiebigkeit, was die Gestalt der *ekklēsia* angeht, um die Erfahrung dieses Soges … Der wohin führt? Zu »Gott«, dem undenkbaren Gott, der sich offenbart. Denn die Undenkbarkeit *ist* seine Offenbarung. Seine Abwesenheit *ist* die Form seiner Anwesenheit. Und daß er kommen wird, heißt, daß er eigentlich immer schon da ist. Kein Gegenstand einer Erkenntnis (*gnōsis*) ist das alles für Paulus, sondern es ist ein Ruf zur Anbetung.

In der *ekklēsia* ist Gott abwesend anwesend – in einer Sehnsucht, die nicht einem fehlenden Objekt gilt, sondern dem Anderen als Grund des eigenen Daseins. Die *ekklēsia* ist eine Form der Liebe. Sie sucht den Namen des Geliebten, denn sie hat ihn gehört, von fern, einen Ruf, vage … War es die Stimme eines Tieres im Dunkel? Ein Windhauch? Der Atem eines Säuglings? Oder nur ein Rascheln im Laub? Jetzt, schnell, bevor es zu spät ist! Schnell hinaus! … Und sie ist ihm gefolgt – in ihr Dasein, das im Grunde das Dasein des Rufes selbst ist: *ekklēsia.* Das heißt: Leib des Christus, Leib des *kommenden* Gottes. Und deshalb, weil es um Liebe geht, ist Paulus verletzlich. Und er meint, Grund zur Sorge zu haben:

41

Unzucht. – »Überhaupt geht die Rede, daß Unzucht unter euch ist, und zwar eine solche Unzucht, wie es sie nicht einmal unter den Heiden gibt: daß einer die Frau seines Vaters hat.«

Was ist passiert? Wir können es nur schemenhaft erahnen: Ein Mann lebt vermutlich im Konkubinat mit seiner Stiefmutter. Nach heutigem bundesdeutschen Recht wäre das gar nicht strafbar. Auch rein biologisch betrachtet, spricht nichts gegen eine solche Verbindung. Kaum aber ein Bereich menschlichen Empfindens ist so sehr von Schwankungen geprägt wie die Sexualnormen. Die antike römische wie auch die jüdische Rechtsprechung sehen in einer solchen Liaison einen schweren Mißgriff, todeswürdig. Der sexuelle Verkehr des Sohnes mit einer Frau des Vaters wird als Verletzung der Generationenhierarchie erlebt, als krasse Unordnung. Der

Sohn bricht in die Sphäre des Vaters ein, er entblößt dessen Scham.

Paulus sagt kein Wort über die Frau. Anders als die antiken Dichter, die sich auf die mythische Spur der Begierde über Inzestgrenzen hinweg begeben, unternimmt Paulus auch keine Ursachenforschung. Ihm geht es um keine tragischen Verwicklungen, um keine persönlichen Geschichten und um keine Diskussion über natürliche Grenzmarken der Kultur. Ihm geht es um den juristischen Fall. Paulus nimmt ihn zum Anlaß für einen bemerkenswerten Rechtsakt in Schriftform, eine Urteilssprechung aus der Ferne: »Ich aber, der ich nicht leiblich bei euch bin, doch mit dem Geist, habe schon, als wäre ich bei euch, beschlossen über den, der solches getan hat …« Genaugenommen ist Paulus vor allem *in der Schrift* bei den Korinthern. In seinem Brief ist Paulus anwesend und handelt. Die diktierte Majuskelfolge ist seine Wirkweise in der Gemeinde am anderen Ufer des Meeres. Das ist für heutige Leser hermeneutisch nicht beiläufig. In dem schwerfälligen Wortspiel: »… abwesend nach dem Leib, anwesend aber im Geist … habe gerichtet, als wäre ich anwesend …« (die Lutherübersetzung verwischt das etwas), versucht Paulus nicht nur eine Rechtsgrundlage festzuklopfen. Er spielt auch mit den entscheidenden Worten seines Gemeindeverständnisses: Die *ekklēsia* ist eine Figur der Anwesenheit von etwas Abwesendem. Sie besteht im Ineinander von Realpräsenz und schmerzlichem Vermissen Gottes. Paulus erprobt im Selbstversuch das sprachliche Instrumentarium seiner Ekklesiologie. Und dabei wird auch die Schrift, der Brief in seiner materiellen Gestalt aus Papyrus und Tinte, neu verstanden: Er ist Kraftfeld des Abwesenden. Die Buchstaben sind mehr als Zeichen. Was Paulus geschrieben hat, wurde bald als »heilige« Schrift gelesen. So ist der Brief überliefert worden und bis zu uns gekommen.

Woher kommt die plötzliche Sicherheit im Sprechen? Wie fand Paulus den befestigten Standort, den ein Mahner und Richter braucht? Ich vermute den Grund im Gegenüber des Briefschreibers, bei den Korinthern, in deren Spiegel sich Paulus immer klarer selbst erkennt – als Glaubenden, und sie sind ihm Sakrament, als Liebenden, und sie sind ihm Kommunion. In dem fünften Kapitel des Briefes ist eine Zäsur gesetzt: An die Stelle des sprachlichen Hangelns entlang der Wortabbrüche »Kreuz« oder »*apostolos*« treten merkwürdige Perspektivverschiebungen. In zwei Worten habe ich sie angedeutet und will sie verfolgen: Sakrament und Kommunion. Und es wird deutlich werden, daß noch gar nicht ausgemacht ist, über wen hier eigentlich ein Urteil gesprochen werden soll.

42

Das Sakrament. – Thema des Paulus ist immer wieder die *coincidentia oppositorum*, der Zusammenfall des Gegensätzlichen. Wir kennen es als Oxymoron, als Witz, als Dialektik oder als Mystik. Paulus kommt mit auffälliger Hartnäckigkeit aus den unterschiedlichsten Überlegungen darauf zurück. Auch hier im Nachdenken über die *ekklēsia.* Sie tritt in Erscheinung in Korinth, wenn sich ihre Glieder, Menschen, versammeln zu Gebet und Mahl, in Innenhöfen und bescheidenen Sälen, abgeschirmt vom Lärm der Straße. Sie sind einander vertraut, und sie wissen sich gemeinsam erwählt. Sie liegen und essen, sie hören die lallenden Zungengebete, die Lesungen aus der Schrift und die ekstatischen Wortbrokken der Propheten. Sie lassen sich ermahnen und wahren streng die Schweigegebote, den Schutz der Mysterien. Sie kennen einander bei ihren wahren Namen, in der Gewißheit, erkannt zu werden von dem Christus, von Angesicht zu Angesicht. Ein Leib – aus vielen Leibern, die sich heilend und segnend und in der Teilhabe an ihren seelischen und wohl oft auch materiellen Gütern umsorgen.

Aber: Die *ekklēsia* ist nicht faßlich, sie kennt sich selbst nicht, sie ist die Strömungsfolge eines Ereignisses, das ihr nichts zu eigen gibt, sondern sie selbst als Eigenes erst bildet. Wer in ihr mitgetrieben wird, kann das Gefälle nicht verstehen – er hat kein Ufer. Im Glauben gibt es kein Ufer. Am Ufer stehen der Philosoph und der Religionswissenschaftler, aber sie starren auf ein strömendes Segment und können die wirkende Kraft nur symptomatisch (also im Wortsinn: zufällig) beschreiben, nicht fühlen. »Der geistliche Mensch aber beurteilt alles und wird doch selber von niemandem beurteilt.« (1 Korinther 2,15) Das Ereignis des Christus schafft sich eine Strömungsform in der Wirklichkeit. Der Christus wird in ihr gesungen, gebetet und gedacht. Er wird in ihr geatmet, und er wird in ihr geopfert. Er wird in ihr beklagt und gepriesen. Er wird in ihr gelebt, und dieses Leben der *ekklēsia* ist der Wahrheitsausweis des Christus. Vom Ufer aus sieht man den Strom, vielleicht Strudel, Wellenkämme oder festen Schaum, der sich an Hindernissen staut. In der Strömung wirst du erfaßt von einer Kraft, die dich haltlos forttreibt.

Für Paulus ist die *ekklēsia*, im Zusammenfall des Gegensätzlichen, in ihrer Sichtbarkeit und ihrer gleichzeitigen Unfaßlichkeit, ein Sakrament, griechisch: *mystērion*, ein Geheimnis. Denn sie ist sichtbar, und sie ist verborgen. Sie ist abgrenzbar, und sie ist nie identisch mit sich selbst. Sie ist Wahrheitsgrund und Anlaß zum Zweifel. Sie ist ein *mystērion*, Sakrament, in dem Sinn, wie das Wort in den frühen Gemeinden auf die heiligen, geheimnisvoll-geheimen Handlungen, auf Abendmahl und Taufe, auf Krankensalbung und den Ritus der Buße übertragen wurde: Ein Sakrament ist ein Zeichen, Hinweis auf etwas anderes, Chiffre und Sehnsuchtsfigur, und zugleich ist es eine real wirkende, erfüllende Kraft.

Die *ekklēsia* als Sakrament: Der Gott ist in ihr schmerzlich abwesend, sie ist seine Wundform, Zeugnis seines Fehlens – und er ist in ihr tröstend und heilend gegenwärtig. Sie ist wie ein Grat in die Welt gezogen, eine Schneide: Auf der einen Seite gähnt der Abgrund der Negation, Schauder des unerkennbaren Gottes, auf der anderen Seite flattert das Spinnennetz der irdischen Anknüpfungen, der Verflechtungen und Systematisierungen, der Sätze und Sätze, die erfassen und beschreiben und preisen und erobern … So ist die *ekklēsia* verwandt einer poetischen Metapher oder einer Erzählung, deren ganze Wahrheit in ihrer eigenen Gestalt liegt, und diese ist doch offen wie ein Gang in die Nacht.

»In einer dunklen Nacht« begibt sich das lyrische Ich in einem berühmten Gedicht von San Juan de la Cruz, einem Urtext religiöser Erfahrung in paulinischer Erbfolge, auf die Suche nach dem Geliebten. Alles läßt es zurück: »Mein Haus war still, kein Laut war mehr zu hören.« Der Weg, der nicht begehbar ist und auch nur als das Verlassen des Hauses angedeutet wird, führt in eine bedrohliche Leere. Diese, die Negation aller »Häuslichkeit« (sei sie psychologischer oder ontologischer Natur), ist der Ort des Umschlags zur Fülle – ein Damaskusereignis. Der Text sei hier (in eigener Übertragung) zitiert, weil er so nah bei Paulus ist. Johannes vom Kreuz schrieb die Verse 1578, vermutlich im Ordensgefängnis der Karmeliter in Toledo:

In einer dunklen Nacht,
Als Liebesflammen in mir leckten, das Begehren –
O Glück, im Augenblick!
Unbemerkt ging ich hinaus.
Mein Haus war still, kein Laut war mehr zu hören.

Verdunkelt und vermummt,
In Sicherheit und auf geheimen Stufen –
O Glück, im Augenblick!
Verdunkelt und versteckt,
Mein Haus war still, kein Laut war mehr zu hören.

In jener Zufallsnacht,
Sorgsam verborgen, daß mich niemand sieht,
Und selbst vollkommen blind,
Nur ein Reflex im Schwarz,
Vom Brand getrieben, der das Herz durchzieht –

Ein Weg, mein Halt,
So hart wie Sonnenstrahlen im Zenit.
Erwartet und geführt,
So hab ich ihn gespürt,
Wo niemand sichtbar war. Nur Schritt vor Schritt:

O Nacht, du mein Geleit!
Du Nacht, verläßlicher als Morgenlicht!
Du Nacht, die stumm vereint,
Geliebten mit Geliebter,
Daß liebend eins im anderen verschwimmt.

An meiner Brust, als blühte
Sie nachts, für ihn allein war sie bewahrt,
Für seinen stillen Schlaf,
Ich hielt ihn, gab mich ganz,
Die Zedern atmeten, ein kühler Hauch.

Im Dämmern, Mauerdunst,
Als ich ganz leicht mit seinen Haaren spielte,
Mit seiner warmen Hand

Verletzt er meinen Hals,
Und meine Sinne schwanden. Selbstvergessen

Blieb ich zurück, ich blieb,
Hielt das Gesicht geneigt zu dem Geliebten.
Verloschen alles, ich
Verloschen, ließ ich mich,
Und war vergessen zwischen hohen Lilien.

»Mein Haus war still, kein Laut war mehr zu hören.« Was die schlaflose Seele sucht und was sie treibt, ist, in der Nacht, die Gestalt des Geliebten. Der Abgrund des Dunkels, schwarz, der freie Fall findet Halt in ihm, wird zu Haut und Geruch und Haar. Im Geliebten, mehr geglaubt als gefunden, verliert sich das sprechende Ich ... in einer Sehnsucht? In einer Vereinigung? Ort dieses Geschehens ist der poetische Text. Er ist die Inkarnation der mystischen Sprachlosigkeit.
Ganz ähnlich hat die »Kirche« in paulinischer Denkart das »Haus« verlassen, sie ist auf der Suche im Finstern, und sie ist der einzige Hinweis auf die Wirklichkeit dessen, was sie ersehnt und was sie weckte aus dem nächtlichen Schlummer. (So wurden die hebräischen Liebesgedichte im Alten Testament, gesammelt im »Lied der Lieder Salomos«, früh schon als Allegorien der Beziehung zwischen der *ekklēsia* und dem Christus gelesen.)

43

Das Urteil. – Die *ekklēsia* ist Zeichen, und sie ist reale Präsenz des Gottes, Körpergeruch, Physiognomie des Unendlichen. Paulus ist äußert besorgt um die »Gemeinde Gottes in Korinth«. Es geht ihm nicht um Moral und auch nicht um Glaubwürdigkeit (keine Maske des Guten, kein pastorales Berufslächeln), es geht um die Wahrheit der *ekklēsia.* Denn diese Wahrheit ist nicht zu abstrahieren von ihrer sinnlichen Gestalt. Und so strebt Paulus einen Rechtsakt an in einem archaischen gerichtlichen Reinigungsverfahren, einer Abstoßungsreaktion.

Dabei ist das Wort »Reinigung« nicht präzis: Ziel des Verfahrens ist ja nicht die Reinheit der Gemeinde, wie sie sich selbst versteht. Wie sollte Reinheit zu erwarten sein bei so einem verwirbelten Strömungsphänomen wie der *ekklēsia,* und den Gliedern, ob in Korinth oder anderswo, fehlen ja auch jegliche Maßstäbe, um »das Reine« zu erfassen. Nein, Paulus spricht vom »Tag des Herrn«: Es geht um die kommende Offenbarung der *ekklēsia* in ihrer vollen Gestalt, das heißt, in den Augen des Christus und nicht in ihren eigenen. Diese kommende Gestalt aber steht in jedem Einzelnen auf dem Spiel – wie bei einem Gemälde das Ganze im einzelnen Pinselstrich, wie das klangliche Gewebe eines Gedichtes in jeder Silbe gewonnen oder verloren wird. Der liturgische Ruf der frühen Christen: »*Maranata!* Komme bald!« bedeutet ja auch: »Sag uns, wer wir sind!« Und das heißt für die Bittenden: nüchtern die eigene Erscheinung zu betrachten und nicht nachsichtig zu sein, wo um die Wahrheit gerungen wird. (Wenn in der Feier der Eucharistie die Hostie erhoben wird, ist dieser Zusammenhang wie in einem Brennglas verdichtet: Der Gläubige sieht in dem kleinen, runden, ungesäuerten Brot, was er selbst bedeutet, schaut in einen Spiegel, und darin ist ein Mensch zu sehen, der hier in der Menge steht, und die Kerzen zeichnen große Schatten an die Kirchenmauern, er ist geboren und soll doch erst werden, verwandelt zu seiner wahren Identität.) Aber die Sache ist doch auch unklar: Wer kann denn die Gemeinde so sehen, wie sie der Christus sehen wird? Paulus etwa?

Er ist erregt, seine Worte sind syntaktisch wirr, man hat

Mühe mit der Übersetzung, stochert in unklaren Bezügen. Paulus will genau sein, gerät in zerfasernde Übergenauigkeit, er will jedes Mißverständnis ausschließen: An dem, was er jetzt sagt, hängt für ihn offensichtlich viel. Die Schrift schlägt wie eine Waffe zu, sie wirkt, sie zeitigt einen Gerichtsakt. Über das Meer, von Ephesos nach Korinth, ergeht ein Urteil: Dieser Mensch soll »dem Satan übergeben werden zum Verderben des Fleisches, damit der Geist gerettet werde am Tag des Herrn«.

Alle sind versammelt. Sie feiern den Christus. Sie stehen dicht gedrängt. So soll es sein: alle. Ihre Aufgabe ist die Akklamation. Der Ruf: Amen! Aus zweihundert Kehlen. Atem zu Atem. Freier und Sklave, Mann und Frau zusammen in dem stickigen Geruch, im Gewölbe: Amen! Es sei so! Sie hören, was der Apostel geschrieben hat, und ihr dunkler Ruf umgibt sie wie Brodem: Amen! So riecht die Wahrheit. Die Gewänder kleben an der Haut, und sie hören, der Apostel ist unter ihnen, im Geist: Amen! Und die Kraft des Messias! Es ist gesagt: Der Mensch, der solches getan hat, sei »dem Satan übergeben« »zum Verderben des Fleisches! Damit der Geist gerettet werde am Tag des Herrn …«

Die magische Übergabe eines Menschen an die Götter der Unterwelt ist mehrfach durch Inschriften aus der Antike bezeugt.[72] In Gräber wurden Fluchtafeln versenkt, um die auf ihnen Benannten den unterirdischen Göttern zu eigen zu geben. Es war eine Praktik wie die Durchlöcherung einer Puppe oder die Verbrennung eines Namenszugs – Schädigung der Substanz des Opfers aus der Ferne durch den magischen Zugriff des Zeichens auf den Bezeichneten. Die Unterwelt erhielt Einlaß ins Diesseits, durch die Pforte der Seele, nahm den Verfluchten in Besitz, und Siechtum war die Folge, böse, schleichende Krankheit zum Tod. Paulus vollzieht das in Schriftform – als eine Selbstreinigung der Gemeinde, wie das

Aufplatzen einer Beule, infizierten Gewebes. Es ist die Kraft des Christus selbst, die wirkt in dem kollektiven Körper, sein Immungedächtnis, das sich wehrt gegen die fremde Substanz, den Erreger, der »Unzucht« übt.

Aber da tauchen schon wieder Fragen auf. Paulus hat den Fremdkörper im Leib Christi diagnostiziert. Aber man weiß noch fast nichts von den Kriterien, auf die sich sein Urteil beruft. Der Apostel argumentiert auch nicht gegenüber seinen Lesern in Korinth. Aber reicht es zu sagen: Selbst unter den Heiden gibt es das nicht, »solche Unzucht«? Was hat das denn zu sagen für diejenigen, die, wie es Paulus ausdrückt, »drinnen« sind? Die sich der Welt, diesem Äon, enthoben wissen, weil sie »in Christus« leben? Paulus konstatiert wenig später: »Denn was gehen mich die da draußen an, daß ich sie richten sollte?« (1 Korinther 5,12) Warum sind die Heiden mit ihren Sexualnormen an dieser Stelle plötzlich bestimmend für die *ekklēsia*? Nach welchem Gesetz urteilt Paulus?

Noch etwas: Es ist im Griechischen nicht klar, wie sich die Worte »in dem Namen unseres Herrn Jesus« in den Text fügen. Man kann wie Luther lesen: »Wenn ihr *in dem Namen unseres Herrn Jesus* versammelt seid und mein Geist samt der Kraft unseres Herrn Jesus bei euch ist …« Man kann aber auch so übersetzen: Paulus hat schon »beschlossen über den, der solches getan hat *in dem Namen unseres Herrn Jesus*: Wenn ihr versammelt seid …« Das hieße, daß die Übertretung moralischer Grenzen ostentativ als ein Handeln in dem Christus empfunden worden wäre. Ganz im Sinne des Paulus übrigens, der wenige Zeilen später schreibt, daß die Gesetze der Welt keine Gültigkeit hätten für die Heiligen, die »über Engel richten werden« (1 Korinther 6,3). Womöglich war das inzestuöse Verhältnis gerade die Demonstration einer Gerechtigkeit, die sich nicht aus der Ordnung der Welt herleitet, sondern der Enthobenheit der himmlischen *ekklēsia* entstammt?

Deutlich wird, daß der Fall keine moralische, sondern eine theologische Antwort verlangt. Paulus gibt sie, indem er sich ganz den Korinthern aussetzt. Paulus hat nichts in der Hand. Nur seine eigene Person kann er in die Waagschale werfen: »den Allergeringsten«, den Apostel. Paulus folgt allein seinem Instinkt, einer Eingebung. Er urteilt ohne Gesetz. Paulus beruft sich auf keine fremde Instanz, er spricht Recht – als Apostel. Ohne Begründung. Ein Charismatiker. Von welchem menschlichen Standpunkt aus ließe sich denn auch über die Gestalt der *ekklēsia* entscheiden? (Heute, da wir uns selbstverständlich im Raum eines formalen Rechts, das die Gleichheit aller garantieren soll, und in demokratischen Umgangsformen bewegen, ist dieser Gedanke verstörend: Aber weder Mehrheiten noch Rechtsstrukturen sind in der Lage, die *ekklēsia* zu formen, und wo das versucht wird, endet das meist in Mißverständnissen und Verflachungen. Die *ekklēsia* ist letztlich angewiesen auf Kräfte, die sich der menschlichen und gesellschaftlichen Kontrolle entziehen: auf Charismen, auf Eingebungen und die Gnade geistlicher Autorität, auf die Hellsicht von Geistbegabten. Demokratische Strukturen in der Kirche, die auf Mehrheiten bauen, haben die Tendenz, das zu verdunkeln.)

Anderseits: Die *ekklēsia* kann nicht der Willkür Einzelner unterworfen sein. Sie ist als ganze – und die Toten und die Kommenden gehören dazu – Richterin in eigener Sache. Paulus weiß das. Und so erklärt er nichts. Er könnte nur Widersprüche anführen. Paulus redet nicht mehr, schreibt nicht nur – er handelt. Ohne Rückendeckung greift er an, und alles steht für ihn auf dem Spiel. Wenn die Gemeinde seinem Urteil nicht akklamiert, dann ist erwiesen, daß er kein Apostel ist. Dann steht die Kraft des Christus gegen ihn. Dann sind die vielen

Reisen, oft in Todesnöten (»… ich bin dreimal mit Stöcken geschlagen, einmal gesteinigt worden; dreimal habe ich Schiffbruch erlitten, einen Tag und eine Nacht trieb ich auf dem tiefen Meer …«, 2 Korinther 11,25), dann sind Predigt und Gemeindegründungen entlang der Küsten des Mittelmeeres bis hinein nach Europa, in Philippi, Thessaloniki, in Beröa, in Korinth, vergeblich gewesen, genauer: widerrufen von der *ekklēsia*, und das heißt dann: von dem Christus.
Der Apostel – wie schillernd diese Bezeichnung ist! Menschenopfer oder Monarch zu sein. Der Eine steht vor der Menge, und es ist offen, in welche Rolle er gerät. Und das ist hier nicht metaphorisch gemeint. Als antiker Mensch wußte Paulus, daß auch in der Ferne die verweigerte Akklamation, ein stummer Aufstand in Korinth, tödlich für ihn wäre. Denn der »mit dem Geist« anwesend ist, ist verletzlich anwesend, und die Ablehnung hätte ihn getroffen wie ein Fluch des Christus selbst. An dieser Stelle ist der Brief nicht mehr nur mit den Pigmenten der Tinte geschrieben, sondern mit einer Aura, in der klaren Gewißheit einer Entscheidung. Paulus, der Richter ohne Rückhalt durch Paragraphen, gleichsam in absolutem Rechtsspruch, stellt sich dem Urteil der Gemeinde. Sie, das Volk der Gläubigen, spricht wahr. Paulus, gegenwärtig in der Schrift, wird gehört oder als Apostel getötet. Entweder der »Unzüchtige« oder Paulus …
In diesem Gerichtsakt, dessen Urteil Paulus spricht und in dem die Versammlung der Gläubigen dem Apostelspruch akklamieren soll, geht es, glaube ich, nicht mehr um den Fehltritt eines Einzelnen, um einen Unzuchtsfall, so haarsträubend er empfunden worden sein mag und so theologisch motiviert er sich gibt. Letztlich, so vermute ich, ist der Vorfall in Korinth mehr Anlaß als Ursache für einen Rechtsakt anderer, tieferer Stoßrichtung: Paulus erzwingt eine Entscheidung über sein Apostolat.

Die Kommunion. – Anteil am Sakrament hat der Kommunizierende, hier der Leser, der antwortet, der Hörende, der sich als angesprochen erfährt. »Gott kannst du nicht mit einem anderen reden hören, sondern nur, wenn du der Angeredete bist« – so Wittgenstein in gewohnter theologischer Klarheit. Paulus rechnet das Inzestvergehen in Korinth nicht der Verantwortlichkeit eines Einzelnen zu: »Unter *euch*« ist die Unzucht. Mit dieser Kollektivzuweisung beginnt das Briefkapitel. Kein Name wird genannt – nur: »unter euch«. Die Gemeinde ist eben keine Ansammlung Einzelner für Paulus, sondern Kommunion. Ihr Wesen ist mit dem lateinischen Wort *cum* (deutsch: mit) umrissen, dem semantischen Kern der Kommunion. Sie ist ein *Mit*-einander. Paulus sieht im Menschen ein grundsätzlich bedürftiges, ein für sich genommen fragmentarisches Geschöpf. In der *ekklēsia* wird dieser Wesenszug nicht aufgehoben, sondern zur vollen Sichtbarkeit gebracht: Erlösung gibt es nur *für uns.* »Wir« bilden die Gemeinde der Endzeit. Darum schreibt Paulus auch im berühmten 13. Kapitel des Briefes (wir werden darauf zurückkommen): »Nun aber bleiben Glaube, Hoffnung, Liebe, diese drei; aber die Liebe ist die größte unter ihnen.« (1 Korinther 13,13) Die Liebe ist höher zu stellen als Glaube und Hoffnung: Sie bildet deren Lebensraum, das Biotop des Christus.[73] Das Wort *ekklēsia* als reines Nomen zu betrachten begründet eine Unschärfe. Sie ist ja ein permanentes Vermengen. Teig. Sie geschieht. Weiche Masse in Bewegung, aus der geformt wird, was einmal fest werden soll. Aber noch ist der Teig in zähem Fluß, jede Gestalt ist vorläufig, verfließt, gewirkte Widerrufbarkeit. (Oder, ein anderes Bild: Die Gemeinde gleicht einer Kopula. Sie ist immer Teil einer größeren Konstruktion, ist unterworfen und verbindet.) Was jedenfalls hineingeknetet wird, verändert sie, und damit jeden Einzelnen in ihr.

Paulus reiht drei Bilder hastig und in loser Folge aneinander, ohne sie auszuführen. Allegorische Brocken, Zutaten: Wie das Saure, ein wenig nur, den ganzen Teig durchdringt, verändert, ihn bläseln und ihn aufquellen läßt, so … Wie die Juden vor dem Passah-Fest alle Räume im Haus auskehren und säubern, daß kein Krümchen Gesäuertes mehr in den Winkeln liegt, so auch … Wie zu Passah, in der heiligen Festzeit … Jetzt hat sie doch begonnen, als Christus starb, das Passahlamm … Paulus gibt sich keine Mühe mehr. Entweder hat das Amen der Gemeinde ihn ins Recht gesetzt, oder er hat die Berechtigung zu schreiben verloren. Er holt Luft …

45

Gesetzlosigkeit. – Was Paulus nach Korinth schreibt, ist übrigens an politischer Brisanz kaum zu überbieten. Das darf nicht in fremde Hände geraten! Hier wird eine eigene Sphäre der Gerichtsbarkeit installiert. Das römische Recht wird für unzuständig erklärt: »Wie kann jemand von euch wagen, wenn er einen Streit hat mit einem andern, sein Recht zu suchen vor den Ungerechten und nicht vor den Heiligen?« (1 Korinther 6,1) Hier richtet ein heiliger Leib, die *ekklēsia,* über sich selbst. Welcher Staat kann das dulden? Daß das Gericht des Christus und das Recht des Staates einander letztlich widersprechen, gehört zu den gefährlichen Spannungen jeder späteren Gesellschaft im Schatten des Christentums. Aus römischer Sicht wird in Korinth das Recht unterwandert, deutet sich Anarchie an. Und es brauchte ein langes feinzüngiges Umsprechen dieser Ungeheuerlichkeit, bis man dem römischen Staat, wie es zuerst Tertullian tat, beimessen konnte, eine aufhaltende, die endzeitliche Katastrophe verzögernde

Macht zu sein.[74] Erst in der messianischen Zeit würde die Leere des weltlichen Gesetzes, seine prinzipielle Haltlosigkeit deutlich werden und damit die Illegitimität jeder politischen Gewalt. Sie wird schlicht implodieren. Dann aber wird die »Kraft des Christus« sprechen.

46

Corporis Christi. – Ich schweife ab. Die Dämmerung zeigt die Blätter der Eschen draußen in graphischer Klarheit und bringt mir eine Erinnerung wieder: an die vollkommene, die unerträgliche Stille über einem sumpfigen See in Pommern vor Jahren …

Paulus legt die hermeneutische Grundlage für sein Sakramentsverständnis: Es gibt wirksame Schrift. Und die Hinterhalte des Christus, Momente realer Präsenz, verdichten sich zur Lebensform, zur kultischen Gemeinschaft. Wie sich die Welt dem Menschen zeigt und darreicht als Wirklichkeit, als eine Berührung, unter der das Bewußtsein erwacht, so ist der Christus, wo immer er sinnlich faßbar wird, eine Kraft, die den Menschen in eine tiefere Form seiner Existenz führt.

Christus läßt den Glaubenden in der Welt wie außerhalb der Welt leben. Das Sakrament ist sinnlich – man denke daran, wie die Gläubigen am Altar Brot essen und Wein trinken –, und es ist ganz den Sinnen entzogen. Dieses »Außerhalb« ist dabei nicht in einem eigentlichen Sinn da, es existiert nicht. Es ist keine zweite Welt gemeint, keine Hinterwelt oder keine andere Welt – nein: gemeint ist *das Andere* der Welt, und Welt heißt hier: jede »im Seienden und in der Kommunikation eingebundene Konsistenz«[75]. Somit ist der Glaube an den Christus immer auch »die Öffnung seiner selbst«[76], ist seine eigene Überschreitung, niemals eine »Weltanschauung«,

sondern eben eine sakramentale Größe: Spagat zwischen Sichtbarkeit und Entzogenheit.
Martin Luther erlebte einst als junger Student, bevor die sprachliche Souveränität des Theologen diese Erfahrung einkreiste und begrifflich überprüfte, den Stich ins Herz angesichts des Tabernakels zu Fronleichnam: »Wie geschah mir? Ich erschrack ein mal fur dem sacrament, das Doctor Staupiz zu Isleben in der procession trug corporis Christi.«[77]

Ich sah im Metall das Licht:
Anwesendes,
ich fühlte es atmen, den Körper unter blanken Strahlen
der Monstranz:
Gott,
wo du bist, ist nichts,
gleißende Helle, die sich entfernt,
indem sie näher kommt,
und plötzlich liegt
auf meiner Hand eine braune Kastanie,
voll Gott,
und die kahlen Zweige flirren, graue Zungenspitzen,
voll Gott,
das Pflaster, die Mauern,
voll Gott, und ich singe vor mich hin
ohne Stimme,
habe den Sinn verloren, ich kann nicht einmal mehr
stolpern,
halle und wiederhole mich, halle,
Gott,
voll Gott,
wo du bist, ist nichts.
Ich sollte gar nichts sagen,
»Martin

läuft in der Prozession«, ein Satz
voll Gott,
da bin ich nicht Martin,
ist die Zukunft leer von mir,
ist die Mutter mein Schatten, und jetzt
wird er gesehen,
blinzelnde Monstranz, im langsamen Gehen
Gottes,
wie eine Fledermaus im Steilflug,
unhörbar und stürzt sich in die blendende Nacht,
nach Gehör in die Tiefe,
Martin,
hallende Monstranz,
voll Gott und Echos und Gott,
da war es nah,
wie Gehör, wie Gesicht, war es nah,
wie die Sekunde Stille vor einem Blitzschlag,
Erbleichen
und Erröten,
mein Gott,
mein Gott,
mein Verlassen.

47

Papyrus, Handschrift 𝔓46 (Chester Beatty Library). – Umrisse eines Flügels, und es hat keinen Sinn zu fragen, ob der Riesenfalter starb, bevor er sein Ziel erreichte, ob er in der Wüste niedersank und die Flügel zusammenfaltete, damit sie sicher behielten, was auf ihnen stand … Einer der Schwärmer, die in der Nacht fliegen und niemals mehr Nahrung aufnehmen, wenn sie aus der Puppe gekrochen sind … Papyrusschwärmer, aufgespießt in der Vitrine, und es hat keinen Sinn zu fragen, wer das gelesen hat, was auf dem Flügel steht ... Sie leben als Larve, und der Falterflug ist ein langes stolzes Sterben ...

Papyrusfetzen in einer Vitrine. Oder sollte ich sagen: Ja, diese glücklichen Augenblicke, wenn alle Unruhe dadurch gestillt wird, daß sich Flügel heben und senken, wie in den ganz einfachen Perioden von Hunger und Schlaf, in einer Bewegung, die nur sich selbst zum Ziel hat ...

Es gibt eine Scheidung zwischen denen, die sich außerhalb der Welt glauben, wenn sie Worte gebrauchen, und denen, die sich in den Worten als Teil der Welt erleben und es deshalb für notwendig halten, den Falter zu verstehen und ihm zu antworten ...

Flügel in einer Vitrine, oder ob es eine Schrift ist? Ich kann sie nicht entziffern. Für den Menschen muß ja das Zeichen eine Vereinfachung sein, damit etwas lesbar wird in seinen Augen. Aber morgen ist diese Handschrift auf Papyrus wieder ein Falter, und der Falter trägt einen Satz, der nur sich selbst zum Ziel hat, in die Nacht. Ob jemand schreibt oder ob die Flügel sich heben und senken, ob jemand liest oder der Falter sich niedersetzt – es ist derselbe Vorgang: zu erkennen, daß alles schon in der Welt zugegen ist, sie ist bereits ganz.

Περὶ δὲ ὧν ἐγράψατε, καλὸν ἀνθρώπῳ γυναικὸς μὴ ἅπτεσθαι·
διὰ δὲ τὰς πορνείας ἕκαστος τὴν ἑαυτοῦ γυναῖκα ἐχέτω καὶ ἑκάστη τὸν ἴδιον ἄνδρα ἐχέτω.
τῇ γυναικὶ ὁ ἀνὴρ τὴν ὀφειλὴν ἀποδιδότω, ὁμοίως δὲ καὶ ἡ γυνὴ τῷ ἀνδρί.

Εἰ μὴ ἑκάστῳ ὡς ἐμέρισεν ὁ κύριος, ἕκαστον ὡς κέκληκεν ὁ θεός, οὕτως περιπατείτω. καὶ οὕτως ἐν ταῖς ἐκκλησίαις πάσαις διατάσσομαι.
περιτετμημένος τις ἐκλήθη, μὴ ἐπισπάσθω· ἐν ἀκροβυστίᾳ κέκληταί τις, μὴ περιτεμνέσθω.
ἡ περιτομὴ οὐδέν ἐστιν καὶ ἡ ἀκροβυστία οὐδέν ἐστιν, ἀλλὰ τήρησις ἐντολῶν θεοῦ.
ἕκαστος ἐν τῇ κλήσει ᾗ ἐκλήθη, ἐν ταύτῃ μενέτω.

Τοῦτο δέ φημι, ἀδελφοί, ὁ καιρὸς συνεσταλμένος ἐστίν· τὸ λοιπόν, ἵνα καὶ οἱ ἔχοντες γυναῖκας ὡς μὴ ἔχοντες ὦσιν
καὶ οἱ κλαίοντες ὡς μὴ κλαίοντες καὶ οἱ χαίροντες ὡς μὴ χαίροντες καὶ οἱ ἀγοράζοντες ὡς μὴ κατέχοντες,
καὶ οἱ χρώμενοι τὸν κόσμον ὡς μὴ καταχρώμενοι· παράγει γὰρ τὸ σχῆμα τοῦ κόσμου τούτου.

8. KAPITEL

Wovon ihr aber geschrieben habt, darauf antworte ich: Es ist gut für den Mann, keine Frau zu berühren. / Aber um Unzucht zu vermeiden, soll jeder seine eigene Frau haben und jede Frau ihren eigenen Mann. / Der Mann leiste der Frau, was er ihr schuldig ist, desgleichen die Frau dem Mann. [...]
Nur soll jeder so leben, wie der Herr es ihm zugemessen, wie Gott einen jeden berufen hat. Und so ordne ich es an in allen Gemeinden. / Ist jemand als Beschnittener berufen, der bleibe bei der Beschneidung. Ist jemand als Unbeschnittener berufen, der lasse sich nicht beschneiden. / Beschnitten sein ist nichts, und unbeschnitten sein ist nichts, sondern: Gottes Gebote halten. / Jeder bleibe in der Berufung, in der er berufen wurde. [...]
Das sage ich aber, liebe Brüder: Die Zeit ist kurz. Fortan sollen auch die, die Frauen haben, sein, als hätten sie keine; und die weinen, als weinten sie nicht; / und die sich freuen, als freuten sie sich nicht; und die kaufen, als behielten sie es nicht; / und die diese Welt gebrauchen, als brauchten sie sie nicht. Denn das Wesen dieser Welt vergeht.
(1 Korinther 7,1-3.17-20.29-31)

48

Kairos. – Man liest in Europa bis heute gern die Zukunft aus den Eingeweiden. Seltsam, aber es hält sich hartnäckig die Annahme, daß sich das Kommende aus dem Bestehenden herleiten lasse. Einst beschaute man die Leber eines einjährigen Kalbes und entzifferte: Inflation. Man köpfte die Taube, schnitt ihr den Bauch auf und las: Es wird Frieden bleiben! So werden nun die Erinnerungen analysiert, und man kommt zu dem Schluß: das Ich, es kann glücklich werden. Man schichtet Vergangenes und konstatiert: Fortschritt. Gekröse und Abgelagertes werden unerwartet, in immer neuen Renaissancen, zu Zeichen: »Wo sind wir? Was ist das? Wohin verschlug uns der Traum?«[78]

Wir leben meist in der Vorstellung, daß sich die Gegenwart (biblisch gesprochen: *ha olam hazzeh / ho aiōn touto*) und die Zukunft (*ha olam habba / ho aiōn mellōn*) verbinden ließen durch eine räumliche Figur, eine Linie. Sie spannt sich von einem Anfang zu einem Ende und enthält somit beide. Diese Linie durchschnitt einst den Kreisverlauf der archaischen Zeit, die Wiederholungen des Jahres, der Lebensphasen, des Mythos – und gab dem Blick des Menschen die Starre nach vorn oder zurück. Wesensmäßig ist die Etablierung der fortschreitenden Zeit verbunden mit der Erfindung der Schrift.[79]

Paulus, als Jude eigentlich daheim in dieser linearen Zeit, konstatiert eine schwerwiegende Unterbrechung, eine Lücke, die ihn an die Grenzen des Vorstellbaren führt. Er habe, so sagt er, das Ende der Zeit erlebt. In seinem Kopf fiel der alte Äon zusammen, entzündete sich in einem Schrei, strahlte in einem blendenden Licht, Synästhesie des Ungeheuerlichen, die später Lukas, der Autor der Apostelgeschichte, mit braven Sätzen biographisch-theologisch verwertbar zu machen versuchte: »… und er fiel auf die Erde und hörte eine Stimme, die sprach zu ihm: Saul, Saul, was verfolgst du mich?« (Apostelgeschichte 9,4)

Wer hat das gehört? Niemand. Wer ist Zeuge? Niemand. Man kann davon nicht in der dritten Person erzählen, und Paulus bleibt stumm. Nur aus dem Narbengelände seiner Briefe wissen wir von der Dimension des Ereignisses, und nur aus der Wirkung dieser Briefe wissen wir von der Wirklichkeit des Erfahrenen, von dessen Kraft (*dynamis*).

Aber die Zeit läuft doch weiter nach diesem Ende der Zeit … Es bleibt doch so, daß ein Tag auf den anderen folgt und ein Jahr in das nächste führt, und daß es einen inneren Zusammenhang gibt in dieser Bewegung, einen Fortgang. Wie kann sich Paulus das erklären? Dadurch, daß es verschiedene Zeiten geben muß: eine, die sich räumlich darstellen läßt, als Strecke oder als Strahl, und die gedacht (und für viele Menschen heute undenkbar) von einem Anfang vor einigen tausend Jahren auf ein Ende weist. Und eine andere, die sich nicht abbilden läßt, weil sie eine Zeit wie eine Knospe ist, eine unter den Schichten der Zeit verborgene Zeit, und die einzige, die ich wirklich erlebe: Jetzt. Ein Moment als ewige Chiffre, unter der all mein Werden und Verlöschen bewahrt ist – nicht als Verlauf, sondern wie ein Blitzlicht, wie der sekundenschnelle Rückblick vielleicht, den Sterbende erleben sollen, verdichtetes Leben: Alles jetzt. Im Augenblick. Die Knospe öffnet sich, und die Zeit steht still.

Die griechische Sprache unterscheidet den *chronos*, als Zeit im Sinne zeitlicher Ausdehnung, vom *kairos*, als Zeitsubstanz, gleichsam als Atom der Zeit. Dieses Atom ist nur denkbar als Teil des *chronos*, nur in diesem verständlich, aber gar nicht in diesem zu Hause – wie etwa der Moment des Erwachens keinem Zeitverlauf angehört, und manchmal trägt er diese Verwirrung lange in die Verrichtungen des Körpers, der die Bettdecke zurückschlägt und seinen eigenen Nachtschweiß riecht und aufsteht und noch gar nicht weiß, wann das ist und wer das tut und wohin das führen soll.

(Und ein Bild kam mir aus dem Traum herüber, oder war es eine Erinnerung? Mit den Füßen stand ich in der Elbe, und die Algen legten sich um meine Knöchel wie Schals, sie wehten in der Strömung, als sei's eine Menschenmenge vor einem Megaphon, aus großer Höhe betrachtet, oder eine wirre Ordnung von Treppen ...)

Wohin sich der erste Korintherbrief in seinem siebten Kapitel bewegt und woher er den Impuls dafür bezieht, läßt sich nur verstehen, wenn man die Kontur der Zeit, wie sie Paulus denkt, genauer nachzuzeichnen versucht. Das ist nicht einfach und führt wieder in solcherart harte Widersprüche, die dem christlichen Glauben zu eigen sind und die Paulus durchlitten hat. Kann man Kohärenz erwarten, wenn Gott dem Menschen begegnet? Die Zeit ist für Paulus, wie fast alles, eine Frage.

Paulus empfindet, daß es ihn in eine Art Zwischenzeit verschlagen hat, wie Strandgut der Äonen, wippend in den Wellen flachen Wassers – etwas ist gewesen und etwas anderes noch nicht gekommen. Paulus wartet. Während er hektisch durch den östlichen Mittelmeerraum reist, wartet er. Er harrt aus – in Unrast. Der Christus hat ihm seine Inkarnation eingebrannt: In einem Augenblick geschahen Fleischwerdung, Tod, Auferstehung und Abschied des Heilands als Himmelsschweben. Zurück blieb ein Blinder, umgefallen und zitternd im Staub. Paulus ließ sich nach Damaskus führen. Es war der Hellsicht eines Jesusanhängers, der gleichfalls eine Erscheinung hatte, zu verdanken, daß Paulus zu sich kam: Eine Handauflegung rettete ihn und ein Satz, der ihm die Möglichkeit eröffnete, wieder das Sprechen zu versuchen. Und so formuliert ihn der Schriftsteller Lukas: »Lieber Bruder Saul, der Herr hat mich gesandt, Jesus, der dir auf dem Weg hierher erschienen ist, daß du wieder sehend und mit dem heiligen Geist erfüllt werdest.« (Apostelgeschichte 9,17) Wer kann das sagen? Wer hat hier was von wem erfahren? Wem kann das von den Lippen gehen? Fragen wir nicht weiter, was die Apostelgeschichte betrifft. Schauen wir auf Paulus: In seinen Schläfen pochte ein Echo, und dieses Echo kam gleichermaßen aus der Vergangenheit wie aus der Zukunft. Der Messias war ihm als der Gekreuzigte und Auferstandene erschienen, und er hatte ihm zugleich sein Kommen als Messias angekündigt. Wie die Wellen am Strand über den Sand lecken: Der Messias kam. Er wird kommen. Er kam. Der Messias wird kommen. Nur ein Augenblick noch …

Paulus findet sich in ein ungeklärtes »Dazwischen« gestellt – ein brisanter Ort, der von Anfang an lebensbedrohlich ist. An einem Korb wurde Paulus in der Nacht an der Damaszener Stadtmauer herabgelassen, heraus aus der schützenden urbanen Umhüllung, in der ihm doch tödliche Verfolgung drohte. Zuerst von denen, die den künftigen Messias erwarteten, den Juden. Paulus ist einer von ihnen, und ist es nicht mehr. Tätliches Mißtrauen aber hatte er auch von denen zu befürchten, die sich an den Gekommenen erinnerten und ihn bei ihren Zusammenkünften unter sich wußten, von den Jesusanhängern. Paulus hatte sie eben noch brutal verfolgt, denn sie bekannten einen Toten als Messias – widerliche Blasphemie für den Pharisäer. Und so schwebte er in einem geflochtenen Käfig an Seilen in das anarchische Weichbild der Metropole. Dort lagen die Toten begraben, dort hausten die Aussätzigen und die Nomaden mit ihren harten, von Geistern aus der Wüste diktierten Gesetzen. Und im Niemandsland blieb er, mehrere Jahre, in »Arabien«, und er besprach sich nicht »mit Fleisch und Blut« (Galater 1,16-17).
Paulus war also in ein neuartiges und noch ganz unerschlossenes Zwischenreich geraten. Er irrte wie im Traum zwischen der Auferstehung und der *parousia* (in der theologischen Literatur üblicherweise übersetzt mit: Wiederkunft) Christi mit unbestimmtem Ziel umher. Es wäre jedoch eine Verflachung, wollte man das, was dabei das Wort »zwischen« meint, chronologisch verstehen, als könne man rechnen bis zum Weltende, als markiere die Parusie einen abschließenden Moment des *chronos*, als sei durch den Christus die Zeit begrenzt in ihrem Maß und gerichtet in einer Entwicklung, als könne ein Träumender auf das Erwachen zählen. Nein, Paulus sagt: *Jetzt (ho nyn kairos / der Zeitpunkt jetzt),* und egal, wieviel Zeit vergeht, es ist immer derselben Fleck, an dem er steht – in der Blindheit und im Staub, draußen vor den Mau-

ern von Damaskus. Wie der Sabbat der Juden eigentlich kein Teil der Wochentage, sondern deren Unterbrechung ist,[80] so ist dieses *Jetzt* etwas, das sich chronologisch nicht bestimmen läßt. Es ist wie eine Partikel, ein zusammenhangsloses Leuchten, herübergeweht aus der Ewigkeit. Es ist immer schon da, es ist der Zeitpunkt eines ersten Anfangs wie des letzten Endes. Diese Zeit, als Punkt, ähnelt dem Licht am ersten Schöpfungstag, vom dem im Buch Sohar erzählt wird: Es »besteht, dringt hervor, steigt auf und wird [in seinen Ursprung] entrückt, und auch von ihm bleibt ein Punkt übrig, der auf geheime Weise immer wieder den Urpunkt [des Uranfangs] berührt, ihn berührt und doch nicht berührt. Auf geheime Weise leuchtet in ihm [diesem zweiten Punkt] der Urpunkt auf, aus dem er entsprungen ist. Und darum ist alles miteinander verschlungen, leuchtet eins im andern. Wenn dies Licht aufsteigt, steigen alle auf und verschlingen sich mit ihm, und es geht weiter und wird entrückt an den Ort des ›Ungrunds‹ *En Sof*, und Alles wird Eins.«[81]

Jetzt (ho nyn kairos), in dieser Unterbrechung, ist für Paulus der ganze *chronos* verdichtet und in einen Widerspruch geraten – einerlei, wie lange er noch dauert. Die Zeit fällt in einen Punkt zusammen, oder, aus anderer Perspektive: In der Zeit ist etwas eingeschlossen, was sie aufhebt. Wenn ich mich dem *kairos* überlasse, bin ich nicht mehr dem gnadenlosen Verlauf der Zeit ausgesetzt, für den das hohe Mittelalter in der Erfindung des mechanischen Uhrwerks, des maschinellen Zerhäckselns der Tage, der Stunden, Minuten, eine übermächtige Metapher fand. In der Zeit bin ich der Zeit fremd – und es geschieht, daß ich plötzlich innehalte, ruhend oder flanierend oder im Gebet, und meiner selbst als eines zeitlichen »Gemächtes«, »ein Blum und fallend Laub«,[82] bewußt werde und die Zeit als mir ganz äußerlich empfinde. Und doch bin ich ein Gebilde der Zeit …

(Ich schaue auf und sehe, was ich eigentlich den ganzen Tag schon vor Augen hatte und hätten sehen können: den schmächtigen Pflaumenbaum vor dem Fenster, der sich neigt im Wind und dessen Blätter herbstlich verblassen. Aber jetzt erst ist es der Pflaumenbaum, der sich neigt im Wind, jetzt erst sehe ich ihn, und indem sich beiläufig der Bildschirm meines Computers abschaltet, wird meine Abwesenheit besiegelt, und ich schaue in das flirrende Laub, sehe den Baum wie vor Monaten weiß blühen, oder ist es der erste, vorzeitige Schnee?)

49

Parousia. – Noch etwas gilt es schärfer zu fassen: Paulus wartet auf die nahe Parusie des Christus. Immer wieder kommt er darauf zurück. Die Parusie ist für Paulus ein Fluchtpunkt seiner Sprache, seiner Selbstbehauptung – auch hier im Korintherbrief. In dessen vorletztem Kapitel heißt es: »Siehe, ich sage euch ein Geheimnis: Wir werden nicht alle entschlafen, wir werden aber alle verwandelt werden; und das plötzlich, in einem Augenblick, zur Zeit der letzten Posaune.« (1 Korinther 15,51-52) Ein *mystērion*, Geheimnis eines Augenblicks … Wörtlich bedeutet *parousia*: Anwesenheit. Gemeint ist im Griechischen: die wirksame Anwesenheit einer Person oder einer Sache, zum Beispiel bei einem Rechtsakt. Platon bezeichnet mit *parousia* die Gegenwart der Ideen in den Dingen, die diesen erst ihre klare Erscheinung und ihre Wirklichkeit gibt.
Aber das Wort kann eben auch einen Vorgang bezeichnen: eine Ankunft, das Eintreffen. Als Nero im Jahre 66 mit großem Pomp (und von vielen Griechen heimlich verspottet) als Gottkaiser die Stadt Korinth besuchte, wurden sogenannte »Adventsmünzen« geprägt. Denn diese Reise war mehr als

ein politischer Akt. Nero war als Kaiser die (zumindest behauptete) »Erwartung und Hoffnung der Welt, als guter Gott der Welt und Anfang aller guten Dinge«[83]. Er war Korinths Erleuchtung. Er verkörperte als »kommender« Gottkaiser die Verklärung der Stadt in der römischen Reichsidee – einfach durch seine Anwesenheit. So wurde eine Parusie gefeiert und zur Freude gemünzt.

Das griechische Wort ist geprägt von dieser Spannung: Es bezeichnet etwas zwischen Anwesenheit und Ankunft. Verstärkt wird das bei Paulus durch die Einstrahlung der jüdischen Messiaserwartung in das Bedeutungsfeld. Das einfache und alltägliche hebräische Verb *bo* (kommen) hatte im Judentum zur Zeit des Paulus eine besondere Konnotation: Es meinte in starker Sinnlichkeit[84] das Eintreffen des endzeitlichen Königs, und die apokalyptische Vorstellung vom Ende des Äons mischt sich darunter. Das Verb *bo* gibt in der Sprache des Paulus der Parusie einen erregten Ton, pulsend in Erwartung, und der Atem geht darüber schneller. Man mag also doch im Deutschen übersetzen mit: *An-wesenheit* … Der verbale Charakter dieses deutschen Wortes schwingt noch durch die abstrakte Erstarrung hindurch. An-, heran- … gegen den Zeitstrahl breitet sich ein Licht aus, fällt aus der Zukunft in die Gegenwart und macht sie als solche sichtbar.

»Durch einen Spiegel ein dunkles Bild« (1 Korinther 13,12): »Vor« der Parusie bestimmt die Abwesenheit, bestimmen Spuren des gewesenen Gottes die Welt. Aber er ist abwesend als der Kommende. Die Spur weist auf etwas hin. Sie wird lesbar als Zeichen im Horizont der Erwartung. Und »von der Parusie her« wird dieses Zeichen eine reale Gegenwart: Gott *ist* gegenwärtig.

Paulus nennt das *typos.*[85] Etwas ist figürlich (typisch) vorgeprägt, es wird seine Wahrheit empfangen in einer Erfüllung.

So ist etwa Adam, als der erste Mensch, für Paulus eine Figur (*typos*) des kommenden Menschensohns, des eigentlichen Menschen, des Christus (Römer 5,14). Oder das Volk Israel, »unter der Wolke gewesen« und »durchs Meer gegangen« (1 Korinther 10,1), ist für Paulus ein Bild, Vorausbild, *typos*: für diejenigen, »auf die das Ende der Zeiten gekommen ist« (1 Korinther 10,11). Vom Ende her zeigt sich, was Geschichte als Bedeutungszusammenhang ist – und die Erwählung Israels wird als geschichtliche Offenbarung erkennbar durch den Messias: Der Christus gibt dieser Offenbarung ihre ganze Wahrheit.[86] So ist für Paulus die *ekklēsia* die Erfüllung des Zeichens »Israel«. (Und dabei gilt es genau zu sein: Auch die *ekklēsia* ist ein Zeichen, auch sie weist auf etwas hin, was kommen wird: die Einheit mit dem Christus. Sie ist, so das paulinische Paradox, dabei zugleich auch ein *Nachbild* des Kommenden … wie ein Stern aus der Tiefe des Weltraums strahlt, wo er doch schon verloschen ist und nur der in seinem Ursprung längst vergangene Lichtschein noch zu uns dringt. Sie ist der Leib eines abwesenden, eines kommenden Erlösers, der am ersten Anfang war und am Ende sein wird und so gegenwärtig ist in seiner *parousia*, »und Alles wird Eins«.)

Die Wirklichkeit ist für Paulus eine Kette von Zeichen, die ihren Sinn aus der Zukunft erfährt. Sie läßt sich nicht aus sich selbst verstehen, sondern wird erst entzifferbar »von der Parusie her«. Glaubende wissen sich in jedem Schritt umfangen von einer Vorsehung, einem Gott, der die Wege des Lebens bestimmt – aber nicht in einem aus den biographischen Fakten ableitbaren Sinn, sondern in einer Beziehung eben zu dem kommend gegenwärtigen Gott. Die andere Welt ist für Paulus – entgegen einem heute populären Verständnis – eben keine abgetrennte Wirklichkeit, kein Jenseits, sondern die Erfüllung der Zeit im Erweis ihrer wahren Bedeutung.

Und so gibt es für Paulus eine Sprache des Glauben und eine Liturgie nur durch die *An-wesenheit* des Christus: Ihre eigentliche Semantik steht aus. (Das sollte Christen vorsichtig machen gegenüber der Versuchung, in glaubensferner Zeit didaktische Erklärungen in ihren Gottesdiensten mitzuzelebrieren und allzuviel Wissen zu behaupten von Dingen, von denen auch sie nichts wissen können: Die Sprache des Glaubens ist eine Sprache, die erhofft wird.)
Paulus – ziellose Schritte, kein »Weiter«, kein »Zurück«, er läuft und läuft. Fort von Damaskus – und auf Damaskus zu, auf den Moment seiner Verwandlung. Paulus agiert nicht mehr auf einem Zeitstrahl. Deshalb kann er auch so schlecht erzählen, er verliert schon innerhalb von zwei, drei Sätzen den Faden, steigt aus und reflektiert, fällt ins Suchen nach Begriffen oder abrupt ins Poetische, in den dichten Ausdruck des Augenblicks. Er schaut auf: Wo bin ich? Was ist das?
»Die Zeit ist kurz.« Wörtlich: Sie ist zusammengedrängt, *synestalmenos* – ein Partizip des griechischen Verbes *systellein.* Es bezeichnet eine Bewegung, die sich nach innen wendet, die etwas auf sich selbst zurückführt: … verdichten, einschrumpfen, eindampfen, zusammenfalten, zusammenziehen … Ein Segel kann gemeint sein, das eingezogen wird, oder ein Raubtier, das sich duckt vor dem Sprung, die zitternde Spannung der zusammengezogenen Muskulatur. Das Vergangene ist eingeholt, und alle Aufmerksamkeit ist auf das gerichtet, was kommt. Die Zeit – implodiert: *Jetzt.* Eine Katze duckt sich, gleich schnellt sie in die Nacht …
Eine Klarheit durchdringt alles, was besteht, die Klarheit der Zukunft im Augenblick. Am Beschluß der Nachtwache in der russisch-orthodoxen Kirche tritt der Priester vor die Christusikone und singt von dem Schein, der aus der Parusie in die Gegenwart fällt: »… Christus, du wahres Licht, das einen jeden Menschen, der in diese Welt kommt, erleuchtet und

heiligt: Laß sich auf uns zeichnen das Licht deines Angesichtes, daß wir darin schauen mögen das unnahbare Licht ...« Dieser Lichtkegel wandert mit, wo immer sich ein Mensch auf dem Zeitstrahl wähnt, wann immer er geboren ist – wenn der Christus da ist, dann ist es *jetzt, ho nyn kairos*, und die Geschichte, wie lange sie auch währt, läuft auf diesen Moment hin, an dem sich auch Paulus versucht zu orientieren, auf das Ineinanderfallen von Vergangenheit und Zukunft: »Siehe, jetzt ist die Zeit der Gnade, siehe, jetzt ist der Tag des Heils!« (2 Korinther 6,2) Ein Tag, zweitausend Jahre, und die Weile ist egal, denn es ist eben keine chronologische Ordnung, durch die »der Tag« erfaßt werden kann.
Verwirrendes Geflecht von Spannungen: Die Zeit wird für Paulus zu einem Spinnennetz der Bezüge, der Denkmöglichkeiten, und in der Mitte sitzt das Tier, lauerndes Raubtier in seinem versponnenen Labyrinth, oder ist es ein Lichtreflex, so blendend wie das schwarze Quadrat von Malewitsch, das alles Denkbare verdichtet und entleert und entläßt? Aber schauen wir auf die Details:

50

Bleibt! – »Wovon ihr aber geschrieben habt, darauf antworte ich: Es ist gut für den Mann, keine Frau zu berühren.« Eine korinthische Parole – Paulus reagiert darauf, nimmt sie auf, verdreht sie. Denn selbst wenn Paulus vermutlich Verständnis für die distanzierte Haltung einiger Korinther zur Geschlechtlichkeit hat (die Begegnung mit dem Christus war ein Eingriff nicht zuletzt in seine somatische Integrität, die ein wie auch immer geartetes Familienleben nicht mehr zuließ und sexuellen Triebverzicht verlangte): Ihm ist nicht wohl bei der Haltung, die hier aufbricht wie eine Unreinheit der Haut. Die Korinther fühlen sich nicht mehr existent in der Leiblichkeit (griechisch: im *sarx*). Sie wähnen sich anderswo, bereits einer anderen Welt zugehörig, atmend im Äon des Christus. Die Körper, die sich hier noch bewegen, sind bedeutungslos, Aschereste nach dem Brand der Offenbarung, und daraus läßt sich zweierlei für die Lebenspraxis folgern: Askese oder Freizügigkeit (davon war eben die Rede in 1 Korinther 5,1-8). Was nichts mehr bedeutet, kann ich beiseite lassen oder es haltlos ausleben, es ist gleich.

Im dualistischen Weltbild der späteren Gnosis fiel das Ende der Herrschaft des Todes in eins mit dem Ende des Gebärens und Zeugens, ein fluchartiges »Wehe« wurde gesprochen über alle, die »den Verkehr mit der Weiblichkeit und das schmutzige Zusammensein mit ihr lieben«.[87] Begierde zeichnete sich hier in Korinth, in früher gnostischer Färbung, als etwas Teuflisches ab.

Und der Jude Paulus? Der doch aus einer orientalischen Kultur der Bejahung von Sexualität kommt? Zur Erinnerung: Die Rabbinen konnten sagen (und man erschrickt angesichts der heute in der westlichen Welt grassierenden freiwilligen Kinderlosigkeit vieler Familien), daß keine Kinder zu haben sei, als hätte man Blut vergossen.[88] Paulus spricht nicht, wie man es von einem antiken jüdischen Denker erwarten würde, von der Notwendigkeit der Ehe, von einer guten Schöpfungsordnung, die sich selbst zur Evidenz führt in den »lieben kleinen Kinderlein«. Paulus schaut kühl und eher befremdet auf die sexuelle Begierde: Das, was da Frauen zu Männern und Männer auf das Lager von Frauen treibt, braucht ein Ventil.

Also gibt er den Korinthern recht? Der Geschlechtstrieb sei etwas Dunkles und Bedrohliches im Menschen, eine teuflische Fremde in der eigenen Seele, und es sei nur konsequent (wenngleich einseitig männerzentriert) zu sagen: »Es ist gut für den Mann, keine Frau zu berühren«? In der merkwürdi-

gen Unentschiedenheit des Paulus wird sein Dilemma deutlich: auf der Oberfläche zustimmen zu müssen, aber die Aussageabsicht nicht zu teilen. Paulus sieht eine grundlegende Fehleinschätzung der Korinther hinsichtlich ihres Ortes in der Welt am Werk und am Parolenzimmern. Und er widerspricht an einer empfindlichen, an einer intimen Stelle (... wie ein langgezogener Schrei draußen auf der Straße das gute Ende eines Krimis unterwandert ...): Merkt ihr nicht, daß alles anders sein muß, als ihr es empfindet? Daß es eine harte und unverfügbare Unterscheidung gibt: die zwischen eurer Vorstellungswelt, der ihr nicht entkommen könnt, und dem kommenden Christus?
Hier wird das konkret, was Paulus über die Zeit denkt: *Jetzt* stehen sich die Enden der Zeit gegenüber. Und es ist eine tödliche Vereinfachung, sich auf eine der beiden Seiten zu schlagen – sei es in der Behauptung, man gehöre schon der kommenden Welt an und hier blieben nur bedeutungslose Körperschatten zurück, sei es im Gehorsam gegenüber den fortlaufenden Uhren. Wer in dem Christus lebt, haust »dazwischen«. Wie ein wacher scheuer Vogel verharrt er im Gras an jener unmöglichen Stelle, wo die Wirklichkeit auf ihr Spiegelbild trifft, im geschliffenen Glas der messianischen Zeit. An diesem Ort aber hat die Ehe ihre ordnende Kraft verloren. Sie gilt zwar noch, in einem Zwischenstadium und auf einer Ebene, die als brüchiges Interim in die Sphären gezogen ist, aber: »Fortan sollen auch die, die Frauen haben, sein, als hätten sie keine ... Denn das Wesen dieser Welt vergeht.« Nur ein Augenblick noch, dann ... folgt nichts, was man sagen kann, aber ... das Unwirkliche, aus dem die Wirklichkeit ihren Sinn empfängt ... Die Ehe: eine Lebensform dieser Welt, sie ist vergangen, und ihr kommt jetzt nichts weiter zu, als die Vorläufigkeit zu markieren, den Nebel, bis alles anders wird, bis sich zeigt, was der Beziehung von Mann und Frau

vorangeht, ihr folgt, sie bildet und sie aufhebt: die Verwandlung des Körpers in seine ursprüngliche Gestalt. (Und es scheint, mit solcher Erwartung der Fülle sei ein Wesenszug des abendländischen Menschen ausgesagt, etwas, das sich nicht »dekonstruieren« läßt: Man erwartet seine Wahrheit in der Zukunft oder in einem diffusen Anderswo der Utopie, selbst wenn man nicht mehr sagen kann, worauf diese Erwartung letztlich gründet …)

In der Ehe eine »heilige Schöpfungsordnung« zu vermuten ist für Paulus genauso abenteuerlich wie in der Askese einen Ausweg aus der eigenen Natur. Bleibt! Verharrt! Wenn eine Ehe zerbricht, dann möge sie zerbrechen. Und wenn eine Ehe geschlossen wird, so habe sie Bestand. Bleibt! Was die Gegebenheiten dieser Welt bedeuten, wird der Christus erweisen. Und in diesem Verharren pulst doch eine anarchische Unruhe, sie bestimmt die Lebensformen des Glaubens, wie das Verlangen nach Luft die Lunge bewegt. Atem … Immer wieder über die Jahrhunderte löst sich ein Schrei, und die innere Spannung des Christentums bricht auf in Aufruhr: Nichts kann einen Wert behaupten als Christus allein!

Was jedenfalls in der westlichen Welt seit dem Sturm und Drang für Erwartungen an die geschlechtliche Liebe herangetragen wurden, wäre Paulus völlig rätselhaft: Jene Übertragung endzeitlicher Erlösungshoffnung auf ein Erleben, dem die Wiederholung eingeschrieben ist, auf die romantische Liebe, was soll das sein? Deshalb: Pragmatik. Es braucht legale Kanäle für Körperflüssigkeiten. Nicht jeder kann mit der Begierde umgehen. Also: Verharrt! Und das gilt ebenso für alle sonstigen Institutionen in der Gesellschaft. Sie haben Bestand, soweit sie notwendig sind. (Auch für die religiösen Institutionen gilt das! Daß Beschneidung wie auch Unbeschnittensein »nichts« sei, das ist eine atemberaubende Feststellung. Und was heißt das für Kirchen, die sich in der modernen Zi-

vilgesellschaft über Mitgliedschaften bestimmen? Evangelisch ... Nichts? Katholisch ... Nichts?)
Umgekehrt gilt dann auch: Schätze niemanden und keine Lebensform gering! Ihre Wahrheit oder ihren Schein erweisen wird der Christus. »Jeder bleibe in der Berufung, in der er berufen wurde.«

51

Ars memoria. – Mit seinen Reflexionen über die Ehe fährt Paulus nebenbei (und man fragt sich, ob hier nicht mehr als ein Nebenschauplatz eröffnet wird) einen Angriff ins Mark der antiken Gedächtniskultur. Indem er die Ehe so auf sich selbst zurückführt, reduziert auf einen biologischen Kern, stellt er den dynastischen Gedanken ebenso in Frage wie die Gültigkeit der Genealogie. Die Ehe ist ja nichts als eine Interimslösung mit sehr begrenzter Gültigkeit. Ihr kommt keinerlei Heiligkeit zu, keine Metaphysik des Blutes. Es ist, folgt man Paulus, letztlich sinnlos, auf den Stammbaum der Generationen zu schauen, sich ein Weiterleben in einer Familie oder im Gedächtnis von Nachkommen zu erhoffen. Ja, es ist schon fahrlässig, eine Familie außerhalb der direkten Anwesenheit von Personen, der Liebe zu Menschen zu denken (und das heißt nicht, daß sehr ferne Ahnen nicht nah sein können, nicht wirksam in den Nachkommen – nur ist eben darin kein höherer Halt). Von der Parusie her gedacht, ist die *ars memoria* ein Halmaspiel. Da glänzen die Heroenstatuen, Tafeln mit Mumienporträts, die Sarkophage (»Grabrelief eines Ehepaares«, die harten Züge eines Freigelassenen, Lippenwulste, in den Stolz gepreßt, denn es waren Kinder da, freigeborene[89]), und man liegt zum Mal mit den Toten bei den Gräbern, wo die *fama*, der Ruhm, in Hexametern besungen wird ... Aber »die Zeit ist kurz«, dann wird das Spielfeld zusammengeklappt, und die Steine liegen fraglos in einer Schachtel.

Und die Krieger? »Gemeinsam gaben sie ihre Leiber hin und empfingen dafür jeder den nicht alternden Lobpreis und ein weithin leuchtendes Grab, nicht das, worin sie liegen, meine ich, sondern daß ihr Ruhm … unvergessen nachlebt … geistig, nicht stofflich, … ein ungeschriebenes Gedächtnis.«[90] So Thukydides, und das ist für Paulus ein hohles Tönen, und das Ewigkeitsversprechen für die Toten auf dem Schlachtfeld wird ihm als das deutlich, was es ist: Illusion oder Manipulation.

Und die Kraft der Namen? Ihre Kette, die zurückreicht bis in die Zeit der Mythen? Sie wird zur Kunstfigur, voll innerer Schönheit, aber begründen kann sie nichts mehr. Keinen Herrschaftsanspruch, kein Ansehen und keine göttliche Natur. Die Familie löst sich bei Paulus auf bis auf die Personen, die man kennt und liebt. Genealogien – nichts haben sie mehr zu sagen auf die Frage, wer wir sind.

Und so durchzieht ein Untergrundgeräusch das Abendland seit dem Ausgang der Antike, ein Brummen, ein Grollen: Zeit, kommst du mich noch einmal besuchen? Zum letzten Mal? Bis heute hallt die Stimme des Paulus nach, in ungeahnten Transformationen, ein Klang, dem wir nicht entkommen, schon gar nicht *jetzt*, wo die Zeit sich zusammenzieht, sich über zwei Jahrtausende schon zusammenzieht: »Das sage ich aber, liebe Brüder: Die Zeit ist kurz. Fortan sollen auch die, die Frauen haben, sein, als hätten sie keine; und die weinen, als weinten sie nicht; / und die sich freuen, als freuten sie sich nicht; und die kaufen, als behielten sie es nicht; / und die diese Welt gebrauchen, als brauchten sie sie nicht. Denn das Wesen dieser Welt vergeht.«

52

Zusammengedrängt. – Wieder eine Erinnerung, die in die Lektüre dringt und sie verändert, die von einem Wort (diesem »*synestalmenos*«) berührt wird, und es bilden sich neue Verstehensweisen: … Es galt den Spiegel genau zu justieren und das Objektiv ganz langsam herabzusenken. Dann konnte ich plötzlich kleine Wesen im Schräglicht durch das Blickfeld huschen sehen. Ich verfolgte sie, vergrößerte sie, indem ich das Okular herauszog und erneut die Linse meines Mikroskops absenkte. Ich hatte das ansehnliche Instrument von meinen Eltern zur verspäteten, weil durch keine familiäre Erziehung vorbereiteten Konfirmation erhalten. Es wurde mir zur lichten Eremitenhöhle, Zuflucht ohne äußeren Bezug zu Menschen und doch voller Hellsicht in das Eigene, das Menschliche. Immer wieder setzte ich Heu mit Wasser an, wartete ein paar Tage, bis sich eine Kahmhaut bildete und die Halme in Fäulnis übergingen. Dann nahm ich vorsichtig mit einer Pipette einen Tropfen Flüssigkeit daraus auf, ließ ihn auf eine kleine Glasplatte rinnen, um dann vorsichtig ein hauchdünnes Kristallplättchen darauf fallen zu lassen. Was ich dann unter dem Mikroskop sah, machte mich süchtig: Winzige bewimperte Tiere, von unglaublich zarten Strukturen durchzogen, wirren Zeichnungen in ihrem transparenten Inneren, irrten durch den Lichtkreis. Sie bewegten sich fort, bis sie an Hindernissen verharrten und eine ruhige Ansicht boten. Augenscheinlich strömte es in ihnen, genau wie um sie herum. Eine kaum erkennbare Haut trennte eine Außenwelt von einem Inneren, wobei sich beide doch nur unwesentlich voneinander unterschieden. Nur waren die Zeichnungen innerhalb der ovalen Membran feiner und auf eine mir sonst unbekannte Weise schön. Die kleinen Tierchen, Protozoen, schienen zu zeigen, was »lebendig« hieß. Auf wenige Punkte geschrumpft, lag das ganze Geheimnis »Tier« vor mir. Ich schaute durch das Mikroskop in ein leuchtendes Urmeer, und alles, was ihm entsteigen sollte, war hier angelegt – in diesen filigranen Rätseln, ganz durchsichtig, ganz unbegreiflich. Ich sah in Momente der Urzeugung, in eine unbekannte Schrift aus Vakuolen und Wimpern, Zellkernen und Blasenorganen. (Was ich tags erlebte, war hier verwandelt in Stille, zusammengezogen auf eine Zelle. Gereinigt etwa von den weißen Flächen der Schultische, den schwarzgrünen Tafeln, den blauen, immer nach Schweiß stinkenden Dederon-Hemden, Jugend-Uniformen in der DDR, und von den ängstlichen Blicken der Eltern, die nach der Schule oder am Abend vor dem Schlafengehen stumm fragten: Hast du gesagt, was man von dir erwartete? Ich bejahte ohne eine Wort oder eine Geste.)

53

Der Konjunktiv. – »Fortan sollen auch die, die Frauen haben, sein, als hätten sie keine; und die weinen, als weinten sie nicht; / und die sich freuen, als freuten sie sich nicht …« Diese Satzpassage ist im griechischen Text abhängig von einer einzigen Verbform: *ōsin*, zu deutsch: sie wären. Ein Konjunktiv. Paulus hat ihn aus der Grammatik zurück in die Ontologie überführt: Der gegenwärtige Kosmos ist konjunktivisch. Er ist, als wäre er. Oder auch: als sei er. Paulus hat den veränderlichen Schein in die Seele injiziert wie eine bewußtseinserweiternde Droge: Jetzt ist alles anders, als es ist. Als es sei. Als die Dinge behaupten. Als die Vorstellung behauptet. Aber was ist dann noch Einbildung? Was ist Halluzination? Was ist Erweiterung der Sinne? Was ist die Wirklichkeit? Als wäre sie wirklich?
Ein betörender Sound, von dem man nicht loskommt: Fortan

sollen die, die traurig sind, sein, als wären sie nicht traurig. Und die Weinenden, als würde sie nicht weinen. Und die Liebenden, als ob sie nicht liebten. So sollen die Glücklichen sein, als wären sie nicht glücklich, und wer etwas verstanden hat, als verstünde er nichts. Und wenn ich etwas besitze, ist es, als ob es nicht mein wäre. Und was ich fühle, als fühlte ich es nicht … Und was ich bin, als wäre ich es nicht …

Als ob nicht, *hōs mē*: Von dem, was Paulus meint, sind zwei spätere Denkwege zu unterscheiden, die ähnlich, aber nicht identisch sind. Den einen hat Adorno in stilistischem Glanz vorgeführt: »Philosophie, wie sie im Angesicht der Verzweiflung einzig noch zu verantworten ist, wäre der Versuch, alle Dinge so zu betrachten, wie sie vom Standpunkt der Erlösung aus sich darstellten. […] Perspektiven müßten hergestellt werden, in denen die Welt ähnlich versetzt, verfremdet, ihre Risse und Schründe offenbart, wie sie einmal bedürftig und entstellt im Messianischen Lichte daliegen wird. […] Je leidenschaftlicher der Gedanke gegen sein Bedingtsein sich abdichtet um des Unbedingten willen, um so bewußtloser, und damit verhängnisvoller, fällt er der Welt zu. Selbst seine eigene Unmöglichkeit muß er noch begreifen um der Möglichkeit willen. Gegenüber der Forderung, die damit an ihn ergeht, ist aber die Frage nach der Wirklichkeit oder Unwirklichkeit der Erlösung selber fast gleichgültig.«[91] Die merkwürdige Hohlheit dieser Sätze ist mehrfach empfunden worden.[92] Eine Erlösung im Konjunktiv – so ästhetisiert Adorno den Messiasgedanken, verwandelt ihn in einen Rausch, in schönen Schein. Die Romantik zehrte von der ästhetischen Überwältigung durch eine schöne Unendlichkeit. Die Seele, meine Seele, in der »Mondnacht« war, »als flöge sie nach Haus«[93]. Aber auch moderne Ethiken im Gefolge Kants kennen diese Annahme – das Als-ob zu leben, als ob es einen letzten Maßstab gäbe …

Die andere Denkart, die ich meine, gehört einem psychiatrischen Krankheitsbild an: dem Borderline-Syndrom. Das Leiden des Borderliners, dem sowohl Symptome einer Neurose als auch einer Psychose eignen, kulminiert darin, in aller Selbstaggression und emotionaler Zerrissenheit eigentlich gar keine Krankheit zu haben, nur den Schein der Krankheit, wie er auch nur den Schein der Normalität kennt. Er lebt, *als ob* er krank wäre oder *als ob* alles in Ordnung wäre, und darin verbirgt sich eine grauenvolle Leere … Das eigene »Ich« ist dem Boderliner dann nur fühlbar, wenn es so scheint, als sei es fühlbar, und so handelt, als wäre da jemand, der handelt, aber darüber erfährt er sein Wesen als ein uferloses »Als-ob«, und Fühlen und Handeln werden gleichbedeutend mit einem Fallen, lebenslang in die Leere der eigenen, ganz unakzeptablen Hohlform. Glaubt man den Psychiatern, verbreitet sich diese Krankheit in unseren Tagen epidemisch.

Für Paulus ist das »Als ob nicht« (*hōs mē*) eine präzise Ortsbeschreibung: die eines Menschen, der von dem Christus aus Raum und Zeit und aus den Strukturen seiner Subjektivität gerissen ist, sei es durch den direkten Eingriff einer Begegnung, wie bei Paulus selbst, sei es durch die paradoxe Lebensform der *ekklēsia.* Christus ruft nicht an einen anderen Ort, er ruft nicht herüber von einem anderen Ufer, sondern er ruft den Menschen dorthin, wo er in der Welt gerade ist, an seinen eigenen Ort. In die Bejahung. Aber dieser Ort wird in demselben Atemzug widerrufen, denn »das Wesen dieser Welt vergeht« in dem Christus.[94] Die Wahrheit des Christus-Ereignisses ist »singulär«, »sie ist weder struktural noch axiomatisch, noch legal. Keine vorhandene Allgemeinheit kann von ihr Rechenschaft geben oder das Subjekt, das sich auf sie beruft, strukturieren.«[95] Sie bricht herein, *ho nyn kairos* – Ruf und Widerruf in eins, und der Gläubige soll darin verharren.

Paulus setzt Lebenssituationen zu sich selbst in Spannung:

Weinende, als weinten sie nicht, Freudige, als freuten sie sich nicht, Verheiratete, als wären sie nicht verheiratet … In diesen Paradoxa zeigt sich für Paulus das tiefere »Wesen (*sxēma*) der Welt«: Es zieht vorüber, es verweht. Paulus erlebt den Kosmos als eine flüchtige Erscheinung in stetem Selbstwiderspruch. Die alte Welt ist verwandelt in ihren Schatten, im Licht des messianischen *kairos*, und sie ist doch der Ort der Bewährung, des Ausharrens zum Ende, und das heißt: Harren in der Verantwortung für die Welt als Hauch.

Alles, was geschieht, wird in eine unsichtbare Klammer gesetzt. Man weiß nicht, was außerhalb dieser Klammer steht, aber es entscheidet sich darüber der Wert des Inneren der Klammer: Alles ist offen. Kein Ortswechsel, kein anvisierter Standpunkt, von dem aus sich ein »Weltbild« erschlösse, führte heraus aus diesem Niemandsland der Berufung. (Die Utopie – sie ist eine nebulöse Sprossung am messianischen Gedanken. Der marxistische Traum von einer klassenlosen Gesellschaft wiederholt ihn in einem taumelnden Nachgang und mit der verhängnisvollen Verschiebung, daß ein Ort aufscheint, von dem aus die Geschichte als ganze ergriffen werden könne: im Proletariat, *ekklēsia*-förmig, und in einer Partei, priesterlich repräsentiert, die sich durch sich selbst in der Revolution aufheben. Die kommunistischen Regimes sahen sich berechtigt auszurotten, was der immanenten Endzeit der Idee widerstand.)

Der Ruf des Christus ist in paulinischem Verständnis der Widerruf *jeden* Ortes, auch der Utopie. Ja, selbst des Subjektes, das auf den Messias hofft. Und so schreibt Paulus: »Ich lebe, doch nun nicht ich, sondern Christus lebt in mir.« (Galater 2,20) »Unaussprechliches Seufzen« (Römer 8,26): Kein Sprechen (schon gar kein theologisches) mildert den Selbstwiderspruch, den Schmerz des Mutanten, den es so nicht geben darf: berufen in den Widerruf.

Und hier gilt es, genau zu sein und nicht vorschnell abzubrechen: Der Konjunktiv des Paulus läßt sich auch auf den Glauben übertragen. Es ließe sich mit Paulus folgerichtig formulieren: Fortan sollen die Glaubenden sein, als glaubten sie nicht … Ja mehr noch, es ließe sich folgern: Und mein Gott … als wäre er nicht Gott … »Unaussprechliches Seufzen« ist der Glaube in christlicher Gestalt, und sein Bekenntnis steht in einer dauernden inneren Spannung: Der Bekennende kann nie wissen, was er da sagt. Denn er ist gebrochen in dem Christus – soweit er in ihm erlöst ist. So gesehen, ist nicht nur der *logos* in Christus Fleisch geworden, sondern auch das *alogon*, das »Nichts« des Denkens.[96] In Christus menschgeboren ist etwas letztlich Unmenschliches, Unerklärliches, das uns von uns wegführt. Im Kreis dieser Erkenntnis bewegen sich auch noch die entferntesten Vibrationen des Bebens, welches das Christusereignis auslöste: noch die weltimmanenten Erlösungshoffnungen, noch die symbolischen Ordnungen der Naturwissenschaften, die modernen Künste und die Tiefenpsychologie, sie alle wissen von der Leere in ihrem Herzen, die das Blut strömen läßt, von dem Undenkbaren, das ihre Konstruktionen trägt, von dem unendlichen Raum dessen, was nicht darstellbar ist und für uns gar nicht vorhanden, nicht wirklich und doch mitten in der Wirklichkeit situiert, unerklärliche Tiefe im Kosmos der Teilchen, der Seele oder im Weltall …

Paulus versucht, dieses *Andere* aus *logos* und *alogon* in die Sprache zu holen, und er setzt starke Spannungen frei, die das Christentum prägen. Das *Andere*, so nah, ist nie ein Satz, nie ein Prinzip. Es bildet keinen Erklärungszusammenhang, keine »Weltanschauung«. Es tritt (Bilder kommen zu Bildern, und sie harmonieren nicht) der Welt gegenüber, und es geht in der Welt auf. Es erfüllt sie mit einem tiefen Glanz und klammert sie ein: … Ich schreibe, Klammer auf: als schriebe ich, Klammer auf: als schriebe ich … Dieses *Andere* wächst nicht, es entwickelt sich nicht, es schreitet nicht voran – es tritt hinzu. Es hinterläßt Spuren, die in der Welt schmerzen, und dieser Schmerz steht in der Kirche auf dem Altar. Es ist ein Geburtsschmerz, und er durchdringt die Gewölbe und Krypten, die Höhlen und Hallen … Wehen, »die Zeit ist kurz«.

Wehen, bis heran an den ersten Schrei des Kindes … Man muß wohl in der paulinischen Eschatologie eine Art Erfüllung des Schöpfungsgedankens lesen: Das Ende in der Apokalypse ist der Anfang. Die Parusie des Christus entspricht dem ersten Wort des Schöpfers: »Es werde Licht!« Gott tritt in die Welt, am Anfang wie am Ende – und auch das sind alles ganz vergebliche Zuordnungen, Pole, gedacht »im Fleisch«. Anfang? Ende? Schöpfung, das heißt: jede Kontinuität, jedes »Prinzip« aufzulösen. *Ex nihilo* ist der Anfang gesetzt. *Ex nihilo* tritt der Christus in die Zeit, *jetzt.* Das paulinische »Als-ob« ist ein konsequenter Weg, die Welt als (unableitbare) Schöpfung zu verstehen, und er führt – ein Weg, wo kein Weg ist[97] – den Glaubenden in eine atemberaubende Offenheit.

Im ersten Satz nannte Paulus die Empfänger seines Briefes: die »berufenen Heiligen«. Hier nun wird das präzisiert: Heilig ist der Mensch, als ob er nicht Mensch und als ob er nicht heilig wäre. Die »Heiligen« übersteigen sich, sind in einer Bewegung begriffen, die sie ihrer selbst beraubt, die etwas *Anderes* eröffnet ohne plausible Reflexivität: das Dasein im Konjunktiv.

54

Hinterhof. – Ich betrat einen abgedunkelten Raum. Heimweh: … daß draußen die Straße keine Richtung mehr hätte, keinen Zweck, die groben Pflastersteine nur wie regenglänzendes Geröll. Eine Gruppe Jugendlicher saß an einem langen Tisch. Die meisten waren so alt wie ich, fünfzehn oder sechzehn. Es wurde, als ich eintrat, plötzlich still. Der Tisch endete vor einem Fenster, das mit einem schwarzen Rollo verhängt war und im ersten Augenblick aussah wie ein Loch in der Wand. Heute würde man das Haus, wo dieses hohe Zimmer im Erdgeschoß lag, eine Ruine nennen. Es stand einzeln auf einem weiten Hinterhof. Hier in der zweiten Reihe war Dresden noch Mitte der 1980er Jahre eine Schutthalde. Ich wußte nur vage, was beten ist. Als kleines Kind hatte ich heimlich Zuckerstückchen oder Straßenbahnfahrscheine aufs Fensterbrett gelegt und erwartet, eine fremde Macht würde sie an sich nehmen. Mir erschien alles, was mit dem alten Wort »Gott« zusammenhing, als etwas, vor dem man sich besser durch Schweigen schützte. Mich führte in dieses Zimmer eine Anziehungskraft, die lange gewachsen war und die ich mir bis heute nur teilweise erklären kann. Ich war bis eben nach außen hin ein strammer Verfechter der marxistischen Parteilinie gewesen, fügsam, ein Hundertprozentiger. Ich hatte sogar den Gedanken verfolgt, einmal ein Medizinstudium mit einer Offizierslaufbahn in der NVA zu verbinden. Und ich war es doch seit frühester Kindheit gewohnt, zwei Sprachen zu sprechen: eine zu Hause und eine draußen. Ich bin zur Anpassung erzogen worden. Ich beherrschte es, im Staatsbürgerkundeunterricht zu brillieren. Ich wußte, wie es ging. Mein Gefühl für Identität war schwach ausgebildet, so daß ich es nicht als Lüge empfand, anderen nach dem Mund zu reden. Zugleich war ich ausgehungert von sprachlichen Formeln, Dunkelzellen des Empfindens. Jetzt stand ich in dieser Raumkapsel. Sie schwebte. Ihr Triebwerk war das Licht eines Diaprojektors, der ein Bild an eine Wand warf. Darauf sah man zwei gefaltete Hände. Wovon der Pfarrer sprach, weiß ich nicht mehr. Ich erinnere mich auch nicht, wie ich an dem Tisch Platz fand. Ich weiß nur noch, wie sich mein Gehirn in einer Sprache festbiß, in der die Worte eine ganz ungewöhnliche Bedeutung hatten – ein Vibrieren, als ob nichts Benanntes es selber blieb, und etwas sprang mich an, drehte mich immer schneller um eine unbekannte Achse. Was das Wort »Frieden« hier meinte, hatte nichts mit atomarer Bedrohung aus dem Westen zu tun. Wenn von »Wahrheit« die Rede war, stand keine wissenschaftliche Weltanschauung drohend im Raum – nur ein nebulöser Sog, tastende Worte, die magischen Charakter hatten, die wie Zauberformeln klangen: »Dreieinigkeit«, »eins und drei« und »zwei« in den »Naturen« und immer wieder das Rätselwort: »Gott«. Von da an war nichts mehr eindeutig. Der christliche Glaube war eine Dauerirritation.

55

Halbschlaf. – Sich schlafen legen können, tief in die Furche, ins Erdreich. Schlaf, du Seelenzeuger. Aber da ist keine Krume. Nur die hohe Wand, über die ich klettern und fallen muß, mehrmals, bis die Zeit stimmt, 12 Sekunden. Es ist Gas befohlen, und die Bretterwand … Ich hänge mit einem Bein darüber und ziehe mich hoch. Ständiges Zurück, der Sekundenzeiger hängt fest. Weiter, weiter wie alles Wirken, Wehen, auch der Schlaf zuckt weiter, zuckt zurück, und ich falle, bis die Zeit stimmt …

᾿Εγὼ γὰρ παρέλαβον ἀπὸ τοῦ κυρίου, ὃ καὶ παρέδωκα ὑμῖν,
ὅτι ὁ κύριος ᾿Ιησοῦς ἐν τῇ νυκτὶ ᾗ παρεδίδετο ἔλαβεν ἄρτον
καὶ εὐχαριστήσας ἔκλασεν καὶ εἶπεν, τοῦτό μού ἐστιν τὸ
σῶμα τὸ ὑπὲρ ὑμῶν· τοῦτο ποιεῖτε εἰς τὴν ἐμὴν ἀνάμνησιν.
ὡσαύτως καὶ τὸ ποτήριον μετὰ τὸ δειπνῆσαι λέγων, τοῦτο
τὸ ποτήριον ἡ καινὴ διαθήκη ἐστὶν ἐν τῷ ἐμῷ αἵματι· τοῦτο
ποιεῖτε, ὁσάκις ἐὰν πίνητε, εἰς τὴν ἐμὴν ἀνάμνησιν.
ὁσάκις γὰρ ἐὰν ἐσθίητε τὸν ἄρτον τοῦτον καὶ τὸ ποτήριον
πίνητε, τὸν θάνατον τοῦ κυρίου καταγγέλλετε ἄχρι οὗ ἔλθῃ.

9. KAPITEL

Denn ich habe von dem Herrn empfangen, was ich euch weitergegeben habe: Der Herr Jesus, in der Nacht, da er verraten[98] *ward, nahm er das Brot, / dankte und brach's und sprach: Das ist mein Leib, der für euch gegeben wird; das tut zu meinem Gedächtnis. / Desgleichen nahm er auch den Kelch nach dem Mahl und sprach: Dieser Kelch ist der neue Bund in meinem Blut; das tut, sooft ihr daraus trinkt, zu meinem Gedächtnis. / Denn sooft ihr von diesem Brot eßt und aus dem Kelch trinkt, verkündigt ihr den Tod des Herrn, bis er kommt.*
(1 Korinther 11,23-26)

56

Das tut zu meinem Gedächtnis. – Ich wagte nicht, meinen Kopf zu bewegen. Der handtellergroße Blutfleck im Kissen vor meinem Mund leuchtete. Ich hatte noch nie soviel Blut gesehen. Es war frisch und hell. Augenscheinlich war es mein eigenes Blut, doch dieser Zusammenhang war weder erklärend noch bedrohlich. Ich fühlte nichts. Ich konnte nicht schlucken. Der Blutfleck wuchs und rollte sich von den Rändern her ein. Wie eine Blume im Herbst, wogende Blütenblätter. Das Blut kam auf mich zu, und es war wie eine Dämmerung, es gab Schatten darin – eine Hand auf dem Bett, ein fernes Fensterkreuz. Der Fleck pulste, zog mich in sich hinein, stieß mich aus, zog mich in sich hinein, und … Ich wußte, daß es keinen Grund zur Angst gab, daß nur wieder ein langer Schlaf käme, und der Fleck würde verschwinden, nahm mich auf …

Man hatte mir, ich war vielleicht acht Jahre alt, die Rachenmandeln herausgeschnitten, und ich war zu früh aus der Narkose erwacht. Aber das ist eine viel spätere Erklärung. Nachdrücklicher ist: Ich habe das Blut gesehen, und dieses Bild rückt nicht mit dem Lauf der Zeit in die Ferne.

Ich lese Paulus, und die Worte verselbständigen sich, werden uferlos, werden haltlos … Ich wußte, daß ich keine Angst zu haben brauchte, daß nur wieder ein langer Schlaf käme, und der Fleck würde verschwinden, nahm mich auf … »Der Herr Jesus, in der Nacht, da er verraten ward, nahm er das Brot, / dankte und brach's …«

Wenn ich die Abendmahlsworte höre, verlasse ich zwangsläufig den Ort der kontrollierten Reflexion. Das muß ich voranstellen: Die Gemeinschaft mit Christus in der Eucharistie (… als die kleine trockene Hostie und der Schluck Wein, als die Gemeinde der meist Fremden um den Altar, der Gesang des *Agnus Dei* und diese Worte …) ist für mich einer der wenigen sicheren Punkte in meinem Leben, eine Sphäre zwingender Kraft, vergleichbar vielleicht nur der Existenz meiner Kinder, die nach mir als ihrem Vater fragen. Die Eucharistie läßt mich in die Kirche gehen mit der Frage, woher ich sei und was mit mir geschehen ist. Das mag für viele seltsam klingen, sind doch die Orte, wo die Abendmahlsworte zu hören sind, meist nicht unmittelbar überzeugend: katholische Routinen oder protestantische Pädagogisierungen, legere Gesten in sehr auf sich bezogenen Vereins-Gemeinden … Aber das alles sagt nichts aus über die Wirklichkeit des Sakraments und dessen Verwandlungskraft. Ich stehe im Kreis der anderen und esse das Brot, es klebt am Gaumen, löst sich süß, ich trinke wenig später den Wein aus dem großen Silberkelch, und ich muß manchmal zittern, wage kaum den Mund zu bewegen … Zu schlucken bedeutet, einen inneren Widerstand zu durchbrechen, etwas in sich hineinzuzwingen. (Ich muß wieder an das Gefühl denken, wie ich eine Nabelschnur durchtrennte, dieses knirschende Schneiden in einen knorpeligen Schlauch – was mir nicht zusteht, was mich zum

Henker macht, zum Wegbereiter der Einsamkeit, und es muß doch getan sein.)

Noch etwas: Es gibt Bilder, die sich in das Getriebe der Gedanken schieben, und obwohl sie hier rein assoziativ wirken, haben sie doch eine untergründig stärkere Kraft als die konsequent verfolgte Ordnung der Begriffe. Sie bilden eine eigene Stimme in dem polyphonen Gebilde, das entsteht, wenn ich einen biblischen Text wie diesen lese und ihn zu verstehen versuche. Etwas Entscheidendes wird von diesen ungerufenen Gästen gesagt, und ich kann selbst nicht genau erklären, was es ist. Aber es muß wiedergegeben werden, wenn ich nicht lügen will. Etwa:

Schüsse hallten im Karree der vier Kasernenblöcke, die Echos kamen mehrmals auf uns zu. Die Dämmerung, es gab Schatten darin – eine Hand auf dem Bett, ein fernes Fensterkreuz. Morgen werden sie sagen: »Ein Reh ist in den Signaldraht gesprungen.« Die Welt entschleiert sich am Horizont über der toten Aussicht auf eine sumpfige Ebene. Keine Bäume, kein Gesträuch. Alles unter einem weißen Staubfilm. Der Leuna-Niederschlag. Die Auen der Saale liegen in der Ferne aus wie ein Buch, das niemand mehr liest. September 1988: Die Schüsse kamen vom Zaun her, wo den Wachposten befohlen war, nach zwei Anrufen und einem Warnschuß gezielt zu agieren. Jemand im Zimmer sagte: »Das Widerlichste an der Uniform ist, daß sie zurückbleibt, wenn ihr Träger nicht mehr da ist. Dichte, verfilzte Fasern, sie verneinen noch den Tod.«

Kein Gedächtnis: Es hatte keinen Toten unter uns gegeben. Ich kontrollierte, ob die graue Unterwäsche in meinem Spind genau auf Kante gelegt war. Es gab nichts zu bezeugen und nichts zu beklagen. Die Echos hatten nichts mit persönlichen Entscheidungen zu tun. Es gab keinen Richter und keine Schuld. Nur Echos, für Sekunden.

Kein Gedächtnis: Glücklicherweise gibt es Schichten der

Erinnerung, die nicht von einer persönlichen Bewußtseinsleistung abhängen, die keine Pflege brauchen, weil sie den menschlichen Lebensvollzügen selbst eingebrannt sind. Oder eingebrannt wurden, und ihr Ort im Gedächtnis gleicht einer tauben Stelle in der Haut …

Paulus hat, so schreibt er, die Abendmahlsworte »von dem Herrn« empfangen und an die Korinther überliefert. Die griechischen Verben *paralambanein* (empfangen) und *paradidonai* (überliefern) weisen auf den jüdischen Traditionsprozeß. Sein Paradigma lautet: »Mose empfing (*qibbel = paralambanein)* die Tora vom Sinai und überlieferte sie (*masar = paradidonai)* dem Josua, Josua den Ältesten, die Ältesten den Propheten …«[99] Die einzigartige Erinnerungskultur des Judentums ruht auf zwei Säulen: auf der Alphabetschrift, die Namen, Sätze und Gesetz aufnimmt und festhält in Büchern und Rollen, und auf der mündlichen Überlieferung. Mose brachte die Thora in zweierlei Gestalt vom Berg Sinai mit, und seitdem ragt neben der hebräischen Quadratschrift eine vielleicht noch haltbarere Gedächtnisform in die Gegenwart: ein mündliches Gesetz, von Mund zu Mund gegeben, eine rettende Beatmung der nächstfolgenden Generation. Es waren vor allem die Pharisäer, die im ersten nachchristlichen Jahrhundert dieses mündliche Gefäßsystem pflegten.

Paulus, der pharisäisch gebildete Jude, nimmt die Terminologie der Überlieferung auf, um sie doch sofort zu brechen. Paulus spricht nicht davon, daß ein Zeuge einem Zeugen etwas weitergegeben hätte. Woher hat er die Worte? Er sagt: »von dem Herrn«. Paulus führt die Überlieferung unvermittelt auf eine Ursprungsbegegnung zurück. Er sieht sich nicht als Glied einer Kette, sondern steht an deren Anfang – wie Mose. Wie dieser auf dem Gottesberg, dem Sinai, das Gesetz aus der Hand des unsichtbaren Gottes empfing, steht Paulus auf der Ebene vor Damaskus und empfängt … Was? Ein neues Gesetz? Ist er wie Mose ins Massiv des lebensfernen Feuers, das nie verlischt, in die negierende, die offenbarende Glut gestiegen, um mit etwas wie Steintafeln zurückzukehren? Was hält er in den Händen? Die Worte: »Das ist mein Leib, der für euch gegeben wird; das tut zu meinem Gedächtnis«? Aber diese Worte sind doch, bei Lichte gesehen, ganz klar ein liturgisches Gut, das Paulus mit Sicherheit in Antiochia oder bei jenen Christen, die ihn aufnahmen, ihn, »die unzeitige Geburt«, gehört haben muß. (Das zeigt schon die fast wörtliche Übereinstimmung mit den Abendmahlsworten im Lukasevangelium.) Was meint Paulus? Seine Aussage, daß er diese Sätze direkt von dem Christus empfangen habe (obwohl er doch nie an einer Mahlfeier mit dem irdischen Jesus teilgenommen haben konnte) hat die christlichen Exegeten immer wieder bewegt. Sollte er die Worte gehört haben, als er vor Damaskus berufen wurde? Oder in einer späteren Entrükkung? Oder ist das doch nur eine recht ungeschickt eingeführte Behauptung?

Aber was Paulus sagt, läßt sich auch anders lesen: Die Terminologie der Überlieferung wird eingespielt, um einen wichtigen Unterschied zur rabbinischen Traditionskette aufzuzeigen. In den Abendmahlsworten erklingt eine andere Art religiöser Sprache: Wann *immer* sie zu hören sind, spricht der Christus. Es gibt gar keine vermittelnden Instanzen. Der lange Strom der Tradition brennt hier zu einem Punkt zusammen: Jetzt, sagt Paulus, spricht der Messias. Unmittelbar. Denn schauen wir genauer hin: »Ich habe von dem Herrn empfangen, was ich euch weitergegeben habe: Der Herr Jesus, in der Nacht, da er verraten ward, nahm er das Brot, / dankte und brach's und …« Das klingt merkwürdig. Paulus empfing Worte, in denen der Christus von sich in der dritten Person redet? Ganz augenscheinlich spricht hier doch ein anderer, vielleicht ein Priester im Ritus – jedenfalls nicht der

Herr. Paulus verbirgt das nicht. Er blendet auch nicht einfach ein gottesdienstliches Ritual auf einen historischen Ort zurück, im Sinne einer Ätiologie. Nein, Paulus meint eine tatsächliche Überreinstimmung: Wenn diese Worte im Gottesdienst gehört werden, von wem auch immer artikuliert, ist es der Christus, der sie spricht oder der sie singt.
Und noch etwas: Zwar habe er, so der Apostel, die Worte »von dem Herrn empfangen«, aber der Tod des Christus ist, ganz betont, eine Bedingung dieses Sprechens: »Denn sooft ihr von diesem Brot eßt und aus dem Kelch trinkt, *verkündigt ihr den Tod des Herrn,* bis er kommt.« Christus spricht, und er ist nicht da. Er ist tot, gestorben am Kreuz (und von der Auferstehung ist hier bemerkenswerterweise nicht die Rede). So gewinnt eine nun schon vertraute Gedankenfigur neuerlich Kontur: Christus ist als Abwesender anwesend. Es ist die Semantik seines Fehlens, die Todesleere, die im Sakrament Ausdruck findet, ja, Substanz wird. Gegenläufige Substanz: eine die nichts mehr ist, Abbruch jeder Konsistenz von etwas Seiendem oder Sagbaren, und die alles wird. Spur und Stätte – hier fallen die Enden der Zeit ineinander, in der Verkündigung des Todes und in der Erwartung des kommenden Christus. Das geschieht in wenigen Worten, die wirkmächtig und zugleich sehr schutzbedürftig sind. Man nähert sich ihnen nicht ohne ein besonderes Maß der Gefährdung, und es gilt, all jene fernzuhalten, für die Worte nur Worte sind. Christus ist als Toter und zugleich als Kommender anwesend in den Sätzen. Er gibt sich hinein in sein eigenes Verlöschen im Ritus, er läßt sich opfern in einem sprachlichen Akt: »Das ist mein Leib.« Das hat nichts Symbolisches. Das ist keine Metapher. Christus ist da in dem Mahl. Gebrochen, als Gekreuzigter. Erwartet, als kommender Herr. Was für eine verwikkelte Situation, in die uns Paulus führt: Der Christus spricht in der dritten Person und gibt seine Rede wieder als Zitat:

»Das ist mein Leib!«, und darin wird sein Tod »verkündigt« und seine Ankunft erhofft. Die Lücke dort, wo er fehlt, verwandelt sich zur sakramentalen Wirklichkeit. Hier wird der Abwesende zum Körper – ein Ereignis, ohne irgendeine Kontinuität zu bezeichnen oder als solche kommunizierbar zu sein. Er ist nicht, dieser Körper, er geschieht. Und darüber, daß das nicht zeichenhaft gedacht ist, läßt Paulus keinen Zweifel aufkommen: »Denn wer so ißt und trinkt, daß er den Leib des Herrn nicht achtet, der ißt und trinkt sich selber zum Gericht. / Darum sind auch viele Schwache und Kranke unter euch, und nicht wenige sind entschlafen.« (1 Korinther 11,29-30)

57

Objektivität. – Nach der Kreuzigung bleibt etwas von dem Christus im Kosmos, eine Art andere Materie, Substanz als Spur, Sprache als Stätte des Kommenden, und das ist ganz unabhängig von Glauben und Einsicht und Verständnis. Es ist kein geistiger Akt. Wie am Kreuz die Person des Christus starb, seine Identität sich auflöste, geschieht in der Kommunion am Altar etwas, das jedes Selbstverständnis unterwandert. Der Christus geschieht. Das hat nichts zu tun mit dem, was ich davon sagen oder verstehen kann. Viel realer ist das, was mir widerfährt, vor- und nachbewußt und tief im Dunkel unter der zitternden Membran meiner Geistesgegenwart – ein Eindringen, wie Alkohol ins Blut, und die Zunge schmeckt den Wein, und was gesagt ist, gilt, ich schlucke das Blut, vergossenes Blut, Tod des Gottes und sein Nahen. Alles, was ich von mir wissen kann, was ich wohl je verstehen werde von demjenigen, der ich sei und würde, ist hier verloren im Rausch, ein Echo aus den Tiefen der Erinnerung, der Verwandlung. (Es gehört zu den größten theologischen Leistun-

gen Luthers, diese Gewißheit von der Objektivität des Sakramentes gegen die laute Stimmung seiner Zeit bewahrt zu haben.)
Das Abendmahl verweist also auf nichts. Das Abendmahl ist kein Zeichen für etwas jenseits seiner selbst: Es ist selbst, was es bezeichnet. In einer trockenen Oblate und in einem Schluck vergorenen Safts öffnet sich die Welt für das Geheimnis ihrer selbst, des *logos*, unableitbar und immer am Anfang … Das Mahl geschieht. Mehr läßt sich davon nicht sagen … »Vergebung«, »Gericht«, »Erlösung und ewiges Leben« … Nein, solche theologischen »Sinnzuweisungen« sind vergeblich. Das Mahl … Kein »Mahl«: Was geschieht, löst sich aus dem Zusammenhang der Zeichen.[100]

58

Steinigung. – Er starrte über die zum Mahl Liegenden hinweg, an dem erhobenen Kelch in der Hand des Vorstehers der Gemeinde vorbei auf das Mauerwerk. Rohes Gestein, rötliche Brocken. Er kämpfte gegen etwas an, das er nicht benennen konnte. Wie Nebel, der die Konturen um ihn herum doch eher klärte, vertiefte. Ein Flimmern: Es kam immer näher … Eingedrückter Schädelknochen: Er selbst hatte damals die Steinigung befohlen. Das Gefühl kehrte wieder, nach einer Halsschlagader zu tasten, die nicht mehr pulste. Über dem Tisch mit den Gaben lag jetzt ein blaßgrüner Schein. »Paulus?« fragte ihn jemand. Woher kam die Stimme? Auf seiner Stirn kalter Schweiß: »Etwas ist mit mir …« Seine Pupillen bissen sich in der unverputzten Wand fest. Geflüster (… uralte Lautschrift: Die Männer nehmen faustgroße Steine und werfen sie nach dem Einen. Ob er nun Stephanus heißt oder anders … Sie treffen ihn vor allem am Kopf. Er ist rasch tot, aber sie werfen weiter …):

Ein Stein, ein Bruchstück und für sich vollkommen –
ohne Schuld trifft er genau die Schläfe.
Er blutet aus den Ohren!
Ein Schlag Gerechtigkeit, dem Lästerer!
Was schaut er auf? Träumt er ein Paradies?
Hier ist es! Licht und Glanz und dieser Stein!
Das ist das Gesetz, nach dem er sterben muß,
das Menschen nicht gemacht, nach dem der Tag
und Nacht und Sommer und der Winter kommen,
das nicht verstanden wird und das kein Ziel hat,
vor ihm kannst du nur staunen oder fehlen.
Die rohe Schwere selbst hat eine Form:
Nimm als gegeben diesen Stein, Geschöpf!

Ganz nah nun vor Augen: geronnenes Blut umgab den Schädel des Toten wie ein Helm … Da regte sich eine Wespe, flog brummend auf, und die Umstehenden sahen, wie er zusammenzuckte und reflexartig die Arme über den Kopf hob. Seine Pupillen waren weit wie Saugnäpfe, der Schweiß rann: »Es ist nichts, nein. Es ist schon vorbei …«, das Gedächtnis …

59

Droge. – Blut ist eine urständige Droge. Wenn fremdes Blut fließt, verschwimmen die eigenen Grenzen, in Götter- und Dämonennähe, in rauschhafter Auflösung des Selbst in der tötenden Menge und in der Gier, zu schlagen, zu zerstören und zu quälen, um sich zu behaupten in bedrohlicher Welt, in der Dunkelheit des Triebs, in der stickigen Enge mit den anderen.

Blut, vergossen und aufgefangen in Schalen – es ist Opferblut im Kult oder der Wahnsinn. Die strikte Tabuisierung des Blutkontakts in fast allen Kulturen schützt den Menschen vor einer tödlichen Sucht – dem befreienden Mord, der Auslöschung des Fremden (und dessen Einverleibung) in der Gewalt. Wenn legal Blut vergossen wird, dann nur von vielen und im Ritual. Alkohol, als sanktionierte Droge in der vom Christentum geprägten Welt, und Blut sind ein Geschwisterpaar. Beide gehören in die Öffentlichkeit, sie bilden Massen – Blutsmassen als Volksköper, als wogender Mob, der Opfer in den Tod treibt, Alkoholmassen als lallende Seelenkollektive, die dumpf wie Amöben über die Wiesen kriechen, postpersonale Konsumwunden.

Es hat mich als Kind nie gestört, mein eigenes Blut von einer Verletzung oder einem aufgekratzten Grind zu lecken. Das war eine Geste der Hygiene. Ich schmeckte genau hin, konzentrierte mich auf das Aroma von rostigem Eisen in der Nase und den Nachgeschmack von schalem Salz. Eine unschuldige Neugier: Wie schmeckt mein Lebenssaft? Bitter und fad. Anders war es, als mir ein Freund nach der Schule in einem Versteck den Finger hinhielt, auf dem eine Blutspur wuchs, zu tropfen begann, und forderte: Saug es auf! Er hatte sich die Wunde selbst mit einen Messer geschnitten, und der gegenseitige Blutgenuß sollte ein Bündnis besiegeln, unter einer Brücke im Lärm der Straßenbahnen, wo uns niemand sah: Blut zu Blut. Wir spähten durch einen Sichtschlitz zwischen Stahlstreben ins Freie … Vor mir die blutende Fingerkuppe, und ich sprang auf und weg, so schnell ich konnte. Ein archaischer Dämon kam hier auf mich zu, den wahrzunehmen schon tödlich war. Ich rannte, um das nie gesehen, nie gehört zu haben, rannte durch den grasbewachsenen Flutgraben der Elbe (und verzweifelt schwerfällig war der Laufschritt in der Erinnerung, der mich nicht nur weg, sondern in den Zustand *davor* bringen sollte, als das Gehörte, das fremde Blut noch nicht da waren, ein Rennen gegen die Zeit, und es dröhnte: »… Erst geköpft, dann gehangen, / Dann gespießt auf heiße Stangen, / Dann verbrannt, dann gebunden, / und getaucht, zuletzt geschunden …«[101]). In dem Blut des Freundes sah ich das eigene Blut rinnen, sah ich mich verbluten am Ende, verwundet am Hals, ich konnte nicht mehr schlucken, zappelte in der Falle, wie in einem Traum, wenn ein Verfolger naht und der Körper gegen alle Anstrengungen bewegungslos bleibt. Ich war auf der Flucht vor einer Droge, die mich ganz wollte, mich als Person greifen und in kollektivierte Gewalt treiben würde, als Süchtigen, als Blutlecker in kosmischer Fremde, der nur noch da ist, weil andere für ihn gestorben sind. Das fremde Blut war mir zuwider wie ein Gift. Wie die ekelhaft warme Geborgenheit in einer Meute, die mir mit ihrem Atem die Luft nimmt.

60

Diathēkē. – Blut und Bund: »Da nahm Mose das Blut und besprengte das Volk damit und sprach: Seht, das ist das Blut des Bundes, den der Herr mit euch geschlossen hat aufgrund aller dieser Worte.« (Exodus 24,8) Das Bundesblut floß, um eine Verfügung zu besiegeln, eine Anordnung Gottes. Mose berührte die in der Wüste versammelten Israeliten mit Blut. Er ließ es aus seiner Hand rinnen, die er mehrmals in die Opferbecken tauchte, besprengte die Umstehenden, und das Blut der Opfertiere floß ihnen über die Haut und in den Staub. Paulus weiß davon und gibt nun eine liturgische Formel wieder, die dieses uralte Ritual wiederholt und sinnlich zum Tabubruch verschärft: Jetzt gibt es Blut *zu trinken.*
Auch die Abendmahlsüberlieferung des Paulus spricht von einem Bund (*diathēkē*): »Dieser Kelch ist der neue Bund in meinem Blut«, proklamiert der Christus. Im Sprachgebrauch der damaligen Zeit bedeutete *diathēkē* soviel wie: letzte Verfügung, Testament. *Diathēkē* wird in der Septuaginta nun, in leicht veränderter Bedeutung, für das hebräische Wort *berīt*

gesetzt, das im Gefolge Luthers im Deutschen meist mit »Bund« wiedergeben wird. Das ist unter Umständen irreführend, denn es geht bei dem »Bund« zwischen Gott und Menschen, der am Sinai geschlossen wurde, nicht um einen Vertragsabschluß zwischen gleichberechtigten Partnern, woran das deutsche Wort denken läßt, es geht eher um eine Anordnung, juristisch: um eine Satzung. Gott legt etwas für den Menschen fest – die Thora als Lebensordnung.

Eine neue Verfügung, ein neuer Bund wird auf Golgatha mit dem Tod Jesu besiegelt und nun im Abendmahl durch Blutgenuß bestätigt, und es ist, neben dem Anklang an die Sinai-Anordnung, zweifellos an Sätze des Propheten Jeremia gedacht, der gesagt hat: »Siehe, es kommt die Zeit, spricht der Herr, da will ich mit dem Hause Israel und mit dem Hause Juda einen neuen Bund schließen, / nicht wie der Bund gewesen ist, den ich mit ihren Vätern schloß, als ich sie bei der Hand nahm, um sie aus Ägyptenland zu führen, ein Bund, den sie nicht gehalten haben, ob ich gleich ihr Herr war, spricht der Herr; / sondern das soll der Bund sein, den ich mit dem Haus Israel schließen will nach dieser Zeit, spricht der Herr: Ich will mein Gesetz in ihr Herz geben und in ihren Sinn schreiben, und sie sollen mein Volk sein, und ich will ihr Gott sein.« (Jeremia 31,31-33)

Ein neuer Bund, und es handelt sich um eine letzte Verfügung. Die Voraussetzungen sind klar benannt: *vergossenes* Blut und ein *gebrochener* Leib, also der Tod des Christus. Es werden im Abendmahl nicht der Leib oder das Blut Jesu als solche genossen, sondern eben Leib und Blut, die »gebrochen« und »vergossen« sind. Ein Gewaltakt steht im Hintergrund, eine Opferung.

Durch das Blut des Christus ist nun die neue *diathēkē* eingesetzt, und der Zeitpunkt (bezieht man Jeremia ein) ist paradox: »nach dieser Zeit«. Wann ist das?

Paulus erkennt im vergossenen Blut des Christus eine Spiegelung: Er sieht Mose, wie er das Volk mit Blut besprengt … die Wüste flimmert, ein kurzer Reflex, und die Zeit implodiert: jetzt, »der neue Bund in meinem Blut«. Die Gläubigen trinken, und Schluck für Schluck klärt sich die Geschichte: Der *typos* des israelitischen Bundes am Sinai wird geöffnet auf seine wahre Bedeutung hin, auf das Menschenopfer am Kreuz und die Gottesoffenbarung darin, im Tod des Christus.

Jetzt, »nach dieser Zeit«: Das Abendmahl geschieht, wann immer es geschieht, am Ende der Zeit. Dort, wo sich alles verdichtet: Der Christus ist gekommen, er ist tot, er ist auferstanden und er kommt … Keine religiöse Vermittlung, keine Thora und keine Beschneidung, keine Kirchenmitgliedschaft und keine frommen Überzeugungen, keine Kurie und kein Kanon und keine theologischen Herleitungen, ja, gar kein Sprechen reichen in diese Nicht-Zeit, die Nicht-Wirklichkeit des Sakraments. Gott ist unvermittelt da. Mit dem Tod Jesu ist ein neues Gottesverhältnis eingesetzt, das den Menschen durchlässig macht für eine Wahrheit, die es noch nicht gibt, die einfach, in unendlicher Einfachheit geschieht, wann immer diese Worte im Gottesdienst gesprochen werden: »Das ist mein Leib, der für euch gegeben wird; das tut zu meinem Gedächtnis. / … Dieser Kelch ist der neue Bund in meinem Blut; das tut, sooft ihr daraus trinkt, zu meinem Gedächtnis.« Dieses neue »Gesetz«, »in ihr Herz gegeben«, hat keinen Wortlaut. Was hier den Hörenden »in die Sinne geschrieben« wird, hat nichts mit einer irgendwie gearteten »Kommunikation« zu tun. Es ist ein Eingriff in den Einzelnen, eine Verwandlung zum »Eigenen«, als Öffnung des *typos* des Menschen für seine wahre transzendente Gestalt.

61

Historisches Dunkel. – Eine Fülle historischer Fragen ist mit den Abendmahlsworten verknüpft. Regale von Kommentaren und Detailstudien sind dazu geschrieben worden, die bis in feinste Analysen der verwickelten Entstehung dieser liturgischen Rätselgestalt nachgehen. All diese alltagsfernen Forschungen sind gar nicht belanglos, denn es ist ihnen um den unfaßlichen Puls, die Leere und die Fülle im Inneren des Christentums zu tun … um das Blut Gottes in der Geschichte, zum Ende der Geschichte.
Wie etwa ist die Zeitangabe des Kelchwortes zu verstehen, das Paulus wiedergibt: »Desgleichen nahm er auch den Kelch *nach dem Mahl*«? Wurde zwischen Brotwort und Kelchwort eine umfänglichere Mahlzeit abgehalten? Und was hatte sie zu bedeuteten? War es ein Erinnerungsmahl, wie man es in der Antike an den Gräbern der Ahnen hielt, geglaubte und ersehnte Gemeinschaft über die Todesgrenze hinaus? Oder feierte man eine Agape, ein Liebesmahl, miteinander? Oder fand vielleicht eine Art Mysterienfeier statt, vergleichbar den geheimen Zeremonien für Demeter, Dionysos und Mithras?
Ja, wie verhält sich der von Paulus beschriebene Ritus bei den Versammlungen der Korinther zur Überlieferung vom letzten Abendmahl Jesu mit seinen Jüngern? Gab es eine urchristliche kultische Vergegenwärtigung dieser vergangenen Situation, ein wiederholtes Passahmahl mit Jesus als dem Christus zu Ostern? Und waren die sakramentalen Riten zu so einem jährlichen Osterfest grundsätzlich unterschieden von den Mahlfeiern am ersten Tag der Woche, am Sonntag?
Viele Fragen … Die Zeugnisse aus der frühen Kirche sind spärlich. Sie sprechen von einer großen Vielfalt der Bräuche und von harten semantischen Spannungen darin. Das Dunkel läßt sich wohl nur durch Hypothesen erhellen, mit denen

sich immer auch ihre Konstrukteure ins Bild setzen. Diese Hypothesen und der Streit der Wissenschaftler darum sind nun wiederum nicht geringzuschätzen, denn sie stehen selbst in der langen Wirkungs- und Überlieferungsgeschichte der Eucharistie und bringen deren dunkel-tröstliche Widersprüchlichkeit zum Klingen.

Soviel wird deutlich: Die frühen Christen, an die Paulus schreibt, begegneten in der Eucharistie dem Messias – nicht mehr und nicht weniger sinnfällig als die ersten Jünger, denen Jesus am See Genezareth entgegenkam, mit bezwingender Präsenz und einer wohl unglaublichen Erfüllung des Augenblicks, geronnen in dem einen Satz, der keinen Widerspruch zuließ: »Folge mir nach!« Und das ist nun gesprochen von einem, der tot ist, dem Gekreuzigten – und der erwartet wird: »Maranta! Unser Herr, komm!«

62

Ausgeliefert. – Ich sprach von semantischen Spannungen. Eine ist besonders gravierend: Das Abendmahl setzt den Tod Jesu voraus. »Das ist mein Leib, der für euch gegeben wird; das tut zu meinem Gedächtnis … Dieser Kelch ist der neue Bund in meinem Blut; das tut, sooft ihr daraus trinkt, zu meinem Gedächtnis.« Das kann schlecht von Jesus vor seiner Verhaftung gesagt worden sein. Die Evangelisten verbinden, wenn sie die Abendmahlsliturgie auf ein letztes Passahmahl Jesu mit seinen Jüngern zurückführen, sachlich Unvereinbares. Deutlich wird, daß auch sie keine Stringenz der Erzählung suchen, sondern daß sie irritiert den Einbruch des Unerklärlichen konstatieren. Das liturgische Formular, das Paulus anführt, verstärkt diese Spannung eher noch, wenn es heißt: »… in der Nacht, da er verraten ward.« Hier steht das griechische Verb *paradidonai*, es bedeutet: ausliefern, der

Exekutive überantworten. Das Wort bringt eine eher politisch-theologische Obertonreihe in die Dissonanz der Bezüge. Es handelt sich um einen rechtlichen Ausdruck, und er kann so konkret verstanden werden, wie es Luther in seiner Übersetzung tut. Aber das Verb hat doch auch einen weiteren Horizont, läßt an die Überantwortung in das Verlöschen, in das Todes-Nichts, und an die Kette von Verhören und Folterungen, von Urteilen und Streit zwischen Juden und römischen Institutionen um die richterliche Vollmacht zur Kreuzigung denken. Staatliche Gewalt bringt auf Grund eines Gesetzessystems (*nomos*) den Gottessohn zu Tode, und es zeigt sich die ganze Fraglichkeit des Wesens dieser Ordnung. Durch das Verb *paradidonai* wird Jesus als Objekt eines formalen Rechtsaktes gekennzeichnet, ein Fall unter anderen Fällen, er wird zum ausgelieferten und dann ausgehängten Körper, zum Gekreuzigten. Das Abendmahl und das gewaltsame Sterben des Christus, der Blutgenuß der Gläubigen und das Entsetzen über eine leere Maschinerie staatlicher Gewalt rücken ganz eng zusammen, flirrend über den inneren Widersprüchen der Erzählung.

Hier verbirgt sich wohl auch die Spitze der paulinischen Absicht. Was will er denn den Korinthern eigentlich sagen mit einer unkommentiert wiedergegebenen Abendmahlsliturgie? Er hält ihnen, die sich längst im *pneuma* verwandelt und der Welt enthoben glauben, den Tod des Christus vor: Das leibliche Sterben des Erlösers läßt sich nicht einfach spiritualisieren. Der Schmerz ist real und irdisch. Der Tod ist kein bloßer Schein. Es gilt, die Spannung auszuhalten, die das Sakrament *ad absurdum* verdichtet: Verkündigung des Todes und Erwartung des künftigen Lebens fallen in eins. Sterben und Auferstehen geschehen für den Gläubigen in einem Atemzug.

63

Es vergehe diese Zeit. – Wie soll man sich das vorstellen, was in Korinth bei einer Mahlfeier geschah? Milch und Brot und Honig und Wasser und Wein … Es gab wohl mehr als zwei sakramentale Substanzen. Die Sprache und die Welt der Gegenstände waren nicht so klar geschieden, nicht so weit voneinander entfernt wie für uns heute, und dementsprechend dichter war die Semantik der Welt: ein Raunen, das Worte an Dinge band, und Dinge aus Worten entließ. Es war einfacher, göttliche Zeichen zu erkennen, und die Opfergaben leuchteten in allen Farben: rote Granatäpfel, blaue Weinbeeren und daneben Orangen, weiße Käse und glänzend graugrüne Oliven, darunter auch schwarze, wie Pupillen, die Äpfel, die Feigen … »Es komme die Gnade und es vergehe diese Zeit. Hosianna dem Gotte Davids. Ist jemand heilig, der komme herzu, ist er es nicht, tue er Buße. Maranata. Amen. Den Propheten gestattet, Dank zu sagen, soviel sie wollen.«[102]

Ohne Öffentlichkeit geschah das, in der Selbstgenügsamkeit eines Mysteriums, dem kein Kontext und keine Begründung, kein Widerspruch und keine Apologie etwas hinzufügen oder etwas wegnehmen konnten. Die Getauften waren unter sich. Sie duldeten keine fremden Augen, keinen distanzierten Blick. An der Tür lag die Grenze des alten Äons. Über den Früchten und dem Brot war die Zeit an ihr Ende gelangt, vibrierte wie eine Schwebefliege auf der Stelle. Jetzt gab es keine Vergänglichkeit mehr, nur das Vergehen der Sinnesreize, der Alltagssorgen, schlicht der Minuten. Man aß und trank. Allmählich wurde die Aufheizung spürbar, das Fieber der Masse. Glühende Gesichter. Körper an Körper. Die platzenden Beeren, der lebendige Gott. Man sang, man schrie, man jauchzte, man weinte: Maranata! Unvorstellbar, daß dem

Mahl ein anderer Tag folgen könnte mit Hunger und Sättigung, mit Dämmerung und Arbeit.
Und das alles geschah in jener seltsamen Spannung der Bezüge: Die Feier ähnelte einem archaischen Totenmahl. Man trank mit der Vergangenheit aus einem Kelch, »in der Nacht, da er ausgeliefert ward ...«. Der Tote, der Jesus von Nazareth, war der wahre Hausherr und Gastgeber. Er lud ein mit der Aura eines jenseitigen Geistes. Er ruhte nicht im Erd-, im Gesteinsgriff der Vergangenheit, er atmete ebenso im Präsens und im Futur, der Sprachverwirrer, der Zeitenstifter, Körper eines Schattens eines Körpers, Licht von Licht ... »Das ist mein Leib.« Was als Erinnerung auftrat (einst ... zu Passah in Jerusalem), war das Menetekel des Endgerichts, jetzt, und war Geflüster von dem kommenden Äon: Granatapfelsaft, die Krumen, Honigspuren, die öligen Oliven ... Schnitt: die Zeiten fallen auseinander. »Sooft ihr von diesem Brot eßt und aus dem Kelch trinkt, verkündigt ihr den Tod des Herrn, bis er kommt.« Und sie fallen in eins.

64

In der Menge. – Rituelles Essen ist nichts für Einzelne. Der Ritus braucht die Vermengung, die Gemeinschaft. Auch die Toten und die Ungeborenen gehören dazu. Hier bestätigen die Reflexe des Körpers, was der Verstand allein nicht faßt: Daß einer da ist, indem die anderen da sind. Leiber, dicht bei dicht, sie suchen Schutz beieinander, atmen dieselbe Luft und trinken aus demselben Kelch. Die hitzige Menge verdaut, was der Einzelne nie bewältigt: das Alleinsein.
In der Gemeinschaft hat das Bluttrinken seinen erlösenden Ort. Paulus führt den Korinthern diesen ihren Ritus vor Augen, um sie vor der spirituellen Vereinsamung in ihrer Erlösungsgewißheit zu bewahren, vor der Selbstgenügsamkeit,

die in die Austrocknung führt, bis dahin, daß Gotteserfahrung und Wahn, daß die Geister nicht mehr unterschieden werden können (1 Korinther 12,10). Denn wie kann ich glauben, was *ich* glauben kann? Der Glaube braucht den Schritt über sich hinaus, in die höhere Ordnung des Chores und in die Aura von denen, die viel weiter gegangen sind, die geistlichen Führer. Er braucht die gemeinschaftliche Droge, den Rausch in der Menge. (Und es ist immer auch Widerwillen dabei, immer auch eine Abstoßungsreaktion, die sich nicht verdrängen läßt und die sich gefährlich anstauen kann, bis zur Gewalt …)

Eremiten sind starke Charaktere, die selbst ihren eigenen Wahrnehmungen nicht trauen dürfen – sonst erliegen sie den zerebralen Entgleisungen unter den Bedingungen des Fastens. Wenn die Korinther, wie die Schilderungen des Paulus vermuten lassen, ein persönliches Mahl in das Herrenmahl integrierten,[103] haben sie Warntafeln, auch die eigenen, übersehen: Die Einnahme einer Droge in der Einsamkeit zeichnet den Kranken aus. Erst der gemeinsame Blutgenuß stiftet Sinn. Er enthebt den Einzelnen seines Selbstbegründungszwanges. Dem gemeinsamen Körper, dem Chor, ist die Auferstehung verheißen.

Für Paulus ist das Abendmahl ein ganz materieller Halt. Die Stofflichkeit dieses Ankers in einer Welt, der Gründung und Konsistenz abhanden gekommen sind, wird gewährleistet durch den einen heißen Körper der *ekklēsia*. (»Für euch gegeben« ist nicht dasselbe wie »für dich gegeben«. Doch selbst diese gefährlich individualisierte Spendeformel, die in den Gottesdiensten im neuzeitlichen Protestantismus üblich geworden ist, kennt noch einen Schauder: Man kann sich diese Worte nicht selber zusagen. Und sie sind nicht zu lösen von dem Abgrund der Fremde in den Elementen, in Brot und Wein, »für dich«.)

Paulus ist an dem Kraterrand seiner apostolischen Existenz auf den Leib der *ekklēsia* angewiesen. Sie ermöglicht ihm, der reinen theologischen Negativität zu entkommen. Hier, inmitten der vielen, ist der Christus »gegeben«, gebrochener Leib, vergossenes Blut. Dem nervösen Apostel, der in die einsame Leere einer im Wortsinn un-menschlichen Offenbarung geraten ist, begegnet hier in der Menge die Sinnlichkeit des fleischgewordenen Gottes, und er schreibt: »Denn wie der Leib *einer* ist und doch viele Glieder hat, alle Glieder des Leibes aber, obwohl sie viele sind, doch *ein* Leib sind: so auch Christus. / Denn wir sind durch *einen* Geist alle zu *einem* Leib getauft, wir seien Juden oder Griechen, Sklaven oder Freie, und sind alle mit *einem* Geist getränkt.« (1 Korinther 12,12-13)

65

Ja oder Nein. – Es muß für die antiken Zeitgenossen eine bezwingende Ausstrahlungskraft gehabt haben, was im Ritus des Herrenmahles ineinanderfiel: das alltägliche Essen und das Arkanum eines östlichen Mysteriums. Im elementaren, lebenserhaltenden und ganz gewöhnlichen Vollzug der Nahrungsaufnahme geschah zugleich die Implosion des uralten Opfergedankens auf seinen eigenen negativen Kern: Der Gott selbst wird geopfert.

In der brutal ausgelebten Gewalt in letzter Instanz, gegen den Gott, verliert sich die Gewalt. Im erlittenen Leid fällt sie, entlarvt, in sich zusammen. Eine solche Dichte der semantischen Verflechtung, sinnfällig in der Tabuüberschreitung des Blutgenusses, Blut eines Menschen, der am Kreuz starb, gab es sonst nicht in der antiken Religionsgeschichte: Man konnte, hatte man einmal Berührung damit, nicht mehr weiterleben wie bisher. Zu dieser Ungeheuerlichkeit mußte man sich verhalten. Essen war hier nicht mehr Essen. Die Zeit war nicht mehr die Zeit. Das Opfer war kein Opfer mehr. Der Gott war kein Gott mehr. Ja oder Nein – mehr gab es nicht zu sagen. Christenverfolgung und Glauben waren die zwei Seiten derselben Münze.

66

Substanz. – Es war eine Art Granulat, gleichmäßige geometrische Formen. Glänzend schwarz. Oder naß? Wie Steinchen. Vielleicht ein Mineral? Kunststoff? Grobkörnige Schlacke, sie dampfte.
Wir waren nachts in die Leunawerke befohlen worden, um meterhohe Haufen dieses Stoffes in Behälter zu schaufeln, die dann verschraubt und von Kränen in Waggons verladen wurden. Ein Abfallprodukt oder ein Rohstoff? Spur eines Unfalls? Wir wußten nichts, wir hatten Vollschutzanzüge an, es war kein Offizier zu sehen. Wir gehorchten.
Wie waren die Haufen hierhergekommen? Kam die Hitze des Materials aus einer laufenden chemischen Reaktion? Oder war es nur deren Nachwirkung? Wurden Gase freigesetzt? Woraus bestand der Dampf? Der Erscheinung (auch und gerade als Erinnerung) ist nur beizukommen mit dem Wort: Substanz. –
Ach, ein Faden, wie ein Fallstrick ins Dunkel gezogen. Die philosophischen und die alchemistischen Beiklänge einbegriffen: etwas, das nicht durch Funktion und nicht durch einen Prozeß, nicht durch Umwandlung und nicht durch einen Zweck zu erfassen ist. Wir schaufelten. Die Schlacke lag vor uns wie die junge Nacht, frühlingshaft mild, in Erwartung des Tages.
Substanz, nicht aus der Bewegung zu erklären: Der langgestreckte Schatten meines Körpers auf dem Fahrweg krümmte sich nach unten, richtete sich auf, krümmte sich. Es half nichts, zu schaufeln. Die Haufen waren da, und sie bleiben.

67

Eis. – Die Oblate auf der Hand. Der Blutfleck. Vater brachte mir Eis ins Krankenhaus. Er war ja selber Arzt, und seine Klinik lag ein Stockwerk tiefer. Es war lustig, Eis lecken zu dürfen gegen die Wundschwellung, mehrmals täglich Eis. Ich dachte an die Klassenkameraden, die mich jetzt beneiden würden. Das Kissen – weiß. Die Schwester streicht mir über die Stirn, wenn ich nach Vater frage. Eis. Ich habe den Blutfleck im Kopf. Ich fahre mir mit dem Finger in den Mund, in den Hals auf der Suche nach einer Wunde.
Vater hatte zu operieren, ein Stockwerk unter mir. Ich war allein mit den Gedanken an Eis und Klassenkameraden und die Schwester. Mit dem Blutfleck, von dem ich niemandem etwas sagte. Es half nichts, gegen die Erinnerung zu protestieren. Ich hatte keine andere Wahl, als Eis zu lecken.

Ἐὰν ταῖς γλώσσαις τῶν ἀνθρώπων λαλῶ καὶ τῶν ἀγγέλων, ἀγάπην δὲ μὴ ἔχω, γέγονα χαλκὸς ἠχῶν ἢ κύμβαλον ἀλαλάζον.
καὶ ἐὰν ἔχω προφητείαν καὶ εἰδῶ τὰ μυστήρια πάντα καὶ πᾶσαν τὴν γνῶσιν καὶ ἐὰν ἔχω πᾶσαν τὴν πίστιν ὥστε ὄρη μεθιστάναι, ἀγάπην δὲ μὴ ἔχω, οὐθέν εἰμι.
κἂν ψωμίσω πάντα τὰ ὑπάρχοντά μου καὶ ἐὰν παραδῶ τὸ σῶμά μου ἵνα καυχήσωμαι, ἀγάπην δὲ μὴ ἔχω, οὐδὲν ὠφελοῦμαι.
Ἡ ἀγάπη μακροθυμεῖ, χρηστεύεται ἡ ἀγάπη, οὐ ζηλοῖ, ἡ ἀγάπη οὐ περπερεύεται,οὐ φυσιοῦται,
οὐκ ἀσχημονεῖ, οὐ ζητεῖ τὰ ἑαυτῆς, οὐ παροξύνεται, οὐ λογίζεται τὸ κακόν,
οὐ χαίρει ἐπὶ τῇ ἀδικίᾳ, συγχαίρει δὲ τῇ ἀληθείᾳ·
πάντα στέγει, πάντα πιστεύει, πάντα ἐλπίζει, πάντα ὑπομένει.
Ἡ ἀγάπη οὐδέποτε πίπτει· εἴτε δὲ προφητεῖαι, καταργηθήσονται· εἴτε γλῶσσαι, παύσονται· εἴτε γνῶσις, καταργηθήσεται.
ἐκ μέρους γὰρ γινώσκομεν καὶ ἐκ μέρους προφητεύομεν·
ὅταν δὲ ἔλθῃ τὸ τέλειον, τὸ ἐκ μέρους καταργηθήσεται.
ὅτε ἤμην νήπιος, ἐλάλουν ὡς νήπιος, ἐφρόνουν ὡς νήπιος, ἐλογιζόμην ὡς νήπιος· ὅτε γέγονα ἀνήρ, κατήργηκα τὰ τοῦ νηπίου.
βλέπομεν γὰρ ἄρτι δι' ἐσόπτρου ἐν αἰνίγματι, τότε δὲ πρόσωπον πρὸς πρόσωπον· ἄρτι γινώσκω ἐκ μέρους, τότε δὲ ἐπιγνώσομαι καθὼς καὶ ἐπεγνώσθην.
Νυνὶ δὲ μένει πίστις, ἐλπίς, ἀγάπη, τὰ τρία ταῦτα· μείζων δὲ τούτων ἡ ἀγάπη.

10. KAPITEL

Wenn ich mit Menschen- und mit Engelszungen redete und hätte die Liebe nicht, so wäre ich ein tönendes Erz oder eine klingende Schelle. / Und wenn ich prophetisch reden könnte und wüßte alle Geheimnisse und alle Erkenntnis und hätte allen Glauben, so daß ich Berge versetzen könnte, und hätte die Liebe nicht, so wäre ich nichts. / Und wenn ich alle meine Habe den Armen gäbe und ließe meinen Leib verbrennen, und hätte die Liebe nicht, so wäre mir's nichts nütze. /
Die Liebe ist langmütig und freundlich, die Liebe eifert nicht, die Liebe treibt nicht Mutwillen, sie bläht sich nicht auf, / sie verhält sich nicht ungehörig, sie sucht nicht das Ihre, sie läßt sich nicht erbittern, sie rechnet das Böse nicht zu, / sie freut sich nicht über die Ungerechtigkeit, sie freut sich aber an der Wahrheit; / sie erträgt alles, sie glaubt alles, sie hofft alles, sie duldet alles. /
Die Liebe hört niemals auf, wo doch das prophetische Reden aufhören wird und das Zungenreden aufhören wird und die Erkenntnis aufhören wird. / Denn unser Wissen ist Stückwerk, und unser prophetisches Reden ist Stückwerk. / Wenn aber kommen wird das Vollkommene, so wird das Stückwerk aufhören. / Als ich ein Kind war, da redete ich wie ein Kind und dachte wie ein Kind und war klug wie ein Kind; als ich aber ein Mann wurde, tat ich ab, was kindlich war. / Wir sehen jetzt durch einen Spiegel ein dunkles Bild;[104] *dann aber von Angesicht zu Angesicht. Jetzt erkenne ich stückweise; dann aber werde ich erkennen, wie ich erkannt bin. / Nun aber bleiben Glaube, Hoffnung, Liebe, diese drei; aber die Liebe ist die größte unter ihnen.*
(1 Korinther 13,1-13)

68

Und hätte die Liebe nicht. – Agapē, Anklang eines Wortes, das angesichts der Verlorenheit in zirkulierenden Massen aus der Einsamkeit wohl erlösen könnte, aber es hat sich noch kein

Sinn verfestigt. *Agapē:* baumkahler Hügel der Erkenntnis, aber das Erkennbare ist noch nicht geworden.

69

Vor der Dämmerung. – Benommen von der Finsternis und von der Stille in der sich neigenden Nacht, erwarte ich, wie sich zuerst die Konturen der Holundersträucher am östlichen Ende unseres Gartens abzeichnen. Ich atme den Geruch taunassen Grases. Schwarzes Geräusch des Windes: Gibt es den Holunder noch? Was ich in Sorge verfolge, ist nicht zu sehen: Atem des fiebernden Kindes oben im ersten Stock des Hauses, bei offenem Fenster.
Agapē – man könnte schnell an Nähe denken, warmes Gefühl für ein Leben, wo ein Fiebertraum, ganz für sich, einen kleinen sechsjährigen Körper zu erfüllen vermag. Aber von dort oben dringt zu mir doch nur ein gleichförmiges sanftes Röcheln, das auf kein Erwachen weist, und ich warte auf den Morgen. Niemand weiß von mir hier draußen.

70

Kraterland. – Es gibt in den Briefen des Paulus keine Bäume. Keine Palmenwedel rauschen in papierner Schärfe. Keine Pinien knarren. Keine Zitronen blühen. Keine Zedern, keine Eichen stehen am Wegrand. Nicht einmal ein Hibiskusstrauch, in dessen Blüten die blauschwarzen Kolibris ihre gebogenen Schnäbel tauchen, kommt vor. Hat er sie nicht gesehen? Lief er in Kleinasien nie bewußt über Hänge voll Lavendel? Atmete er nie den Thymianduft in den Bergen?
Dieses Defizit bildet einen bemerkenswerten Unterschied zu den Evangelienerzählungen in ihrer lebenssatten Sinnlichkeit. Paulus lebte wohl in einem Krater. Er nahm wenig wahr.

Er kämpfte sich noch dort durch Geröll, wo andere selbstsicher und komfortabel lebten. Die Städte nahmen ihn nicht auf, und das Land war nichts als eine Strecke, die es schnell zu durchmessen galt. Aber nun tritt ihm die *agapē*, die Liebe, in den Weg.

71

Agapē. – Wer ist die *agapē*? Das Wort zieht aus dem vorbiblischen Griechisch herauf wie ein Nebel, ein vager, langsam herabsinkender Dunst. *Agapē* war ein seltenes Wort. Das ihm zugehörige Verb *agapan* schwankte in der Bedeutung, meinte etwas zwischen »sich zufriedengeben«, »etwas gerne mögen« und »bevorzugen«. Verglichen mit dem rauschhaften *eros*, der von den Griechen verehrten sinnlichen Liebe, war die *agapē* kühl und diffus wie der Tau.
Erst als eine Übersetzung wird das Wort dichter, empfängt Substanz aus einem anderen Kulturraum, es saugt sich voll: Die Septuaginta setzt das Wort fast durchgehend für das hebräische Verb *ahab*. Im Grunde wird eine hebräische Vokabel griechisch eingekleidet. Und der dunkle semitische Körper gibt dem Schleier seine Form: In das Gewand fügen sich Sinnlichkeit und Verlangen, Fürsorge und Aufopferung, Treue und Eifersucht. Nichts, was die griechische *agapē* auszeichnete, aber das ist ja nun auch ein Verwandlungsspiel.
Ahab ist in seiner Bedeutung weit wie der deutsche Ausdruck »lieben«. In der hebräischen Bibel hat das Verb vor allem dann einen verstörend tiefen Klang, wenn es auf Gott als Subjekt trifft. Dann bildet *ahab* einen warmen Grundton, über dem sich die meist rechtlich-theologischen Metaphern des israelitischen Gottesverständnisses wie eine Obertonreihe aufbauen. Liebe – das ist eine Bewegung weit unterhalb der Regelungen des Bundesschlusses, unterhalb der Thora,

der kultischen Bestimmungen zu Opfer und Reinheit, eine Schwingung in seltsamer Ambivalenz, rohes Grollen oder Gesang? Die Zärtlichkeiten des liebenden Gottes sind nicht immer menschengemäß. Die Herkunft des Gottes der Israeliten ist vulkanisch: Er ist unberechenbar, glühend.

Ahab oder *agapan*: Seit der Zeit, als der Jerusalemer Tempel nach 586 v. Chr. zerstört durch die Babylonier lag und Teile des israelitischen Volkes ein traumatisches Exil im Zweistromland erlebten, wurde aus einem seelischen Ausdruck ein spiritueller Weg. Es war die Liebe, die in der Fremde den Menschen in einen nun nicht mehr lokalisierbaren »heiligen Bezirk« führen konnte, sie wurde gefordert von dem unbehausten Gott, während die kultischen Ordnungen nur noch auf Trümmer wiesen. »Höre, Israel, der Herr ist unser Gott, der Herr allein. Und du sollst den Herrn, deinen Gott, liebhaben von ganzem Herzen, von ganzer Seele und mit all deiner Kraft.« (Deuteromium 6,4-5) Sinnlich wurde diese Liebe in der Sammlung und im Studium der nun mehr und mehr zur Schrift gerinnenden Überlieferung und im fraglosen Befolgen der Gebote aus der Wüstenzeit.

Kann man Gott lieben? Die Frage ist alt wie das Liebesgebot selbst, und die Bibel ist sehr vorsichtig: Lieben kann man Gott wohl nur im Sinne der Resonanz einer Schwingung, die von Gott ausgeht, die seiner Stimme eigen ist und jedem Wortlaut beigegeben. Liebe – sie ist wie der Klang, in dem Gott die Dinge hervorspricht, sie schaffend benennt, sagen wir besser: besingt. Liebe ist der Tonfall seiner Sprache. Das Dasein eines jeden Geschöpfes ist Liebe, durch Liebe hervorgerufen, und in einer biblischen Spitze kann es heißen: Gott selber sei die Liebe (1 Johannes 4,16). Liebe – das ist das Grundgeräusch der Dinge, Polyphonie des Staunens über ihr Erscheinen. (Und so hat Marcion, der von der Mehrheit der frühen Christen bald als Häretiker abgelehnt wurde und der sich doch als treuer

Schüler des Paulus verstand, den Schöpfergott nur deshalb als bösen Demiurgen bezeichnen können, weil er der Welt ihre wahre Existenz absprach, sie zu Schatten und Trug degradierte. Der verführerische Schein ist die Verkehrung der Liebe, die maskierte Berechnung ist ihre Krankheit zum Tode.)

Angst ist jedenfalls der Liebe zu Gott zu eigen, denn ihr Verlangen bewegt sich hinein in einen Bereich, der nicht mehr menschlich ist. Dem hellenistischen Judentum galt das Martyrium als letzter Ausdruck der *agapē*.

Kann man Gott lieben? In der dürren Sprache der Theorie gefragt, nüchterner: Kann Gott das Objekt eines transitiven Verbs sein? Auch die althebräische Sprache, die viel assoziativer als das Deutsche ist und keine vergleichbar klaren Subjekt-Objekt-Beziehungen kennt, läßt diese Frage zu: Kann ich mit Gott etwas machen, sei es: IHN lieben?

Die Frage perlt an dem Wort *agapē* ab. Die *Aagapē* führt in die Auflösung solcher festen grammatischen Zuordnungen, weil das liebende Subjekt sich verliert in der Liebe, nicht mehr Herr und nicht mehr haltbares Gefäß seiner selbst ist. Das verschwimmende Wesen der Liebenden blitzt am Rand der Worte des Apostels auf im Bild des Spiegels: »Wir sehen jetzt durch einen Spiegel ein dunkles Bild; dann aber von Angesicht zu Angesicht.« Dieses unvorstellbare Gesicht im Gesicht, des Gottes in dem des Menschen und umgekehrt, könnte man vielleicht verstehen wie ein »Gegenüber zweier Spiegel, die ihr *Nichtvorhandensein*, die ein und dasselbe Bild der Nichtigkeit reflektieren«,[105] denn es ist nichts, was sich *zwischen* ihnen ereignet, sie ereignen sich eins im anderen. Und die Liebe gibt ihnen ihre Wirklichkeit, als jenen unendlichen Raum ihrer wechselseitigen Spieglung: »... dann aber werde ich erkennen, wie ich erkannt bin.«

»Höre, Israel, der Herr ist unser Gott, der Herr allein. Und du sollst den Herrn, deinen Gott, liebhaben von ganzem Herzen, von ganzer Seele und mit all deiner Kraft.« Der Befehl der Liebe (was für eine Zumutung!) birgt die ganze Ambivalenz der Thora, die im Wesen eben kein Gesetz, sondern einen Berührung ist, wie eine scheinbar ganz unbeabsichtigte Zärtlichkeit, ein erstes Erkennen: Du? Es gibt dich? Dann erst, und viel später, findet das Gesetz, Ritual der Liebe, zur Erfüllung, wiederholt wie der Liebesakt und unergründlich. Hosea hat als einer der frühesten namentlich bekannten Propheten diesen tiefen Grund der israelitischen »Gesetzesreligion« in visionärer Schau gesehen: »Darum siehe, ich will sie locken und will sie in die Wüste führen und freundlich mit ihr reden …« (Hosea, 2,16) Gemeint ist Israel, und die ganze Geschichte des Auszugs aus Ägypten wird zu einer Liebesgeschichte. »Ich« – das ist dabei der Gott, und der Weg führt stracks in die Weite des unwirtlichen Sinaigebirges.

72

Menschen- und Engelszungen. – Paulus nähert sich einer Erfahrung, die seine häufigen Figuren negativer Theologie übersteigt, die ihn neuerlich in Frage stellt – nun nicht mehr in der Verstörung durch die Leere, sondern im Klagelaut der Fülle. Paulus spricht plötzlich nicht mehr von dem Christus, ja, nicht einmal mehr von Gott. Er sieht, wie ein Liebender blind, nur noch die Liebe. Woher kommt sie? Wo will sie hin?

»Wenn ich mit Menschen- und mit Engelszungen redete und hätte die Liebe nicht, so wäre ich ein tönendes Erz oder eine klingende Schelle.« Zunächst schwingt das Pendel zurück: Paulus zieht sich wie ein Einsiedlerkrebs zurück in seinen geborgten Panzer, in die schützende Hülle von Fundstücken, und greift reflexartig nach gewohnten sprachlichen Mustern. Er zeichnet die verqueren Umrisse einer gläubigen Existenz

ohne Liebe. Ohne Liebe, die Negation – sie soll ein Terrain markieren, einen Gitterkäfig, in dem die Liebe sich bewegen und sich zeigen soll.
Hat Paulus in der negativen Formulierung auch die korinthischen Christen im Blick? Sieht er sie als lieblos Glaubende? Wir wissen kaum etwas von den wechselseitigen Vorwürfen, die es wohl gegeben hat. Daß es sich bei dem wiederkehrenden Refrain »und hätte die Liebe nicht« um keinen rhetorischen Winkelzug und nicht nur um ein Gedankenexperiment handelt, sondern um eine denkbare Realität, beweisen nicht zuletzt die neuzeitlichen Fundamentalismen: Glaube ohne Liebe. Hier kann man beobachten, wie sich Religiosität ohne Liebe in Hohlformen verhärtet und zu ideologischen Schwächesymptomen neigt, in einem Gefecht gegen Projektionen und einen ganz diffusen Feind. Da wird Religion zum Wirklichkeitsfilter, zum Sprachpanzer, zur billigen Selbstbestätigungsschleife, zum Gewaltmotiv.
Paulus versucht also zunächst, das Wesen der *agapē* aus den Konsequenzen ihrer Absenz aufzuzeigen. Gewohnt instinktsicher geht er vor, setzt als theologischer Akupunkteur an einem empfindlichen Reizpunkt an: beim sprachlichen Ausdruck selbst. Ohne die *agapē* wird alles, was es zu sagen gibt, zum Geräusch, einem schwingenden Blech, einem Gong oder einem Scheppern, einem Rasseln, Klirren eines Beckens. Was genau Paulus hört, ist schwer zu sagen, jedenfalls klingt es metallen, heute würde man an die Klingeltöne eines Mobiltelefons denken oder an die Motorengeräusche eines Fahrzeugs im Leerlauf. Zungenschläge als gleichförmiger Lärm. Paulus meint mit den »Menschen- und Engelszungen« nicht vordergründig die begriffliche Sprache. Dafür stünde das griechische Wort *legein*. Paulus schreibt aber *lalein*. (Von dem Verb leitet sich das deutsche »Lallen« ab.) Gemeint ist der lautliche Vollzug der Sprache. Aber noch mehr ist gemeint: Ohne

die *agapē* wird nicht nur alles Sagen leer, ihr Fehlen führt zu Verwerfungen unterhalb der Schicht der hörbaren Wörter. Die Stimme tönt hohl, ob die Silben nun einer Predigt entstammen, einem Roman oder einem Gerichtsurteil. Was Paulus mit dem Verb *lalein* einbringt, ist sehr umfassend gedacht, schließt Schriftlichkeit und Mündlichkeit gleichermaßen ein, ja, weist auf die »Autorhandlung«[106] des Sprechens, wie es Hamann nannte, auf die Sprache als »*Organon* und *Kriterion* der Vernunft«[107], also auf ihre Lebendigkeit als eigener Organismus, auf ihre Unverfügbarkeit und Schönheit. Heutige Sprechakttheorien tauchen am Horizont auf. Der Autor »handelt«, indem er spricht »mit Menschen- und Engelszungen«, er greift in die Welt ein, er bildet seine Wirklichkeit und seine Lebensgeschichte. Er antwortet dem Leben und bringt Leben hervor. Wenn denn die Liebe dabei ist …

Denn im Umkehrschluß heißt das nun: Was Sprache ist, hat wesentlich mit der *agapē* zu tun. Erst die Liebe gibt den Worten Wirklichkeit und Ausdruckskraft. Sprache wird von Liebe getragen, von der Sehnsucht, etwas zu sagen und etwas zu verstehen, oder sie scheppert nur, und es klirrt ja um uns herum immer lauter von stählerner Leere, von Gerede, das rein verzweckt ist, das auf Funktionen zielt oder Zerstreuung will, vervielfacht in den Netzen und Empfangsgeräten, »klingendes Erz«. Worte über Worte, die nur noch Worte sind …

Auffällig ist, daß Paulus das alles in der ersten Person sagt: »… so wäre *ich* ein tönendes Erz oder eine klingende Schelle.« Nicht nur die Sprache ist also leer ohne die Liebe, sondern auch das sprechende Ich, es löst sich auf in der Beliebigkeit von Lauten. Das Ich hat in den Augen des Paulus keinen Bestand ohne die *agapē*. Es ist ein Schwingungsphänomen, es wird hervorgerufen, hervorgesungen, hervorgesprochen, und wenn es existiert, dann indem es Resonanz gibt. Paulus sagt: Ich bin der, als der ich angesehen werde, erkannt in Lie-

be und von der Liebe, in euren Augen und in den Augen des kommenden Gottes.
Sicherlich hat Paulus auch die Zungenrede (Glossolalie) im Blick. Sie war in Korinth überaus populär. Was sollte gemeint sein mit den »Engelszungen«?[108] Die Zungenrede ist eine Sprache, deren Aussagekraft sich dem Sprechenden entzieht. Ihre Semantik ist außermenschlich, geistdiktiert. Sie ist ein Phänomen an der Grenze dieses Äons, und ihre Entschlüsselung gibt es nur im Eschaton. Paulus läßt in schwindelerregender Schnelligkeit einen Gedanken aufblitzen und führt ihn zum Schluß: Auch die Zungenrede ist für sich gesehen nichtig, solange ihr keine Liebe eignet. Keine Sprache, auch keine Engelssprache, kann Wirklichkeit bilden ohne jenen Klangraum, der sie ermöglicht und sie durchdringt, ohne die *agapē.* Ohne die Liebe plapperten auch die Engel nur wie die Fernsehmoderatoren oder die schnittigen, gepflegten Diskursmaschinisten an den Universitäten, ein Luftzug, himmlische Sekundärliteratur.
Das Ich, sobald es spricht, schwingt in einer fremden Stimme mit, die ihm erst das Dasein schenkt. Diese Stimme ruft, bleiben wir im Hallraum der biblischen Metaphern, die Welt in einer ununterbrochenen Schöpfung, einer *creatio continua*, hervor. Sie bildet den Tonfall des Logos. Indem ich »Baum« sage, etwa zu jenem Nußbaum, der jetzt vor dem Fenster kahl in den Dezemberregen ragt, geben meine Sprache und Wahrnehmungen wie die leeren Seiten eines Cellos Resonanz dem anhaltenden Klang der Schöpfungsworte und der durch sie aus dem Nichts hervorgesprochen Welt. Und die Stimme, die bis in diesen Augenblick hinein schaffend spricht, ist die *agapē.* Meine Stimme gibt sie wieder, nachhallend, sie antwortet, und so bin ich Teil einer »Rede an die Kreatur durch die Kreatur«[109]. Oder aber »ich« verliere mich unauffindbar in den Satzgefügen, in Textgeweben wie in einem Spinnen-

netz. Das also ist die *agapē*: eine Sprachgebärerin, und darin anscheinend ungeschaffen, gottunmittelbar.
Liebe, was für ein mattes Wort, durch den überbordenden Gebrauch schwankend und schal, hochpoliert und schnell wieder verblaßt ... Das Wort wirkt wie ein geliftetes Gesicht. Um so verstörender ist für mich die starke Präsenz der *agapē* bei Paulus – in einer Form, die gar nicht gefällig ist, die archaisch aufragt wie eine Mazebe, behauener Stein unbekannter Bedeutung und Kraft.

73

Augenlicht. – »Und wenn ich prophetisch reden könnte und wüßte alle Geheimnisse und alle Erkenntnis und hätte allen Glauben, so daß ich Berge versetzen könnte, und hätte die Liebe nicht, so wäre ich nichts.« Was sind die Erkenntnisse, das Wissen vom Weg der Dinge, ihrem Woher und Wohin, und der weltverwandelnde Glaube? Nichts. Schärfer noch: »Ich« bin darin nichts ohne die *agapē*. Auch eine »Erkenntnistheorie«, sei sie religiös grundiert oder philosophisch, führt, so Paulus, ins Nichts – ohne die Liebe. Es läßt sich ohne die Liebe einfach nichts erkennen, und das bedeutet zweierlei: Es stellt sich den Sinnen nichts dar, wenn die Dinge sich uns nicht zeigen. Warum zeigen sie sich? Weil sie uns meinen, weil sie uns suchen, und wer darüber nicht staunt, sieht nichts. Jedes Ding hat, wie Thomas von Aquin beschreibt, eine »Inkraft«, eine Art Handlungsimpuls, der sich in einer »Form« verwirklicht. Kein Gegenstand, selbst der kalte Kiesel nicht, der auf dem vereisten Bordstein liegt, läßt sich als passives Faktum beschreiben. Er *läßt* sich sehen. Andererseits muß ich ihm antworten, wenn er bestehen soll. Nichts wäre das wahrnehmende Menschenwesen, nur eine Durchlaufstation von Reizen, wenn es keine Liebe gäbe. Staub von

Staub – bestimmt zum Staub, folgenlos. Ein Kind hebt den Kiesel auf wie einen Schatz und trägt ihn nach Hause. Paulus läuft die Grenze zum Materialismus ab: »Und wenn ich ... wüßte alle Geheimnisse und alle Erkenntnis und hätte allen Glauben, so daß ich Berge versetzen könnte, und hätte die Liebe nicht, so wäre ich nichts.« Keine Schau der himmlischen Sphären, kein jenseitiges Wissen hat an sich irgendeine Bedeutung von Bestand. Ein schlichter Magen-Darm-Infekt, eine oberflächliche Verletzung des Auges könnten sie bereits in sich selbst zusammenfallen lassen, auf jeden Fall beendete sie der Tod ... Wäre nicht die *agapē*. Denn alles Erkennen gründet für Paulus darin, daß der Erkennende zugleich erkannt wird. Erkennen ist Ausdruck der Sehnsucht, einen Blick zu erwidern, jenen allerersten Blick, den lebenslangen Blick, der mich aufrechterhält. Die westliche christliche Ikonographie folgt Paulus darin nach und hat nicht wie die Ostkirche das Antlitz des Christus in ihr Zentrum gerückt, sondern (neben dem Kreuz) das Auge, eingefaßt in ein Dreieck in der Höhe des Altars – Sehen als Angesehenwerden, so wird die *agapē* zum Bild, zu einem Bild, das nicht ich sehe, sondern das mich sieht. Hier ist ein »Augenlicht«, es berührt mich wie der Tag.

74

Zerbröckeln. – »Und wenn ich alle meine Habe den Armen gäbe und ließe meinen Leib verbrennen, und hätte die Liebe nicht, so wäre mir's nichts nütze.« Weiter: Die Selbstaufgabe, das »Zerbröckeln« (so heißt es wörtlich) des Besitzes für die Bedürftigen? Nichts. Nutzlos. Es würde in seinem eigenen Bedeutungshorizont verharren, in Absichten und Beweggründen. Es kreiste um einen leeren Kern. Darin brennt, verbrennt, zerfällt, verglüht die Moral. Es gäbe keine Hingabe, die mehr wäre als eine Illusion, es gäbe kein Martyrium, das anderes wäre als selbstbezogene Eitelkeit ... ohne die *agapē*. Nichts für sich zu behalten führt noch lange nicht in die Freiheit. Es muß etwas hinzutreten, das der Mensch nicht zu beherrschen vermag: die *agapē*. Diese folgt keinem Willen und keiner Begründung. Sie ist an keine Bedingungen geknüpft. Sie ist auch keine Frage des Empfindens oder der seelischen Ergriffenheit, eher gleicht sie einem Anfallsleiden, einer Entrükkung in eine andere Form von Wirklichkeit, wobei es im Grunde dieselbe Wirklichkeit ist, die zuvor war, nur eben *jetzt*: verklärt, in eine unerwartete Weite verschoben, erfüllt.

75

Das Hohelied. – Es gibt in den Briefen des Paulus keine Landschaften. Als wäre er nicht durch die hellen Kalksteinhügel Judäas, über Terrassen mit Olivenbäumen und Feigen hinaufgewandert nach Jerusalem. Als würde er die kahlen Mantelfalten der syrischen Wüste, die Hügel, die in ihrer Gleichförmigkeit bis zum Horizont schwingen, nicht kennen. Als hätte er nie weichen Mergel oder glatten Basalt unter den Füßen gespürt, keinen Kies, keine Ginsterbüsche. Wo ist er gewesen? Nur in Worten? Nur in Eile? Hangelnd entlang der Kraterwände, die der Christus in seine Seele schlug wie ein Meteor? Aber da tritt ihm die *agapē* in den Weg, und er kann nicht mehr sprechen, er muß singen. Simpel wie ein Kinderlied, Gesumm, Gelall ...:

»Die Liebe ist langmütig und freundlich,
die Liebe eifert nicht,
die Liebe treibt nicht Mutwillen,
sie bläht sich nicht auf, /
sie verhält sich nicht ungehörig,
sie sucht nicht das Ihre,

sie läßt sich nicht erbittern,
sie rechnet das Böse nicht zu, /
sie freut sich nicht über die Ungerechtigkeit,
sie freut sich aber an der Wahrheit; /
sie erträgt alles,
sie glaubt alles,
sie hofft alles,
sie duldet alles. /
Die Liebe hört niemals auf…«

So singt Paulus, stammelt von der *agapē*… Und schon nach einem Wortpaar, das wie eine Überschrift wirkt, fällt er doch wieder in die Negationen: »Sie ist nicht…, sie treibt nicht…, sie verhält sich nicht…, sie sucht nicht…« Was ist mit ihr? Sie entzieht sich dem Apostel. Fünfzehn Verben bietet Paulus stakkatoartig auf, um sie einzuzirkeln, und es scheint, als entwände sie sich ihm wie ein schlängelndes Reptil. Es ist die Liebe, die hier überaus lebendig die eigentlich Handelnde ist. Paulus wirkt überrumpelt. Er kann nur konstatieren. Daß sie da sei und sich nicht einfangen lasse, weder durch Gefühle noch durch Begehren. Hier ist Calvin als Ausleger recht zu geben, der aus diesen Versen folgert, daß die Liebe keine natürliche Anlage sei. Nicht der Mensch, sondern die *agapē* ist das Subjekt, wenn Liebe empfunden wird.

An zwei Stellen wenden sich nun die negativen Abgrenzungen in eine bejahende Schau: »Die Liebe ist langmütig und freundlich…, sie freut sich aber an der Wahrheit…« In diesen Wendungen zeigt die *agapē* plötzlich mehr von sich, als ihr vielleicht lieb ist. Als freundlich und in seiner Barmherzigkeit langmütig galt der Gott der Israeliten, der Bundesgott, der Liebende aus der Wüste – die Psalmen sprechen immer wieder davon. ER, der ein Nomadenvolk zu seinem Eigentum erwählte, es zum Nabel der Geschichte machte – in die Wüste rief er es, zu sich: »Nicht hat euch der Herr angenommen und erwählt, weil ihr größer wäret als alle Völker ..., sondern weil er euch geliebt hat« (Deuteronomium 7,7). Welche Beziehung hat die *agapē* zu dem Gott, der einem Volk einen Bund gewährte und sich »entäußerte« (Philipper 2,7), der die Geschichte des Menschen hervorrief und sich in ihr offenbarte?

»Wahrheit« ist nun ebenfalls ein biblisches Gottesattribut. Die Bibel denkt Wahrheit meist als Kraft göttlicher Anwesenheit, als ein Erscheinen Gottes in der menschlichen Seele. Vor allem Johannes hat die Wahrheit als eine Lebensform beschrieben, die weniger mit Erkenntnis als mit deren Verkörperung zu tun hat, gleichsam einer Wahrheitsfähigkeit und einer Vertiefung im Erleben – wie sich vielleicht plötzlich eine Struktur abhebt aus den Geräuschen, die man schon lange gehört hat, und nun zeichnen sie sich als Musik ab, unklar, woher sie kommt. Wieder rückt die *agapē* in die Nähe des Gottes. Wer ist sie?

»Sie erträgt alles, sie glaubt alles, sie hofft alles, sie duldet alles ...« Alles (*panta*) hofft sie, denn sie hat nichts in der Hand. Sie ist wie ein Vakuum, gestaltgewordenes Verlangen. »Sie glaubt alles.« Man könnte sagen: Sie überläßt sich dem Anderen, ganz und gar, dem ganz Anderen, ohne »das Ihre zu suchen«. »Sie duldet alles« – sie hält aus (so der griechische Wortsinn), harrt, bleibt, besteht, was auch immer geschieht. Die *agapē* ähnelt einem Gefäß, in das Gott einströmt, sie berührt das Geheimnis von Empfängnis und Inkarnation. Sagen wir: Die *agapē* ist Gottes Empfängnis.

76

Das Vollkommene. – »Die Liebe hört niemals auf, wo doch das prophetische Reden aufhören wird und das Zungenreden aufhören wird und die Erkenntnis aufhören wird. / Denn unser Wissen ist Stückwerk, und unser prophetisches Reden ist

Stückwerk. / Wenn aber kommen wird das Vollkommene, so wird das Stückwerk aufhören.«

Wie hört die Erkenntnis auf? Wann verstummt das prophetische Reden? Sanft sind die Bilder des Verschwindens: Erkenntnis verliert sich wie das Blau der Dämmerung im Licht des Tages. Sie wird überblendet, ihr Eindruck verblaßt. Stückwerk verlischt. Paulus spricht nicht von einem *telos*, einem Ziel der Geschichte. Das Futur der Aussagen ist eine Hilfskonstruktion. Paulus schreibt: *teleios* (das Vollkommene). Damit ist kein späterer, kein letzter Punkt auf dem Zeitstrahl gemeint. Das *teleion* verwandelt die Zeit. Um im Bild zu bleiben: Das *teleion* überblendet die Zeit, klärt die Jahre in einem anderen Lichteinfall. Das *teleion* steht als Gegenbegriff (ein wenig hilflos und abstrakt) zum Bruchstückhaften der bestehenden Welt. Es gibt, und darauf will Paulus hinaus, eine grundlegende Diskontinuität zwischen der gegenwärtigen Existenz und dem, was kommen wird, vollkommen wird. Zwischen beidem ist strenggenommen »nichts« – kein Abstand, keine Zeit und keine Vermittlungen, keine Geschichte und keine Erkenntnis. Oder eben: ein unendlicher Abstand. Wenn das eine ist, kann das andere nicht sein. Eine absolute Grenze ist markiert, eine Mauer ist in die Sphären gesenkt mit tiefen Fundamenten: Alles, was ist, bleibt diesseits. Das betrifft auch alle Äußerungen der christlichen Existenz. Sie werden aufhören, sich verlieren, wie ein Lösungsmittel verfliegt, wie ein Parfüm verweht.

Die Prophetie hat ihren Sinn nur in den Absenz des Kommenden, wie auch die Hoffnung oder der Glaube. Denn: »Wie kann man auf das hoffen, was man sieht?« (Römer 8,24) »Solange ich warte auf den Bus, hoffe ich. Wenn er gekommen ist, steig ich ein«, so Jakob Taubes dazu in schnoddriger Klarheit.[110] Auch das Zungenreden ist ein Phänomen dieser Welt, das fallen wird, wenn Mimesis und Metapher der Schau »von

Angesicht zu Angesicht« weichen. Dann verlieren Zeichen ihren Sinn, denn es gibt nichts mehr zu überbrücken, dann »fliegt von Einem geheimen Wort / Das ganze verkehrte Wesen fort«[111]. Auch eine gläubige Existenz ist ganz diesseitig – das gibt Paulus den Korinthern zu bedenken: Was immer ihr tut, als geistliche Menschen, ihr bewegt euch in diesem Äon. Was immer ihr darüber hinaus denkt, sind Fragen, Sehnsuchtsfiguren der Gedanken. Und jede »Antwort ist das Unglück der Frage«[112].

77

Luftraum. – Eine Erinnerung, tief eingewurzelt, bis in die Träume: Ich hocke als Zwölfjähriger bei einem der seltenen Besuche in der DDR-Hauptstadt Ostberlin lange vor den Grenzanlagen. Vögel fliegen erschütternd unbeteiligt hin und her über die Mauer, kleine Schwärme in stiller Rücksichtslosigkeit gegenüber dem Menschen, als gäbe es keine Posten, keine Wachtürme und Signalzäune. Sie lassen sich nieder, wie ein Schmerz den Kopf durchzuckt. Sie flattern auf, die puren Zufälle. Sie setzen sich auf die hohen Betonsegmente und picken diesseits und, meinen Blicken verborgen, jenseits der Grenze. Dann kreisen sie in dichten Verbänden über dem Todesstreifen. Betongrau, sperlingsleicht.
Die *agapē* erscheint bei Paulus wie ein Zustand der Freiheit jenseits der Äonengrenzen, wie ein übergeordneter Luftraum. Sie ist überall gleichermaßen gegenwärtig. Sie bleibt, wenn alles fällt. *Agapē* – die undenkbare Möglichkeit. Wieder rückt sie in die Nähe Gottes. Man könnte sagen – sie vergegenwärtigt Gott. Sie stellt seine Präsenz dar, überall und allezeit und »alles in allem« (1 Korinther 15,28). Sie erscheint wie die Kraft, die IHN zum Schöpfer macht, die alles Wirkliche formt und über sich hinaushebt.

78

Stückwerk. – »Einer Kirche angehören, die ihres Gottes nicht gewiß ist – nachdem sie ihn einst mit Feuer und Schwert aufgezwungen hatte –, das müßte das Ideal eines jeden hellen Verstandes sein. Sobald ein Mythos träge und durchscheinend, die Institution, auf der er ruht, milde und einsichtsvoll wird, gewinnen die Probleme eine angenehme Geschmeidigkeit. Das Versagen eines Glaubens, seine herabgeminderte Kraft läßt in den Gemütern eine sanfte Leere entstehen, macht sie empfänglicher, verbietet ihnen jedoch, sich verblenden zu lassen von dem Aberglauben, der die Zukunft umlauert und überschattet. Allein von den Agonien der Geschichte, die dem Irrsinn aller Morgenröte vorausgehen, wird der Geist gewiegt ...« So schreibt Cioran unter dem Titel »Glück der Epigonen«[113]. Es macht das Wesen des Glaubens aus, daß er Epigonen zeugt, denn ein Glaube ist wohl immer ein versagender Glaube und eine »sanfte Leere« – es sei denn, man mißversteht ihn als »Theorie« oder als Krücke in Krisen. Der Glaube und jede religiöse Existenz sind »Stückwerk«. Aber »der Geist wird gewiegt« in der Leere, und es ist der Wellenschlag dieses Wiegens, der die unverblendete Wahrheit des Glaubens ausmacht, unabhängig von aller Gewißheit. Wurden früher die Märtyrer aufs Rad gebunden, so besteht das sanfte, herabgeminderte Martyrium unserer Zeit darin, der Gewißheit beraubt zu werden. Und es ist ein Akt der Liebe zu Gott, sie nicht mehr einzufordern. Glaube und Hoffnung vergehen am Abend, aber die Liebe bleibt.

79

Von Angesicht zu Angesicht. – Es gibt in den Briefen des Paulus keine Gesichter. Die antiken Mumienporträts aus der libyschen Wüste oder die Wandmalereien aus Pompeji zeigen eine damals noch junge Entdeckung, die Paulus gar nicht zu interessieren scheint: Physiognomie. Was weiß Paulus vom menschlichen Gesicht? Vom *prosōpon*? Was weiß er von den Geschichten der Haut und des Fleisches? Von einem Inneren, das sich in einem Gesichtsausdruck äußert? Von dem, was geschieht in dem vagen Raum, wo Blick auf Blick trifft?

In den Briefen des Paulus gewinnt niemand aus seiner Umgebung wirklich Gestalt, nicht einmal seine nächsten Gefährten. Erst die deuteropaulinischen Briefe in der Bibel, die sich nur des Namens des Apostels bedienen, beschreiben (fiktive) alltägliche menschliche Regungen: »Den Mantel, den ich in Troas ließ bei Karpus, bringe mit, wenn du kommst, und die Bücher, besonders die Pergamente … Beeile dich, daß du vor dem Winter kommst …« (2 Timotheus 4,13.21).

Paulus dagegen wirkt wie ein neugeborenes Kind, das zwar sieht, aber nicht versteht, was es sieht, und darum noch blind ist. Eine »unzeitige Geburt« … Paulus irrt durch die Fragmente, genauer: die embryonalen Vorformen einer Wirklichkeit, die für andere so gar nicht besteht. Was nimmt er wahr? Deutlich und scharf vor allem die Sakramente, die des Mahles und der Taufe, die Gaben auf dem Altar und das Wasser …, dazu die Wirkungen des Geistes, die unerklärlichen Charismen, die wie feine Risse die menschliche Existenz durchziehen und sie porös wie Bimsstein machen, also: die Zungenrede, die prophetische Rede, die Gabe der Heilung … Das alles hat den Charakter von ersten Kinderzeichnungen, Kopffüßern, die vor sich hin treiben. Was sieht Paulus?

Paulus wehrt sich gegen das Unfertige oft mit unduldsamen Abstraktionen. Jetzt scheint er sich seiner Blindheit bewußt zu werden. Es ist die *agapē*, die ihm über die Augen streift, und nun ahnt er etwas von seinen Wahrnehmungsstörungen als Traumatisierter. Er spürt den Zusammenhang zwischen

Unempfindlichkeit und Angst, zwischen schutzloser Verletzlichkeit der Seele und dem Panzer der Begriffe. Und so kommt sein Zustand ins Bild. Noch ist keine Heilung, aber eine Form metaphorischer Selbsterkenntnis: »Wir sehen jetzt durch einen Spiegel ein dunkles Bild (*ainigma*); dann aber von Angesicht zu Angesicht. Jetzt erkenne ich stückweise; dann aber werde ich erkennen, wie ich erkannt bin. / Nun aber bleiben Glaube, Hoffnung, Liebe, diese drei; aber die Liebe ist die größte unter ihnen.«

Bei der Begehung eines Tells hielt ich einmal Scherben römischen Glases in der Hand. Das war am Ausgang des Wadi El-Qelt, das von Jerusalem nach Jericho führt und an dessen Ausgang in die Weite des Jordangrabens sich die Ruinen eines der Paläste von König Herodes befinden. Inmitten der abgebrochenen Mauern, unter Putzresten am Grund einer Zisterne, lag das hauchdünne Glas. Es schimmerte in allen Regenbogenfarben. Es war so fein geblasen, so filigran geformt, daß es wie eine Seifenblase auf der Hand lag. Unwirklich leicht, wie Perlmutt.

Mit so einem Glas ließen sich Spiegel höchster Präzision fertigen. Es kann Paulus hier also nicht darum gehen, daß Spiegel damals nur ein verzerrtes, verschwommenes Bild hätten wiedergeben können. Nein: Das Dunkel ist keiner optischen Unzulänglichkeit geschuldet, keiner Trübung. Paulus sieht ein glasklares Spiegelbild.

Wovon? Das sagt er nicht, der blinde Seher, der seiner Welt entrissene Apostel. Aber was auch immer es sei: Es ist nur ein Spiegelbild. Und darin liegt seine Dunkelheit. Die Sache selbst ist nicht sichtbar. Und so ist, folgt man hier Paulus, alles Leben nur das Abbild des Lebens, der Blick in einen virtuellen Raum. Anderswo bin ich, und mich sieht nur die *agapē* mit ungebrochenen Augen.

80

Die Zeit ist ermattet. – Es gibt, mit Paulus, in der Zeit kein Gefälle – weder eine bessere Zukunft noch eine goldene Vergangenheit. Die Zeit dehnt sich. Sie hat sich selbst überlebt. Jetzt ist kein Halten mehr. »In der Langeweile offenbart sich uns eine Ewigkeit, die nicht etwa ein Überschreiten, sondern ein Verfallen der Zeit ist.«[114] Ewigkeit als *caput mortuum*, als das, was die Alchemisten nach dem Verdampfen einer Substanz im Reagenzglas betrachteten – den Todesrest. Ewigkeit? Paulus setzt einen präzisen Schnitt. Er trennt alle Zeitbegriffe von dem Kommenden. Es gibt auch die Ewigkeit nur als »dunkles Bild«. Erst wenn der Spiegel zerbrochen ist, gibt es das Erkennen, »wie ich erkannt bin«.

81

Ainigma, dunkles Bild. – Die Orakel und die ekstatischen Seher in allen antiken Kulturen im Mittelmeerraum verkündeten *ainigmas*, Rätselworte. Kassandra schrie sie hinaus in eine unwirtliche Welt. Muhammad wurde als *kāhin*, als Sprachrohr eines Wüstengeistes, verdächtigt. Paulus bezieht sich mit dem Ausdruck *ainigma* (Luther übersetzte ganz sachgemäß: »inn einem tunckeln wort«) auf eine Sprachform, die ins Offene weist, obwohl sie oder weil sie hermetisch ist, verschlossen. Hermetismus, der Entzug von Verständlichkeit, bildet eine Voraussetzung, um die Offenbarungseigenschaften der Sprache freizulegen, um aus den Sackgassen des Verstehens zu finden … Ein dunkler Ausdruck, wie ein hermetisches Gedicht – es weiß mehr von sich als der Autor, aber es sagt's nicht in einer Sprache, die verwertbar ist. Ich muß mich als Leser hineinbegeben, muß mich den Worten aussetzen und ihrer Fremde. Dann erst werden sie klar, ohne sich doch meinem Zugriff zu fügen … Sie wirken, sie wohnen ein und können mich verwandeln.

Warum wechselt Paulus plötzlich das Pronomen? »*Wir* sehen jetzt durch einen Spiegel ein dunkles Bild; dann aber von Angesicht zu Angesicht. Jetzt erkenne *ich* stückweise; dann aber werde ich erkennen, wie ich erkannt bin.« Spricht im ersten Satz der Chor, das »Wir« der Erlösten in ihrem ekklesialen, endzeitlichen Verschwimmen, so kippt der Gedankengang dann in den offenen Trichter der Subjektivität: Ich bin erkannt. Der Kommende weiß von mir. Denn der Christus durchschaut mich durch alle Konstruktionen meines Selbstbewußtseins hindurch bis auf den Grund, den mir ganz ungewissen Grund, bis auf das *ainigma,* das dunkle Bild, das mich sagt.

Wer ist die *agapē*? Paulus begegnet in ihr einem hypostatischen Wesen, das sich dem Diesseits und dem Jenseits gleichermaßen anvertraut und entzieht. Die Spur des abwesenden und die Stätte des kommenden Gottes werden in ihrer Gegenwart zum »dunklen Bild« der Sehnsucht. Was war, was ich suche – es ist der Gott. Der liebende Gott. Was kommt, was mir fehlt – es ist der Christus. Der liebende Menschensohn. Was ist, was mich umfängt – es ist die *agapē*: »*Alle* eure Dinge laßt in der Liebe geschehen.« (1 Korinther 16,14) Die *agapē* schaut aus der kommenden Welt den Menschen an, erkennt ihn. Sie schaut aus der Tiefe der Zeit auf den Menschen, erinnert ihn. Und es ist, als deute sich hier ein Dreiklang an, ein verborgenes Intervall, und »inn einem tunckeln wort« erschiene ein späteres »hermetisches« Gedankenkonstrukt der Kirche: die Dreifaltigkeit.

Διώκετε τὴν ἀγάπην, ζηλοῦτε δὲ τὰ πνευματικά, μᾶλλον δὲ ἵνα προφητεύητε.
ὁ γὰρ λαλῶν γλώσσῃ οὐκ ἀνθρώποις λαλεῖ ἀλλὰ θεῷ· οὐδεὶς γὰρ ἀκούει, πνεύματι δὲ λαλεῖ μυστήρια·
ὁ δὲ προφητεύων ἀνθρώποις λαλεῖ οἰκοδομὴν καὶ παράκλησιν καὶ παραμυθίαν.

11. KAPITEL

Strebt nach der Liebe! Bemüht euch um die Gaben des Geistes, am meisten aber um die Gabe der prophetischen Rede! / Denn wer in Zungen redet, der redet nicht für Menschen, sondern für Gott; denn niemand versteht ihn, vielmehr redet er im Geist von Geheimnissen. / Wer aber prophetisch redet, der redet den Menschen zur Erbauung und zur Ermahnung und zur Tröstung.
(1 Korinther 14,1-3)

82

Dada. – »Ich habe eine neue Gattung von Versen erfunden, ›Verse ohne Worte‹ oder Lautgedichte, in denen das Balancement der Vokale nur nach dem Werte der Ansatzreihe erwogen und ausgeteilt wird. Die ersten dieser Verse habe ich heute abend vorgelesen. Ich hatte mir dazu ein eigenes Kostüm konstruiert. Meine Beine standen in einem Säulenrund aus blauglänzendem Karton, der mir schlank bis zur Hüfte reichte, so daß ich bis dahin wie ein Obelisk aussah. Darüber trug ich einen riesigen, aus Pappe geschnittenen Mantelkragen, der innen mit Scharlach und außen mit Gold beklebt, am Hals derart zusammengehalten war, daß ich ihn durch ein Heben und Senken der Ellbogen flügelartig bewegen konnte. Dazu einen zylinderartigen, hohen, weiß und blau gestreiften Schamanenhut.«[115]
So tritt Hugo Ball 1916 im »Cabaret Voltaire« in Zürich auf und bringt seine angestaute Skepsis, ja, den Widerwillen gegenüber einem verwertbaren Sinn der Worte in ein schillerndes Selbstbild. Die Komik des Auftritts als lallender Obelisk ist heute nicht mehr unmittelbar zu verstehen. Die rudimentären Sinnanklänge, das Stolpern durch die Silben bis heran

an eine Bedeutung, um diese aber immer knapp zu verfehlen, das ließ Hugo Balls Publikum brüllen vor Lachen: »trulba dori daula dalla / sula lori wauga malla / tori damm fusmalu / Dasche mame came villa / schursche saga moll vasvilla / suri paugo fuzmalu …«[116] Der Darsteller rettete sich vor der Wirkung auf sich selbst nur dadurch, daß er in einen liturgischen Singsang fiel: »Ich merkte sehr bald, daß meine Ausdrucksmittel, wenn ich ernst bleiben wollte (und das wollte ich um jeden Preis), dem Pomp meiner Inszenierung nicht würden gewachsen sein … Da bemerkte ich, daß meine Stimme, der kein anderer Weg mehr blieb, die uralte Kadenz der priesterlichen Lamentation annahm, jenen Stil des Meßgesangs, wie er durch die katholischen Kirchen des Morgen- und Abendlandes wehklagt. […] Da erlosch, wie ich es bestellt hatte, das elektrische Licht, und ich wurde vom Podium herab schweißbedeckt als ein magischer Bischof in die Versenkung getragen.«[117]

Noch einmal: Worum ging es Ball? »Ich wollte die Sprache hier selber fallen lassen. Diese vermaledeite Sprache, an der Schmutz klebt, wie von Maklerhänden, die die Münzen abgegriffen haben. Das Wort will ich haben, wo es aufhört und wo es anfängt. Dada ist das Herz der Worte.«[118]

Hugo Ball war als Dadaist ein Ekstatiker. Wie die Gottheiten in den boomenden synkretistischen Kulten in Südamerika, etwa im brasilianischen Candomblé, beim monotonen Klang der Trommeln Besitz ergreifen von den Tanzenden, daß sie zuckend in Trance fallen, Schaum vor dem Mund, und von den Augen ist nur das Weiße noch sichtbar, so wird Hugo Ball von einem abendländischen Geist entrückt, wird zum singenden Körper einer uralten Frage: Woher hat die Sprache ihren Sinn? Oder, in einer Verwandlung: Wie viele Bedeutungen hat ein Wort? Oder, wieder in einer anderen Gestalt (so wie die afrikanischen Götter im Candomblé auch Christus oder

Maria sind oder wie die alten germanischen Gottheiten sich in christlichen Heiligen versteckten): Wie kann man die Sprache vor sich selbst schützen? Vor ihrer Zerstörung im Gebrauch?

83

Zungenrede. – Die Zungenrede, die Glossolalie, war in Korinth eine der auffälligsten Geistesgaben. Menschen sangen, lallten, stöhnten, schrien, weinten Laute in den gottesdienstlichen Versammlungen, wurden erfaßt von dem *charisma* (wörtlich: der Gabe) der unkontrollierten Artikulation von Silben »in Zungen« – und niemand verstand. Die Sprache wurde »fallengelassen«, aber das Wort behielt in dem Moment, wo es »aufhört und wo es anfängt«, dennoch eine Lautgestalt. Dessen Sinn freilich war nicht zugänglich, er war nur geglaubt. Er war da, aber jenseits des Zugriffs des Menschen. Der »Geist« erfüllte die Seelen der Entrückten, laut und bestimmend, aber ohne daß »etwas« verständlich geworden wäre. War der Lautfluß verstummt, blieb nichts zurück. Der »Geist« (in einer seiner Wirkungen, den *pneumatika*), der auftauchte, der die Seelen verwirbelte und verwandelte, sie ihrer Kontrolle entriß, wehte, wo er wollte, und verschwand wieder.
Paulus mochte die Zungenrede nicht. Er strebte nach Reflexivität: »Ich will beten mit dem Geist und will auch beten mit dem Verstand; ich will Psalmen singen mit dem Geist und will auch Psalmen singen mit dem Verstand.« (1 Korinther 14,15) Die Zungenrede braucht, wie jeder nichtsprachliche Ausdruck im Gottesdienst sonst, einen Reverenzrahmen, um überhaupt etwas anderes zu sein als Geräusch, als ein Reden »in den Wind« (1 Korinther 14,9). Dabei ist das theologische Sprachverständnis des Paulus selbst ohne die Zungenrede

kaum erklärbar. Worte wie »Gott« oder »Christus« haben ihren Sinn für ihn ja nicht in einem menschlich faßbaren Bedeutungshorizont. In ihrer Lautgestalt gluckst ein erbärmliches, ein befreiendes Lachen, und »kein anderer Weg« bleibt als »die uralte Kadenz der priesterlichen Lamentation«, jener »Stil des Meßgesangs, wie er durch die katholischen Kirchen des Morgen- und Abendlandes wehklagt ...«
Das ist die Schleife, die der Theologe Paulus dreht: Nicht reden und nicht schweigen zu können, nichts sagen zu können und doch darauf angewiesen zu sein, daß etwas sagbar wird. Die Sprache des Paulus hat zwei Naturen: Sie gehört dem Menschen, und sie gehört dem Gott. Zungenrede und die »verständliche« prophetische Rede lassen sich nicht isolieren. Das Geheimnis der Inkarnation schlägt sich so auch direkt in den Briefen des Paulus nieder: Sie sind erfüllt von dem Gott und verbergen den Gott. Sie reden »in Zungen« »von Geheimnissen«, und sie wollen von Menschen verstanden werden. Und so stammelt Paulus in klaren Begriffen, so stottert er in rhetorischen Figuren, und plötzlich, wenn Worte endlich da sind, geht ein Krampf durch seinen Körper, er schäumt, und die Zunge liegt ihm wie ein Stück Holz im Mund: »Denn wer in Zungen redet, der redet nicht für Menschen, sondern für Gott; denn niemand versteht ihn, vielmehr redet er im Geist von Geheimnissen.«

84

Das Herz der Worte. – Hugo Ball ist dem Apostel verblüffend ähnlich. Auch er versuchte, aus dem Lallen heraus in die Begrifflichkeit zu gelangen, in den schützenden Schauder der Theologie, und blieb doch ein Stammler, nie ganz zu Hause in seiner Existenz, nie ganz wirklich in seiner Sprache, und darüber ist er auch hart geworden. Der strenge und unversöhn-

liche Autor des »Byzantinischen Christentums« schreibt wundervoll musikalische Mariengesänge, die wie jene frühen Lautgedichte klingen, nur verhüllt unter einem Schleier dogmatischer Referenzen. Eigentlich ist er keinen Schritt weiter als der komische Obelisk damals im »Cabaret Voltaire«, der mit Pappflügeln wedelte, noch immer stammelt er »von Geheimnissen«. Und wer versteht?
Zungenrede »ist das Herz der Worte«. Sie wird verstanden, wenn die Worte aufhören, wenn sie anfangen – dort, wo die Sprache schwebt »über den Wassern«, Geistgeburt im Tohuwabohu, »wüst und leer«, und es ist noch »finster auf der Tiefe« (Genesis 1,2).

85

Durst. – Die Zungenrede offenbart mit ihrem Geheimnis zugleich auch ihre Verzweiflung. Sie zeugt von der Einsamkeit und der »Leere eines um seine Flammen betrogenen, abwesenden Weltalls, dem nun alles Grübeln gilt: es ist ein einsames All vor einem einsamen Herzen, beide dazu bestimmt, voneinander getrennt zu sein und erbittert in der Antithese zu verharren«[119]. Was hilft es, in der Einsamkeit des Zweifels von dem Gott zu erzählen, unendlich getrennt von ihm und am tiefsten getrennt in der Bedeutung des Ausdrucks »Gott« selbst, wann immer man ihn ausspricht?
Wenn es denn Theologie gibt, dann nur als Durst, dann im Verlangen: Komm über das Meer! Paulus verläßt Ephesos. Am Ufer des Meeres bricht er auf zum anderen Ufer und bricht von dort auf zum anderen Ufer … denn »die Erde ist übersät mit Gnadenbezeigungen, die versäumt … wurden«[120]. Er muß weiter – bis an die Enden der Welt.
Agapē – baumkahler Hügel der Erkenntnis, aber das Erkennbare ist noch nicht geworden. Paulus hat in der Begegnung

mit der *agapē* die Sprache des Glaubens tiefer und neu entdeckt. Die Sprache, die sich dem Geheimnis Gottes nähert, wird dann kräftig und wahr, wenn sie verstanden werden *will.* »Strebt nach der Liebe!« Das steht allem Sprechen voran. Wenn es etwas zu sagen gibt über die »Mysterien« des Gottes, dann in der Liebe. Sonst nicht. Ohne Liebe – keine Sprache, keine Welt. Darum: »zur Erbauung«, »zur Ermahnung«, »zur Tröstung« will der Apostel sprechen. Tröstet, die ohne Sprache sind!

ἄφρων, σὺ ὃ σπείρεις, οὐ ζῳοποιεῖται ἐὰν μὴ ἀποθάνῃ·
καὶ ὃ σπείρεις, οὐ τὸ σῶμα τὸ γενησόμενον σπείρεις ἀλλὰ
γυμνὸν κόκκον εἰ τύχοι σίτου ἤ τινος τῶν λοιπῶν·
ὁ δὲ θεὸς δίδωσιν αὐτῷ σῶμα καθὼς ἠθέλησεν, καὶ ἑκάστῳ
τῶν σπερμάτων ἴδιον σῶμα.
Οὐ πᾶσα σὰρξ ἡ αὐτὴ σὰρξ ἀλλὰ ἄλλη μὲν ἀνθρώπων, ἄλλη
δὲ σὰρξ κτηνῶν, ἄλλη δὲ σὰρξ πτηνῶν, ἄλλη δὲ ἰχθύων.
καὶ σώματα ἐπουράνια, καὶ σώματα ἐπίγεια· ἀλλὰ ἑτέρα μὲν
ἡ τῶν ἐπουρανίων δόξα, ἑτέρα δὲ ἡ τῶν ἐπιγείων.
ἄλλη δόξα ἡλίου, καὶ ἄλλη δόξα σελήνης, καὶ ἄλλη δόξα
ἀστέρων· ἀστὴρ γὰρ ἀστέρος διαφέρει ἐν δόξῃ.
Οὕτως καὶ ἡ ἀνάστασις τῶν νεκρῶν. σπείρεται ἐν φθορᾷ,
ἐγείρεται ἐν ἀφθαρσίᾳ·
σπείρεται ἐν ἀτιμίᾳ, ἐγείρεται ἐν δόξῃ· σπείρεται ἐν
ἀσθενείᾳ, ἐγείρεται ἐν δυνάμει·
σπείρεται σῶμα ψυχικόν, ἐγείρεται σῶμα πνευματικόν.

ὁ πρῶτος ἄνθρωπος ἐκ γῆς χοϊκός, ὁ δεύτερος ἄνθρωπος ἐξ
οὐρανοῦ.
οἷος ὁ χοϊκός, τοιοῦτοι καὶ οἱ χοϊκοί, καὶ οἷος ὁ ἐπουράνιος,
τοιοῦτοι καὶ οἱ ἐπουράνιοι·
καὶ καθὼς ἐφορέσαμεν τὴν εἰκόνα τοῦ χοϊκοῦ, φορέσομεν καὶ
τὴν εἰκόνα τοῦ ἐπουρανίου.
Τοῦτο δέ φημι, ἀδελφοί, ὅτι σὰρξ καὶ αἷμα βασιλείαν θεοῦ
κληρονομῆσαι οὐ δύναται οὐδὲ ἡ φθορὰ τὴν ἀφθαρσίαν
κληρονομεῖ.
ἰδοὺ μυστήριον ὑμῖν λέγω· πάντες οὐ κοιμηθησόμεθα, πάντες
δὲ ἀλλαγησόμεθα,
ἐν ἀτόμῳ, ἐν ῥιπῇ ὀφθαλμοῦ, ἐν τῇ ἐσχάτῃ σάλπιγγι·
σαλπίσει γὰρ καὶ οἱ νεκροὶ ἐγερθήσονται ἄφθαρτοι καὶ
ἡμεῖς ἀλλαγησόμεθα.

12. KAPITEL

Du Narr: Was du säst, wird nicht lebendig, wenn es nicht stirbt. / Und was du säst, ist ja nicht der Leib, der werden soll, sondern ein bloßes Korn, sei es von Weizen oder etwas anderem. / Gott aber gibt ihm einen Leib, wie er will, einem jeden Samen seinen eigenen Leib. / Nicht alles Fleisch ist das gleiche Fleisch, sondern ein anderes Fleisch haben die Menschen, ein anderes das Vieh, ein anderes die Vögel, ein anderes die Fische. / Und es gibt himmlische Körper und irdische Körper; aber eine andere Herrlichkeit haben die himmlischen und eine andere die irdischen. / Einen andern Glanz hat die Sonne, einen andern Glanz hat der Mond, einen andern Glanz haben die Sterne; denn ein Stern unterschiedet sich vom andern durch seinen Glanz./ So auch die Auferstehung der Toten. Es wird gesät verweslich und wird auferstehen unverweslich. / Es wird gesät in Niedrigkeit und wird auferstehen in Herrlichkeit. Es wird gesät in Armseligkeit und wird auferstehen in Kraft. / Es wird gesät ein natürlicher Leib und wird auferstehen ein geistlicher Leib. /
Der erste Mensch ist von der Erde und irdisch; der zweite Mensch ist vom Himmel. / Wie der irdische ist, so sind auch die irdischen; und wie der himmlische ist, so sind auch die himmlischen. Und wie wir getragen haben das Bild des irdischen, so werden wir auch tragen das Bild des himmlischen./
Das sage ich aber, liebe Brüder, daß Fleisch und Blut das Reich Gottes nicht erben können; auch wird das Verwesliche nicht erben die Unverweslichkeit. / Siehe, ich sage euch ein Geheimnis: Wir werden nicht alle entschlafen, wie werden aber alle verwandelt werden; / und das plötzlich, in einem Augenblick, zur Zeit der letzten Posaune. Denn es wird die Posaune erschallen, und die Toten werden auferstehen unverweslich, und wir werden verwandelt werden.
(1 Korinther 15,36-44.47-52)

86

Dreifacher Erdwurf. – Kleine Steinchen bleiben an meinen Fingern kleben. Ich lausche dem Aufschlag des Kieses auf dem Holz … »Es wird gesät verweslich und wird auferstehen unverweslich.« Mühsam spreche ich gegen den Wind und die Erinnerungen an. Der Sand, feuchter Bausand in einer hohen Schale am Grab, ist begnadet mit einer unzweifelhaften Materialität. Nur eine Oberfläche gibt er von sich preis. Unschuldige Körnung. Erneut das Geräusch, wie er auf den Sarg trifft: »Es wird gesät in Niedrigkeit und wird auferstehen in Herrlichkeit.« Ich habe die Verstorbene nur einmal gesehen, und es besteht keinerlei Zusammenhang zwischen unserem kurzen Wortwechsel – dem groben Gesicht, in das ich schaute, und der Unfähigkeit der Frau, Sätze zu Ende zu führen – und dem Holzkasten in dem Erdloch. Angehörige sind nicht da, es gibt wohl keine. Ich spreche zu den Bewohnern des Dorfes, in dem sie sechzig Jahre lebte, wie von einer Fremden. Katharina … Eine polnische Kriegsgefangene, die bei einem deutschen Bauern blieb, ihn später heiratete. Sie war nie mehr daheim. Ihr Mann hatte ihr verboten, den Ort ihrer Kindheit östlich von Krakau je wieder zu besuchen, und als er starb, war sie zu alt und zu müde, um zu reisen. Sie sprach zusammenhängend nur von Schmerzen im rechten Unterkiefer. Ich verstand diese Verweigerung gegenüber jeder Erzählung als einen Heilungsversuch von sich selbst und von einer Biographie, die für sie keine war: »Es wird gesät in Schwachheit und wird auferstehen in Kraft.« Gesät: Eine hochgewachsene Frau, die immer etwas gebückt lief. Die Friedhofsarbeiter hatte ich angewiesen, das ausgeschachtete Loch noch einmal auszumessen, um böse Überraschungen zu vermeiden. Nun lag der Sarg leicht schräg verkeilt am Grund des Grabes. Wie die Unruhen eines Lebens sich zuletzt in die Physiologie ent-

leerten, sich auflösten im Schmerzgefühl von einem entzündeten Zahn, in Herzrhythmusstörungen und Müdigkeit, so arbeitete ich, im schwarzen Talar, an einer Gegenbewegung, an der Abstraktion des Lebens, an dem Aufweisen einer »Bedeutung« und an einer fremden Füllung des Unvollendeten, an einer Entschärfung der Gifte dieser Existenz in Erlösungshoffnung. Kann ich diesem Leben gerecht werden?
Ich bewegte mich sicher in der Zeremonie, war vertraut mit den Bewegungsabläufen und den tradierten Sätzen. Die Glokken läuteten. Was für eine Kraft, welche unterdrückten Seufzer forderten meine Anwesenheit am Grab, das Abdecken der Toten mit Erde, mit Worten und einem Ritus? Der Pfarrer war eine notwendige Behauptung, vages Echo: Durch welche Vorstellungen der Dorfbewohner war das alles gedeckt? Die einer polnischen Seele, die aufsteigt in andere Sphären? Die ihrer Verwandlung in das Laub einer Kastanie oder einer Eibe auf dem Grab? Was hieß hier: »... auferstehen in Herrlichkeit«? Mir war, als würden diese Worte in einen völlig unwirtlichen Kontext fallen, wie Samen in Glaswolle. Die Körner fanden keinen natürlichen Boden, sondern waren auf Züchtung angewiesen, auf Wärmelampen und Feuchtigkeitsspender. Die Hoffnung für die Tote, in mir, in manchen der Hörenden, war angewiesen auf Entscheidungen im einsamen Panzer des Subjekts, je eines vereinzelten Subjekts und dessen Theorien vom Jenseits, über die es befand nach seinem Gefühl. Eine Glasschale.

87

Gevatter Tod. – »Kosmologische Verallgemeinerungen und rationale Überlegung versuchen, den Tod zu bagatellisieren oder zu konzeptualisieren, sie wollen die metaphysische Bedeutung des Todes verringern, wollen aus der absoluten Tragödie ein relatives Phänomen, aus dem völligen Zunichtewerden ein partikuläres Dahingehen, aus dem Geheimnis ein Problem und aus dem Skandal ein Gesetz machen.«[121] Meine Sprache zeigt dagegen eine absolute Grenze an: »Wann immer das Subjekt sich darüber befragt, und sei es einige Herzschläge vor dem letzten Herzschlag – der eigene Tod muß erst *noch gestorben werden.* Die erste Person Singular kann ›sterben‹ nur im Futur konjugieren.«[122] Es macht keinen Sinn zu sagen: Ich sterbe … oder: Ich starb … Wo ich bin, ist der Tod nicht. Und diese Ausschließlichkeit läßt sich nicht überbrücken.

Paulus hatte schon einmal von der Auferstehung geschrieben, wenige Jahre vor seinem ersten Korintherbrief. Trauernde in Thessalonich hatten ihn in ihrem Schmerz gefragt: Was wird mit den Verstorbenen? Haben sie Anteil am neuen Äon? Wo sind sie, wenn der Christus kommt? Die so fragten, waren auch über ihre ontologische Trägheit, über die eigene Schwere entsetzt: Sie waren dageblieben, über den Tod geliebter Menschen hinaus. Was bedeutete das?

Paulus antwortete damals mit einer Rede *über* die Toten. Niemanden will er »im ungewissen lassen über die, die entschlafen sind, damit ihr nicht traurig seid wie die anderen, die keine Hoffnung haben …« Mitten in den Sätzen fällt er plötzlich in ein seltsames Wir, das Tote und Lebende zusammen umfaßt: »Danach werden wir, die wir leben und übrigbleiben, zugleich mit ihnen [den Toten] entrückt werden auf den Wolken in die Luft, dem Herrn entgegen …« (1 Thessalonicher 4,13.17) Wie entsteht dieses Wir? Was verbindet Lebende, als Überlebende, und Tote?

Paulus denkt sehr anders vom Tod als wir heute. Für ihn ist der Tod nie natürlich. Natürlich ist nur das Leben. Der Tod hat immer einen konkreten Grund. Für Paulus ist er der Sünde geschuldet, der gebrochenen Daseinsform des Menschen.

Der Tod ist keine Schöpfungstatsache, sondern das auffälligste Symptom einer versehrten Welt. Er ist für Paulus keine Folge der Dynamik des Lebens, sondern von bestimmten schuldhaften Lebensformen.

Das Nein des Todes kann so auch als ein Aufleuchten der Transzendenz erscheinen – denn es zeigt die Fehlerhaftigkeit des Daseins, es meint das Dunkel, auch das sprachliche Dunkel, das den Tod selbst umhüllt. Der Tod liegt wie der Mantel der Negativität um das Transzendente, Zeichen einer Krankheit, und ihre Heilung hat längst begonnen. Sie erfaßt Lebende und Tote gleichermaßen, in dem einen Augenblick des Heils: »Tod, wo ist dein Sieg? Tod, wo ist dein Stachel?« (1 Korinther 15,55)

Paulus hatte nach Thessalonich gegen die Todesangst geschrieben. Im ersten Korintherbrief geschieht das Gegenteil: Er schreibt gegen die Todesvergessenheit. In ihr sieht er ein weiteres Stadium der Verlorenheit, die in Korinth grassiert. Zweierlei macht ihn nervös: Einmal ist es die Meinung einiger Korinther, bereits einer anderen Sphäre anzugehören und deshalb keiner Auferstehung bedürftig zu sein. Sie hielten sich nicht mehr für sterblich, sie würden einst nur einen äußerlichen Tod durchgleiten, als Pneumafunken. Sie wären, mit heutigen Worten gesprochen, eine Art reine Information, deren körperliche Trägersubstanzen keinen Einfluß mehr auf sie selbst hätten, wie Bilder im digitalen Äther. Zum anderen beunruhigt Paulus die damit drohende Verflüchtigung des Evangeliums in abstrakte Begrifflichkeit, in »kosmologische Verallgemeinerung«. Was der kommende Gott für die so empfindenden Korinther bedeutete, wäre in ihrem gegenwärtigen Zustand ja bereits enthalten. Das Evangelium wäre keine verwandelnde Kraft, sondern lediglich die Erklärung einer verborgenen, aber bereits vorhandenen Wahrheit.

Paulus holt sich einen dunklen Gefährten an seine Seite: den

Tod. Er läuft ein Ufer ab, an dem der schweigende Charon auf die Seelen der Verstorbenen wartet. Paulus starrt ins Dunkel, in den undurchdringlichen Raum zwischen hier und dort, zwischen jetzt und dann – was auch immer »dann« und »dort« in diesem Zusammenhang noch bedeuten mögen. Die durch den Tod charakterisierte Daseinsform des Menschen kann nicht bruchlos in den neuen Äon übertragen werden: »Das sage ich aber, liebe Brüder, daß Fleisch und Blut das Reich Gottes nicht ererben können; auch wird das Verwesliche nicht erben die Unverweslichkeit.« (1 Korinther 15,50)

88

Erlösung. – »Jede Erlösungslehre hat den Nachteil, daß sie die Poesie, den Bereich des Unvollendeten, aufhebt. Ein Dichter, der nach Erlösung strebte, beginge Verrat an sich selbst: die Heilsgewißheit bedeutet den Tod des Gesanges, die Verneinung von Kunst und Geist.«[123] Erlösung versus unvollendeter Körperlichkeit? Die Korinther empfanden sich als Erlöste, und es deutet viel darauf hin, daß sich dahinter nicht nur begriffliche Spekulationen, sondern Erfahrungen verbargen – so die verstörenden Eingriffe der Charismen, etwa der Heilungsgabe oder der Prophetie, in den Lebensgang. Paulus erkennt dennoch in einem solchen Selbstverständnis einen grundsätzlichen Konstruktionsfehler. Denn die Korinther entwerfen auf diese Weise eine Gegenwirklichkeit zum »unvollendeten« Dasein. Sie sehen sich als Wesen *nicht* von dieser Welt. Eine so verstandene »Erlösung« würde aber im Grunde ganz in diese Welt geholt, wäre von ihr abgeleitet als Negativ, als Erlösung *von* einer Wirklichkeit, die als Leiden oder als defizitär gedeutet wird. Die Erlösung erschiene dann selbst als »Poesie« und Gesang im »Bereich des Unvollendeten«.

Paulus führt den Korinthern eine erschreckend simple Wahrheit vor: daß sie nicht dem Körper (*sōma*) entkommen, der sie denkt oder empfindet. Paulus konstatiert einen Riß – sichtbar im Tod: »Es wird gesät ...« In die Erde gelegt, tot ... Da ist nichts mehr. »Was du säst, wird nicht lebendig, wenn es nicht stirbt.« Und was kommt, ist nicht abzuleiten aus dem, was war. »Gott aber gibt ihm einen Leib, wie er will, einem jeden Samen seinen eigenen Leib.« Eine wie auch immer kolorierte Erlösungshoffnung unterliegt dem Tod wie jede menschliche Regung. Der Leib der Auferstehung aber wird aus dem Nichts gerufen wie die Schöpfung am Anfang, geschaffen aus dem Tod. Wenn es eine Beziehung zwischen Totem und Kommendem gibt, dann in keinem verständlichen Sinn, in keiner Zuordnung der Sprache – nur im Geheimnis: »Wir werden aber alle verwandelt werden; und das plötzlich ... [wörtlich: in einem Atom, einem Zeitatom, also: einem unteilbaren Zeitpunkt, ohne Ausdehnung, einem mathematischen Nichts] ... in einem Augenblick, zur Zeit der letzten Posaune.« (1 Korinther 15,51-52) Was hier in apokalyptischer Sprache erscheint, hat keine Zeitstruktur, ist amorph. Es geht um etwas, das die Zeit verwandelt. Sie ist aufgehoben, wie der Mensch in ihr, und alles ist offen. Aber was ist nun dieser merkwürdige »Leib«, in dem die Toten auferstehen?

89

Volto Santo. – Eingefaßt in grobes Glas schimmert ein Gewebe. Es ist fast durchsichtig. Im Licht von den Chorfenstern im Hintergrund zeigen sich darin nur wenige Schatten. Blaßgrau, wie eine hohe Wolkendecke im Mittagslicht im Herbst. Zarter Stoff. Minuten später, es ist draußen etwas dunkler geworden, tritt aus dem Tuch ein Gesicht. Lebensgroß, noch immer ein Schatten, aber deutlicher konturiert. Man sieht eine breite Nase. Sie ist verletzt, vielleicht gebrochen. Es sind wohl Blutergüsse, was da links des Nasenbeines zu erkennen ist. Auch die linke Wange ist geschwollen, und so verschiebt sich der schmale Mund. Die Lippen sind leicht geöffnet, wie bei einem Toten – schlaff, nach innen gefallen. Es ist keine Atembewegung denkbar, aber doch ist es so, als wolle gleich etwas gesagt werden, als wäre ein Wort schon im Entstehen. Das Gesicht taucht im Schräglicht aus dem gazeartigen Gewebe. Der da zu sehen ist, hat lange Haare, einen geteilten Bart, und es wirkt, als wäre auch das eine Gewaltspur – herausgerissene Büschel. Er schaut mich an, durchdringend, es fällt schwer, den Blick abzuwenden, schwer, ihn auszuhalten. Die linke Pupille ist geweitet und nach oben geglitten, heraus aus der Symmetrie des Menschenkopfes.

Und schon wieder verändert sich ein wenig das Licht, es wird heller von den Seiten, und nun schillert der Stoff in Regenbogenfarben wie das Innere einer großen Muschel. Er glänzt, und als kurzzeitig die Leuchter aus dem Kirchenraum beherrschend werden, ein künstlicher Schein von vorn, wird das Gesicht augenblicklich plastischer und zugleich matter. Es wirkt nun wie ein Gemälde in Öl. Aber da löst es ein plötzlicher Sonnenstrahl ganz auf – nun sieht man nur noch trübes Glas.

Volto Santo: Das Tuch befindet sich in einer Kirche in den Abruzzen. Es ist ausgestellt auf einem Altar, und der barocke Rahmen mit einem Baldachin wirkt beim Betreten des Raumes zunächst wie eine leere Monstranz. 1638 erhielten Kapuziner in dem Ort Manoppello das Tuch als Geschenk. 1507 sei es, so sagt es die damals ausgestellte Urkunde, durch einen Unbekannten in einem verschlossenen Paket in den Ort gelangt. Die beiden Daten stimmen auffällig mit den Jahren des Abrisses von St. Peter in Rom überein – des Westteils und des Ostteils der alten Kirche. Besteht ein Zusammenhang? Das

Bild ist deckungsgleich mit dem Gesicht des Grabtuches von Turin. Wie kommt das?[124]

Es gibt einige Untersuchungen und viele Spekulationen über den Schleier von Manoppello. Forschungen von Kunsthistorikern lassen bemerkenswerte Zusammenhänge aufscheinen. Eine der entworfenen Linien sieht so aus: Es gab in byzantinischer Zeit ein Tuchbild, das als *acheiropoiētos* galt, als »nicht von Menschenhänden gemacht«. Legenden nach wurde es in dem kleinen Ort Kamulia in Kappadozien gefunden, war dann einige Zeit in Konstantinopel und verschwand im Jahre 705. Es ist denkbar und vielleicht sogar wahrscheinlich, daß es sich um jenen Schleier handelt, der seit dem 12. Jahrhundert in Rom als »Veronica« (hergeleitet von der lateinischen Bezeichnung *vera icon*, »wahres Bild«) verehrt wurde. Sie galt als die kostbarste Reliquie des Abendlandes und war Mittelpunkt der Romwallfahrt. Unzählige Male wurde sie im Mittelalter kopiert – Urbild der Christusdarstellungen in der Ikonographie, ungemalt und offenbart, wie es in verschiedenen miteinander verflochtenen und voneinander abhängigen Legenden erzählt wird. So soll der sterbenskranke Kaiser Tiberius Kunde von dem wundertätigen Jesus in der Provinz Judäa erhalten haben. Auf seinen Befehl hin wird ihm ein Bild des Christus gebracht, das ihn augenblicklich heilt. Besitzerin des Bildes ist Veronica, eine Frau, die Jesus von Blutfluß geheilt hatte. Die Darstellung Jesu, so ihr Zeugnis, sei nicht gemalt, sondern der vom Tode Auferstandene selbst habe ein Tuch auf sein Gesicht gelegt und das Abbild hinterlassen.[125] Jünger als diese Legende und weitaus jünger als das Tuch in Rom (das ja eine Erklärung seiner Herkunft verlangte) ist jene Veronica-Geschichte, die wir vom Kreuzweg kennen: Eine Frau geht auf Jesu zu, als er das Kreuz hinauf zu seiner Hinrichtungsstätte Golgatha trägt, und tupft ihm Schweiß und Blut aus dem Gesicht, tröstet ihn mit dieser mutigen Geste des Mitleids ... Eingeprägt im Tuch findet sich später sein wunderwirkendes Porträt. Im 16. Jahrhundert verschwindet nun diese »Veronica« aus Rom. Wurde sie gestohlen? Im Durcheinander der Umbauarbeiten?

Es gibt die Meinung, der *Volto Santo* in Manoppello sei, wie auch das Turiner Grabtuch, eine »echte Reliquie« aus dem Grab Jesu, und das Bild darin eine Einstrahlung, eine energetische Verwandlung des Stoffes während der Auferstehung des Christus, also eine Spur der Herausbildung seines Auferstehungsleibes. Das Gewebe habe über dem Grabtuch gelegen, sei das »Schweißtuch, das Jesus um das Haupt gebunden war«, von dem der Evangelist Johannes erzählt (Johannes 20,7). Ist das lediglich eine Vermengung naturwissenschaftlicher Bilder mit religiöser Metaphorik? Für andere ist das Tuch schlicht eine »Fälschung« des 17. Jahrhunderts. (»Falsch« wäre das Tuch allerdings nur unter den Prämissen einer positivistischen Geschichtsschau und vor dem Hintergrund einer spiegelbildlichen »Echtheits«-Behauptung.)

Das Gewebe zeigt keinerlei Pigmentspuren. Byssus – darum handelt es sich, ein höchst kostbarer Stoff, der aus dem Sekret von Muscheln hergestellt wurde, sogenannte Muschelseide – kann mit Rinderharn gebleicht und dann auch eingefärbt werden, etwa mit Purpur. Aber er läßt sich nicht bemalen. Eine naturwissenschaftliche Analyse des *Volto Santo* steht aus. Die Fasern des Tuches könnten vielleicht vor dem Weben gefärbt worden sein. Bei dem sehr feinen Stoff ist das aber schwer vorstellbar. Handelt es sich um eine heute unbekannte Technik? Jedenfalls gibt es in der Kunstgeschichte kein vergleichbares Bild, das Transparenz und Sichtbarkeit so ineinanderfallen läßt. Man kann durch das Tuch hindurchsehen. Bei einem leicht veränderten Einfallswinkel des Lichtes aber wird man durchdringend angeschaut – von einem Gemarterten, einem Verklärten, einem Gesicht, das nicht einfach betrachtet wird, sondern das *sich zeigt.* Es wird gebildet durch die Brechung des Lichtes im Stoff. Manchmal leuchten klare Gesichtspartien auf. Dann wieder versinken sie in dämmrig dunklen Wundspuren. Ganz offensichtlich wird ein Geschlagener gezeigt. Aber das Gesicht ist damit nur ganz unzureichend erfaßt. Denn durch die Wunden und Schwellungen, durch den Todescharakter schimmert das Gesicht *hindurch.* Es scheint tiefer zu liegen. Die Spuren des Leides, obwohl deutlich sichtbar wie Verschmutzungen im Stoff, bestimmen nicht das Wesen des Gesichtes. Sie wirken nur wie eine Verhüllung, ein Gewand. Manchmal kann das Bild golden und warm leuchten wie das Antlitz des Auferstandenen auf dem Isenheimer Altar von Matthias Grünewald, gemaltes Sonnenlicht – und immer bleibt eine ganz grundsätzliche Fremdheit. Diese Augen scheinen etwas zu sehen, was mir unvorstellbar ist und was sie allem enthebt. Und plötzlich, eine Wolke zieht vorbei, ist das Gesicht wieder aschfahl, fließende Schatten in einem Fetzen Stoff. »Es gibt himmlische Körper und irdische Körper; aber eine andere Herrlichkeit haben die himmlischen und eine andere die irdischen. Einen andern Glanz hat die Sonne, einen andern Glanz der Mond, einen andern Glanz haben die Sterne; denn ein Stern unterscheidet sich vom andern durch seinen Glanz. So auch die Auferstehung der Toten.«

90

Glanz. – »Als nun Mose vom Berge Sinai herabstieg, hatte er die zwei Tafeln des Gesetzes in seiner Hand und wußte nicht, daß die Haut seines Angesichts glänzte, weil er mit Gott geredet hatte. / Als aber Aron und ganz Israel sahen, daß die Haut seines Angesichts glänzte, fürchteten sie sich, ihm zu nahen.« (Exodus 34,29-30) Glanz (*doxa* in der Übersetzung der Septuaginta) lag auf dem Gesicht des Mose. Er strahlte eine »Herrlichkeit« aus (2 Korinther 3,7, wo Paulus die Stelle zitiert). Der »Glanz« nahm dem Gesicht des Mose die vertraute Menschlichkeit, er griff auf jeden, der ihn sah, bedrohlich über wie ein Verwandlungszauber. Mose mußte, um die Menschen um sich herum zu schützen, seinen Kopf mit einer Decke verhüllen.

Paulus (nach dem Vorbild des Moses) findet hier zu einer der wichtigsten Metaphern, in der er das, was ihm auf dem Weg nach Damaskus geschah, zu ergründen versucht: »Gott, der sprach: Licht soll aus der Finsternis hervorleuchten, der hat einen hellen Schein in unsre Herzen gegeben …« (2 Korinther 4,6) Licht, das alle Bilder auflöst, indem es zum Ursprung zurückführt: in ein Licht ohne etwas Sichtbares, das Licht des ersten Schöpfungstages. Paulus, ein Blinder, fährt fort: »… daß durch uns entstünde Erleuchtung zur Erkenntnis der Herrlichkeit Gottes in dem Angesicht Jesu Christi.« Die Herrlichkeit (*doxa*) Gottes, Glanz in einem Gesicht, ließ Paulus zusammenbrechen – ein Lichtschmerz, Blendung. Das Licht selbst, geschaffen am ersten Tag der Welt, ist eingebrannt und Antlitz geworden, eine Narbe: Christus. Wie der *Volto Santo* eine Art Lichterscheinung ist, die sich in einem Gewebe ereignet, so begegnete Paulus einem Gesicht, das einstrahlte in einen offenen Raum. Paulus interessiert sich in der Folge nicht für das, was darstellbar sei, für eine Mimesis des Göttlichen oder eine messianische Physiognomie. Er entscheidet sich, »nicht auf das Sichtbare, sondern auf das Unsichtbare« (2 Korinther 4,18) zu schauen. Er sucht die Blendung – als Heilsweg.

91

Eikōn. – Das Gesicht im *Volto Santo* wird nicht durch die Substanz einer aufgetragenen Farbe gebildet, sondern durch Licht, das durch und auf das Gewebe fällt. Dieses Kunstwerk – gehen wir davon aus, daß es die geniale Arbeit eines Unbekannten ist (wenngleich sich doch keinerlei Darstellungswillen darin zeigt, keine künstlerische Kraft, sondern eher etwas von jener Gleichgültigkeit gegenüber dem Betrachter, mit der sich eine Blüte öffnet) – wirkt nicht nur durch das, was es enthält. Es entsteht durch seine eigene Offenheit – für das wechselnde Licht, das sich in ihm bricht. Diese Offenheit macht es zu einer Reliquie, vielleicht in dem einzigen Sinn, wie man das Wort »Reliquie« weiter verwenden kann: zum Bild, das nichts ausdrücken *will*, das sich ereignet mit der Natürlichkeit, wie Regen fällt, und das alles in sich tragen kann, was auszudrücken ist, als Einstichstelle des Unerklärlichen (wie erklärbar es auch sein mag).

Das Tuch in Manoppello wird für mich zu einer Metapher der Auferstehung, wie sie in den paulinisch geprägten Gemeinden verstanden wurde. Denn, so lesen wir bei Paulus: Es gibt keinen bestimmbaren Stoff, der den Tod überdauern würde, keine Seele, keine Form, sondern allein ein anderer Lichteinfall bildet den neuen Leib. Er wird neu gesehen: »Und wie wir getragen haben das Bild (*eikōn*) des irdischen (Menschen), so werden wir auch tragen das Bild (*eikōn*) des himmlischen (Menschen).«

Der Mensch, im »Bild des Irdischen«, ist Abbild eines vergänglichen Wesens, lebt zum Tod, aber damit ist er nicht ganz erfaßt, denn er kann auch ein anderes »Bild« tragen – das des »Himmlischen«, und dieses »Bild« ist noch gar nicht sichtbar, und Paulus wird selbst in seinen Ausdrucksmitteln unsicher: Hier ist gar nicht mehr das Sichtbare entscheidend, sondern der Blick. Der Mensch wird in der Auferstehung neu gesehen, und wie er angesehen wird, so verwandelt er sich, als *eikōn*, wie das helle Sonnenlicht oder der Wolkenzug das Gesicht des Christus in dem Byssus-Gewebe bildet und verändert.

»Der Herr ist auferstanden!« Dieser Ruf am Anfang dessen, was man Christentum zu nennen gewohnt ist, bezeichnet eine radikale Öffnung, die nie mehr zurückfindet, die immer nach vorn fällt: »Denn wir haben hier keine bleibende Stadt, sondern die zukünftige suchen wir.« (Hebräer 13,14) Sichtbar wird, was unsichtbar bleibt – jenseits der Grenze der Wahrnehmungen und doch *in* den Bildern. Erhofft wird: alles in einem anderen Licht. Der Glaube ist auch an dieser Stelle nicht mit sich identisch, er hat keine schlüssige Gestalt, hat kein Wissen und keine Formel für die Auferstehung, oder er ist nicht christlich.

(Bin ich Protestant? Oder im Herzen katholisch? Orthodox? Zum Wesen des Christentums – eben nie mit sich selbst identisch – gehören die Spaltungen und innere Kämpfe. Sie beleben den »Leib Christi«, weil die Wahrheit des Christentums immer zugleich deren Widerruf ist. Die Kirche spricht im Horizont einer kommenden Verwandlung. Was sie in Sprache faßt, widerruft sie, weil sie's nur in der Sprache der Menschen sagen kann, und da ist kein Halt, bis der Christus kommt und sagen wird: »Im Anfang war das Wort.«)

92

Antlitz des Heiligen. – Dem Blick des *Volto Santo* standzuhalten ist nicht einfach. Es bauen sich schnell Widerstände auf. Diese resultieren weniger aus den offensichtlichen Spuren der Gewalt, sondern vielmehr aus der scltsamen Unversehrtheit dieses Gesichtes trotz der entstellenden Verletzungen.

Und noch etwas: Das Gesicht wirkt einfältig, mit dem alten deutschen Wort gesagt: »blöde«. Es könnte das Gesicht eines geistig Behinderten sein, eines Menschen, der sieht und augenscheinlich nichts so wie ich begreift, der zwar vor mir steht, aber anderswo ist, in der Fremde einer inneren, einer anderen Welt. Er hat eine bestimmende Ausstrahlung, eine unzweifelhafte und mir doch unbekannte Intelligenz, ist beunruhigend arglos. Dieser Mensch tut niemandem etwas, aber er wirkt bedrohlich – durch seine Anwesenheit, durch seine offensichtliche, ganz harmlose Unberechenbarkeit. Er teilt nicht unsere Lebensvollzüge und nicht unser Ausdrucksvermögen. Er tickt anders. Hervorstechend die ungleichen Augen, in gebrochener Ungebrochenheit, in hellsichtiger Blindheit: Zwangsläufig ist er ein Opfer.
Die Entstellungen des Gesichts im *Volto Santo* will man reflexartig einer künstlerischen Unvollkommenheit zuschieben. Aber das ist eine sehr hilflose Geste. Die Spuren des Schmerzes reißen durch ihre Ferne, durch die Entrückung des unbeteiligt wirkenden Antlitzes die Routine musealer Betrachtung auf: Das will ich nicht wahrhaben. Diesen Einruck, daß das Gesicht nicht erträglich ist, bin ich versucht, »Offenbarung« zu nennen.

93

Samen. – »Du Narr: Was du säst, wird nicht lebendig, wenn es nicht stirbt. / Und was du säst, ist ja nicht der Leib, der werden soll, sondern ein bloßes Korn, sei es von Weizen oder etwas anderem.« Im Bild des Samens, der in die Erde gebracht wird, ist Paulus einer harten Diskontinuität auf der Spur: Zwischen Auferstehung und irdischem Leben, zwischen Keimling und Saat liegt der Todesriß. Es gibt keine Brücke, keine heimliche Verbindung, keine Kenntnis, kein Erkennen, die hinüberreichen, so jedenfalls meint es dieses Bild vom Samen in der Erde – ungewöhnlich für uns, die wir von genetischem Material wissen und die Verse darum zunächst ganz anders verstehen, etwa als Metapher für Werden und Vergehen in ihrer Verschränkung. Paulus stellt klar, wodurch eine (nicht vorstellbare) neue Auferstehungsgestalt allein gebildet wird: »Gott aber gibt ihm einen Leib, wie er will, einem jeden Samen seinen eigenen Leib.« Zwischen dem, was war, und dem, was kommt, kann allein Gott, schaffend aus dem Nichts und unverfügbar, eine Kontinuität setzen. Sie ist durch nichts gegeben.

94

Der Auferstehungsleib. – Paulus hangelt in drei Gegensatzpaaren über diese Diskontinuität hinaus, versucht, drei Seile über den Abgrund zu spannen. Sind sie haltbar? Gelesen bei vielen Beerdigungen, haben sie sich eingesenkt in ein kulturelles Gedächtnis. Aber wie werden sie gehört und wie verstanden?

»Es wird gesät verweslich und wird auferstehen unverweslich.« Unverweslich – verweslich: Dieses Wortpaar folgt einer Struktur, die Paulus immer wieder verwendet, die des UN- … Eine wahrnehmbare Eigenschaft wird negiert und damit ein offener Horizont gezeigt, der aber noch nichts enthält, nichts sichtbar macht, nur die Offenheit selbst, das Andere. Aber was ist dann ein Auferstehungsleib? Was ist er für sich? Eben als Leib?

»Es wird gesät in Armseligkeit und wird auferstehen in Herrlichkeit. Es wird gesät in Schwachheit und wird auferstehen in Kraft.« Endlich: die Setzung, das aufgerichtete Wort … Wie der kurze wache Blick eines Neugeborenen, Augen, geöffnet für Sekunden. Die schwarzen Pupillen, aus denen der erste Tag dringt, schauen nach innen – in die Zukunft, und du siehst ihnen nach, hältst das Kind in den Armen, hallst nach, ein Echo, das Erinnern, wie Wasser über die Erde schießt und versickert …

Die Verwandlung, endlich sagt Paulus nicht mehr nur ein UN-, er schaut den neuen »Leib«, und zwei Worte fallen, die das Geschaute festhalten (wie Nadeln in einem toten Käfer): Herrlichkeit (*doxa*) und Kraft (*dynamis*).

Das Wort *doxa* hat für die frühen Christen einen großen Bedeutungshof, ja, dessen Grenzen markieren vielleicht die Reichweite ihrer Theologie. Das Wort hat seine ursprüngliche Bedeutung im klassischen Griechisch von »Meinung« oder »Ansicht« (lateinisch: *opinio*) verloren. Es nahm, blaß und fließend wie eine Amöbe, ein hebräisches Wort in sich auf: *kabōd*, Lichtglanz der Gottheit, seine Gravität oder Schwere, seine Majestät, auch einfach: Gottes Erscheinen. Das Wort *doxa* wurde zum zentralen Ausdruck für die frühchristliche Gotteserfahrung.

Die *kabōd* kann im Hebräischen eine ganz profane Bedeutung haben. Dann heißt sie: Ehre. Auch da geht es um Gewicht, Gewichtiges, um das, was die Ehre einem Menschen gibt: unverrückbare Erdenschwere. Die *kabōd* ist etwas wie die Gravitation selbst: Sie bringt einen Körper in ein Kraftfeld.

Die *kabōd* Gottes ruhte im Tempel in Jerusalem. Sie erfüllte das Allerheiligste. Der Prophet Hesekiel berichtet in einer abgründigen Vision, wie die *kabōd* Gottes nach der Zerstörung des Tempels durch die Babylonier nach Osten zieht, zusammen mit den Exilanten in die Fremde (Hesekiel 11,22-23). Eine unglaubliche Leere blieb zurück und schien die Trümmer zu verewigen.

Wiederum ist die Septuaginta das Scharnier für den frühchristlichen Sprachgebrauch: Sie gab *kabōd* durchgehend mit *doxa* wieder. So wurde die *doxa* zum Ausdruck für die Offenbarungsgestalt Gottes, für sein dem Menschen wahrnehmbares Wesen, sein Erscheinen, das immer auch dessen Verbergung ist: grelles Licht, jenseitiger Glanz. Und dabei kann das Wort doch, wie man wenige Verse zuvor bei Paulus liest, auch ganz sinnlich verwendet werden: »Einen andern Glanz (*doxa*) hat die Sonne, einen andern Glanz der Mond, einen andern Glanz haben die Sterne; denn ein Stern unterscheidet sich vom andern durch seinen Glanz.« Glanz – nächtlich und schön, oder strahlend wie die Sonne. Die *doxa* bezeichnet Sichtbarkeit und Unsichtbarkeit in einem Ausdruck, theologisches Schillern – als grelles Schwarz. Glanz – geheimnisvoll wie ein »schwarzes Loch« im All.

Dynamis – der zweite Ausdruck, mit dem Paulus den Auferstehungsleib in die Sprache zu holen versucht, ist ähnlicher Natur. Das Wort meint etwas, das da ist und sich doch erst zeigen wird, ein Fähigsein, ein Vermögen. Für die Griechen ist die *dynamis* dem Kosmos als Bewegung immanent, drängt zum Werden, zur Emanation der Erscheinungen, und ist darum eigentlich göttlich. Die griechisch sprechenden Christen bezeichneten mit *dynamis* die geheimnisvolle und erschrekkende Bewegungsform Gottes, seinen »starken Arm«, seine Eigenschaft, Geschichte zu wirken und die Geschöpfe in die Existenz zu rufen, sie zu ermöglichen als Körper und als Wort.

Glanz – die Lichteinstrahlung, die blendet. Sie gibt die Fülle, indem sie alles nimmt, alles überstrahlt. Was sieht man in der *doxa*? Nichts. Nur die *doxa* – die dichteste denkbare Erscheinung, die unmenschlich tröstende, die unerklärlich bergende Fülle. Paulus beschreibt den neuen Leib in der Auferstehung zwar optisch, aber nicht in seiner Sichtbarkeit, sondern in ebendiesem Glanz, *doxa,* in einer Negation, die tiefste Bejahung ist, Raum höchster Verdichtung.

In dieser Dichte vibriert die *dynamis* – Möglichkeitsform, Gestaltungskraft, gewissermaßen: der göttliche Atem vor dem ersten Wort. Diese Kraft mißt sich nicht an einem Widerstand, nicht an einer Daseinsbehauptung, sondern sie ist selbst ihr Werden. Sie ist, mythisch gesprochen, das Sichtbarwerden der *doxa*, die Gestalt der Fülle, des Einen ... »Es wird gesät in Niedrigkeit und wird auferstehen in Herrlichkeit. Es wird gesät in Armseligkeit und wird auferstehen in Kraft.« Was Paulus hier letztlich von dem Auferstehungsleib aussagt, ist das Verschwimmen mit der Gottheit.

95

Nahtod. – »Die Ganzheit realisiert sich selbst in dir. Sie nahm mich mit. Nicht aus einem Bewußtsein heraus, wie die Ohnmacht, sondern in mein Bewußtsein hinein. Eine immense Kraft trug mich mit sich, sie wirkt innen und außen zugleich, deswegen wird eine solche Unterscheidung auch für das Bewußtsein überflüssig. Wir waren über alles Persönliche und Leidenschaftliche hinaus ... Der Film reißt. Ich sehe das Bett nicht mehr, auch nicht die große Krankenschwester. Der große Hauptschalter ist betätigt worden. Ein anderer Film schließt sich an. Schweben im All ... Die Kraft wirkt außerhalb von mir und in mir, sie bläst mich fort und saugt mich in sich auf, ich bin nicht mehr Körper und deshalb auch nicht länger weder an das verstandesmäßige noch an das emotionale Erfassen gebunden. Irgend so etwas. Ich weiß, ich sterbe jetzt. Was mir weder Freude noch Schmerzen bereitet. Keinerlei Gefühl, das mir bekannt ist. Doch ich vergesse auch nicht. Am ehesten ließe sich noch sagen, daß sich die Wahrnehmung der Zeit öffnet, aber zugleich nach vorn und zurück ... Ich erlebe die Totalität meiner Erinnerung, und mit meinem Raumempfinden ergeht es mir ebenso ...«[126]
So beschreibt Péter Nádas, als erfahrener und nüchterner Er-

zähler, ein Nahtoderlebnis nach einem Herzinfarkt. Er wird Zeuge seines eigenen Sterbens. Man muß natürlich sofort sagen, daß auch eine derartig genaue und verstörend sachliche Schilderung doch diesseits der Todesgrenze bleibt und keinen Blick hinüber gestattet. Nichts läßt sich durch Erzählungen dieser Art beweisen – höchstens vielleicht eine Offenheit des Menschen für die Transzendenz, sei es auch als Illusion. Dennoch überrascht die Verwandtschaft mit der paulinischen Schilderung des Auferstehungsleibes, mit dem darin verborgenen Sog, dem Verschwimmen mit der göttlichen *doxa* und *dynamis.* Paulus spricht von dem Auferstehungsleib vor dem Hintergrund dessen, was er auf dem Weg nach Damaskus erlebte und wiederholt als »Erscheinung des Auferstandenen« benannte. Haben dieses Offenbarungstrauma und die Schilderung des Nahtoderlebnisses, des eigenen Sterbens als Verwandlung, bei Péter Nádas einen gemeinsamen Kern?

Péter Nádas bezeugt enttäuscht das Fehlen Gottes an der Pforte zum Jenseits: »… ich muß einsehen, daß er nicht existiert, ich habe mich getäuscht. Wie lächerlich war ich mit meiner ganzen menschlichen Leichtgläubigkeit. Ein peinlicher Irrtum. Doch die Kraft ist mächtiger als jede menschliche Vorstellung. Sie zu denken mochte die Erdenschwere meines Körpers verhindert haben. Die Kraft der Schöpfung nimmt mich wieder in sich auf.«[127] Gott fehlt. Der Gottesgedanke fehlt. Auch er wird fortgerissen von der *doxa* und der *dynamis* des Schöpfers? Im Erscheinen Gottes ist kein Gott?

Auch was Péter Nádas nach der Heimkehr in die Sprache, in sein schon verlassenes Haus des Seins erfährt, erinnert mich an das, was Paulus in den Tagen nach seinem Damaskuserlebnis wohl empfunden haben mag (seine Briefe lassen es erahnen): »Nachdem jemand gewaltsam zurückgeholt worden ist, geht ihn nichts mehr etwas an. Weder die Gegenstände noch die anderen Menschen, weder das eigene Wissen noch die eigene Lebensgeschichte, nichts. Gefühle gibt es, wenn man sich in den Finger sticht, tut es weh, aber es geht einen nichts an. Vielleicht die Substanz des Himmels, seine Farbe. Die Umrisse einer Pflanze, die Erinnerung an ein früheres Parfum Magdas, ausgelöst vom Geruch ihres jetzigen, der Flug eines Vogels, eher die nicht greifbaren Dinge, sonst nichts, absolut nichts.«[128] Nur die Ganzheit, nur das Verschwimmen: *apostolos*, jemand ist aus einer Gottesbegegnung entlassen. Und plötzlich bin ich mit den vielen theologischen Negationen bei Paulus versöhnt – sie entstammen einer anderen Bejahung, die umfassender ist, war und wird … der *doxa*.

96

Die Rose. – Der schlesische Dichter Johannes Scheffler, der sich nach seiner Konversion zum Katholizismus Angelus Silesius nannte, hat in seine Gedichtsammlung »Cherubinischer Wandersmann« (1657) zwei Verse gestellt, die als eine ganz kurze und überaus klare Auslegung des paulinischen Zeitverständnisses gelesen werden können. Ihm gelingt es, das zeitlose Präsens der *doxa* und die eschatologische Unruhe im Christentum, von Paulus ererbt, zusammenzubinden:

»Die Rose, welche hier dein äuß'res Auge sieht,
Die hat von Ewigkeit in Gott also geblüht.«[129]

Ein Bild wird aufgestellt, besser: das Sehen eines Bildes vorgestellt – flüchtig angedeutet in dem Wort »Rose« (die ja bekanntlich »eine Rose ist eine Rose ist eine Rose« ist, aber eben auch ein Marienattribut). Sie wird gesehen, und die erste Zeile des Gedichtes folgt dem fragmentarischen Gehalt einer »äuß'ren« Existenz. Ein Bild – aber durch den Reim öffnet sich der einzelne Vers für etwas jenseits seiner selbst, das doch in ihm angedeutet ist. Der Reim weist nach vorn, wie sein jüngerer Bruder zurückverweist. Beide zusammen bilden das Gedicht, die Kehre der Verse – oder eben eine Art *nunc stans*, über das Augustinus meditierte, die ewige Gegenwart Gottes im Augenblick, der die (nicht mehr existente) objektive Vergangenheit ebenso enthält wie das (noch nicht existente) Projekt der Zukunft.[130] Der Reim verbindet die präsentische Ahnung der Ewigkeit mit der Dynamik eschatologischen Denkens. Diese Spannung bringt Angelus Silesius auch auf der Bildebene ins Bewußtsein: Die Rose ist die Rose in zwei ganz verschiedenen Sphären. Menschenblick und Gottesblick – sie werden eins in der Blüte.

»Und wie wir getragen haben das Bild des irdischen (Menschen), so werden wir auch tragen das Bild des himmlischen (Menschen).« Das Bild ist dort wirklich, wo es gesehen wird, und so reimt Angelus Silesius »sieht« auf »geblüht«. Letztlich unterscheidet die Anschauung das himmlische Bild von dem irdischen Bild, so wie unterschiedliches Licht auf den *Volto Santo* fällt und das Gesicht eines gemarterten oder eines verklärten Christus erscheinen läßt. Irdisches Bild und Auferstehungsleib sind bereits eins in der Fülle des Blickes der Gottheit, eins in der ewigen Gegenwart, und doch gar nicht vereinbar.

Νυνὶ δὲ Χριστὸς ἐγήγερται ἐκ νεκρῶν ἀπαρχὴ τῶν κεκοιμημένων.
ἐπειδὴ γὰρ δι' ἀνθρώπου θάνατος, καὶ δι' ἀνθρώπου ἀνάστασις νεκρῶν.
ὥσπερ γὰρ ἐν τῷ Ἀδὰμ πάντες ἀποθνῄσκουσιν, οὕτως καὶ ἐν τῷ Χριστῷ πάντες ζῳοποιηθήσονται.
Ἕκαστος δὲ ἐν τῷ ἰδίῳ τάγματι· ἀπαρχὴ Χριστός, ἔπειτα οἱ τοῦ Χριστοῦ ἐν τῇ παρουσίᾳ αὐτοῦ,
εἶτα τὸ τέλος, ὅταν παραδιδῷ τὴν βασιλείαν τῷ θεῷ καὶ
πατρί, ὅταν καταργήσῃ πᾶσαν ἀρχὴν καὶ πᾶσαν ἐξουσίαν καὶ δύναμιν.

ὅταν δὲ ὑποταγῇ αὐτῷ τὰ πάντα, τότε καὶ αὐτὸς ὁ υἱὸς ὑποταγήσεται τῷ ὑποτάξαντι αὐτῷ τὰ πάντα, ἵνα ᾖ ὁ θεὸς τὰ πάντα ἐν πᾶσιν.

13. KAPITEL

Nun aber ist Christus auferstanden von den Toten als Erstling unter denen, die entschlafen sind. / Denn da durch einen Menschen der Tod gekommen ist, so kommt auch durch einen Menschen die Auferstehung der Toten. / Denn wie sie in Adam alle sterben, so werden sie in Christus alle lebendig gemacht werden. / Ein jeder aber in seiner Ordnung: als Erstling Christus; danach, wenn er kommen wird, die, die Christus angehören; / danach das Ende, wenn er das Reich Gott, dem Vater, übergeben wird, nachdem er alle Herrschaft und alle Macht und Gewalt vernichtet hat.
Wenn aber alles ihm untertan sein wird, dann wird auch der Sohn selbst untertan sein dem, der ihm alles unterworfen hat, damit Gott sei alles in allem.
(1 Korinther 15,20-24.28)

97

Die Paulusakten. – Zu den scharfsinnigsten Auslegern der paulinischen Schriften gehört der anonyme, vermutlich aus Kleinasien stammende Autor der apokryphen »Paulusakten« (vor 200)[131]. Diese Sammlung von Legenden aus dem Leben des Apostels ist in ihrer Entstehung und in ihren literarischen Abhängigkeiten schwer einzuordnen. Schnell ist der Text verwildert – eine Folge seiner Popularität. Die »Paulusakten« stellen einen luziden theologischen Entwurf dar, in erstaunlicher und nie wieder eingeholter Höhe narrativer Theologie. Sie schrammen an den Außengrenzen einer sich formierenden und noch ganz auf ihre Identitätsfindung fixierten jungen Kirche entlang – etwa wenn ein Löwe getauft wird oder wenn eine Frau sich selber tauft.[132] Die Geschichten bezeugen die rasante geistige Strömung, in der das junge

Christentum institutionell erstarrend Gestalt gewann wie ein Schwemmland. Legenden sind immer ein guter Boden für die Theologie, wurzeln sie doch in einem (wie es in psychoanalytischer Leitmetaphorik heute gern heißt) kollektiven Unterbewußten, sie nähren sich aus tieferen Schichten der Wirklichkeit als die stärker dem Zeitenwandel unterworfenen Begrifflichkeiten der Theologen und Amtsträger. Das gilt bis heute: Die regionalen Gottesdienstkulturen und der Volksglaube bewahren ein reiferes Wissen von den Essenzen des Christentums als die reflektierende Wissenschaft oder die auf Selbstbehauptung zielenden Verlautbarungen der Kirchenleitungen, ja, selbst als die Dogmen und Bekenntnisschriften. Legenden und Bräuche haben eine viel längere Halbwertszeit, sie schwingen wie die Bässe im Klang geistlicher Orchestrierung des Unbegreiflichen. (So erzählte mir ein alter Pfarrer aus dem Erzgebirge von einer seiner Gemeinden, in der alle Männer beim Betreten der Kirche sich vor einer weißen Wand im Vorraum verneigten. Ein gegen allen vernünftigen Einspruch resistenter Brauch, rätselhaft … bis bei einer Renovierung unter dem Putz aus der Barockzeit eine mittelalterliche Mariendarstellung erschien. Das bis dahin unerklärliche Ritual war älter als die Reformation, beständiger als der barocke Bildersturm und als die rationalen Begründungszwänge der Moderne, unwiderlegbar wie ein Traum …)

98

Nero. – Die »Paulusakten« führen das offene Ende der biblischen Apostelgeschichte zu einem furiosen Finale – zur Begegnung des Paulus mit Nero. Bei diesem Gipfeltreffen eines Kaisers (als Gottheit) mit einem Apostel (einem, der aus einer Gottesbegegnung entlassen wurde) wird das zur Szenerie, was im Präskript des Römerbriefes oder hier im fünfzehnten Kapitel des ersten Korintherbriefes verschlüsselt anklingt: die messianische Destruktion der bestehenden politischen Ordnung.[133] Hier wird die ganze Wucht paulinischer Eschatologie deutlich an einem empfindlichen und höchst gefährlichen Punkt: der römischen Kaiserverehrung. Paulus, als Justizopfer, triumphiert über den Weltherrscher.

Wir sind es seit den Irritationen der Aufklärung gewohnt, die Gedanken von Auferstehung und kommender Erlösung zurückgezogen, in einem stark individuellen Horizont zu hören, als Melodie, die unserer Seele gilt und sie anrührt, als private Tröstung. Im Inneren, in den Ängsten und Hoffnungen des gläubigen Subjekts sei der größte Resonanzraum zu finden für einen Satz wie »Der Herr ist auferstanden!«. Im zweiten Jahrhundert klang dieser liturgische Osterruf anders. Da wirkte der Tod wie ein Vorhang, der auf und zu weht: »Kaiser, … wenn du mich enthaupten läßt, werde ich folgendes tun: ich werde auferstehen und dir erscheinen (als Beweis dafür), daß ich nicht gestorben bin, sondern meinem Herrn Jesus Christus lebe, der da kommt, zu richten den Erdkreis.«[134] So gelassen kann der Apostel der »Paulusakten« von seinem Weiterleben über die drohende Enthauptung hinaus reden. Es geht augenscheinlich um eine ganz andere Dimension eschatologischer Gewißheit: Die Auferstehung Jesu hat kosmische Folgen. Jedes Gesetz, jeder *nomos*, sei es in Natur oder Staat, steht nun zur Disposition und damit jede irdische Konstruktion von Herrschaft.[135] Worte wie »Kaiser« und »Befehl« werden brüchig. Nicht einmal eine Enthauptung wie diese hätte Bestand. Sie ist nichtig angesichts der nahenden anderen Welt, wie ungeschehen. Denn die Befugnis des Kaisers zum Urteilsspruch ist angemaßt. Allein der kommende Christus begründet die wahre Ordnung der Welt, »nachdem er alle Herrschaft und alle Macht und Gewalt vernichtet hat«.

Das ganze effizient organisierte Aufgebot des römischen Staates ist Firlefanz. Der Gekreuzigte, der nach dem Gesetz dieses Äons, nach römischem Recht, verurteilte Jesus von Nazareth, ist der wahre Imperator. »Christus aber hat uns erlöst von dem Fluch des Gesetzes.« (Galater 3,13) Das ist »politische Ladung, allerhöchster Explosivstoff«[136].
Stellen wir uns vor (und ich schreibe ein wenig weiter an der apokryphen Erzählung, die ja schon so oft neu gemischt und verteilt, angereichert und verändert wurde, als ein Text wie ein Rohstoff für die Jahrhunderte):

Nero, der Kaiser. Er wirft eine zahme Ratte ins Feuer und lauscht ihrem Schrei.
– Im Anfang war das Wort, und das Wort ward Fleisch, ward Kaiser: Gott von Gott und als Gott erkannt …
Es gibt keine Anklage und kein Verhör. Was soll ER den gefesselten Juden da befragen? Die Gottheit fragt nichts, sie bedeutet. Vor jeder Kenntnis von Tatsachen steht SEIN Urteil, in dem Falle: … Tod durch das Schwert.
– Holt mir den Simon Magus, daß er mich erfreue!
Der Magier schwirrt wie ein Insekt über Neros Kopf, Schleifen einer Motte ums Feuer, und kreischt zu dem gefangenen Apostel:
– »Wenn dein Gesalbter mächtig ist, er, den die Juden getötet haben – sie haben ja auch euch, seine Auserwählten, mit Steinen beworfen – so möge er es zeigen. Denn ich steige auf, zu erweisen, wer *ich* bin.«[137]
Da stürzt er, schlägt nieder. Nero kauert sich zu dem Liegenden und tupft das Blut auf, das aus seinen Ohren rinnt:
– Du hast meinen Engel getötet. Warum?
– Warum? Das ist keine Frage an einen, über dem das Schwert hängt.
– Du hast meinen Engel getötet. Wie?

– Indem ich ihn ansah … »Nicht ich, sondern Christus lebt in mir.« (Galater 2,20)
– Erzähle!

Die fiktive Begegnung zwischen Paulus und Nero markiert den Ursprung der europäischen Frage: Wie kann man die notwendige Begründung einer gesellschaftlichen Ordnung und die Erwartung des kommenden Messias in Konsonanz bringen? Wie läßt sich ein wie auch immer gearteter politischer Machtanspruch mit der Hoffnung auf ein Ende vereinen, »wenn er (Christus) das Reich Gott, dem Vater, übergeben wird, nachdem er alle Herrschaft und alle Macht und Gewalt vernichtet hat«?
»Als aber der Henker ihm den Kopf abschlug, spritzte Milch auf die Kleider des Soldaten. Der Soldat aber und alle die dabei standen, wunderten sich, als sie das sahen, und priesen Gott, der dem Paulus solche Herrlichkeit gegeben hatte. Und sie gingen hin und berichteten dem Kaiser, was geschehen war.«[138] So klingt in der Sprache der Legende die Grundspannung zwischen der gesetzlichen Ordnung, dem *nomos*, sei es der Natur oder der Politik, und der Verwandlung der Dinge und der Lebensgeschichten in dem Messias. In Wundern dieser Art zeigt sich der »Ausnahmezustand«[139] der Welt, der mit der Geburt Jesu eingetreten ist. Der wahre Souverän erscheint: Christus.

99

Zwillingsgeschichte. – Die Begegnung zwischen Paulus und Nero am Anfang der Geschichte Europas: Eine Theologie der Macht fand zu sich selbst und im Spiegel ihre Zwillingsschwester, die Theologie der *vernichteten Macht* (ob Gold- oder Pechmarie ist eine Frage des historischen Standorts).

Beide ziehen sich wie verborgene Flöze und in allerlei säkularen Verwandlungen durch die Epochen. Die Vorstellung von einer göttlichen Ordnung und eschatologische Erwartung sind schwerlich miteinander vereinbar. Eine bestehende Ordnung, bereits aufgehoben von der Zukunft? Eine Ordnung im Widerstand gegen die Zukunft? In den Verbrechen der utopischen Systeme des 20. Jahrhunderts brach der Konflikt sichtbar auf. Es ging dabei weniger um Richtung und Ziel als um den Sinn des Flugs des »Engels der Geschichte«, um seine Bewegung überhaupt. Was hat ihn bewogen, aufzusteigen?

Paulus erzeugt in seinen Briefen eine innere Spannung. Er nimmt dem Kosmos seinen Sinn, indem er ihn dem Christus auf die Zunge legt. Der Christus, als der *logos*, spricht das Schöpfungs- und das einzig legitime Gerichtswort. Nur ist dieser Christus nicht da. Er kommt erst. Man sieht von ihm jetzt nur das Kreuz und ein leeres Grab. Worauf sollte eine metaphysische Ordnung im Präsens fußen?

Nietzsche, der böse Urenkel des Paulus, fühlt die geistige Verwandtschaft und beschwört angewidert und genüßlich die dunkle Seite des Apostels: Das Kreuz, so Nietzsche, ist die beste Herrschaftsbegründung, denn es erzwingt seelisch den Gehorsam. Gott selbst hat sich für mich dahingegeben, wie könnte ich da widersprechen? Und mehr noch: Gott, der Allgegenwärtige, Allwissende richtet mich ... Was sollte ich antworten? So triumphiert der Wille zur Macht! Und Nietzsche haut auf Paulus, sein Spiegelbild, ein: »*Was* hat der Dysangelist alles dem Hasse zum Opfer gebracht! Vor allem den Erlöser: er schlug ihn an *sein* Kreuz! [...] *Sein* Bedürfnis war die *Macht*; mit Paulus wollte nochmals der Priester zur Macht – er konnte nur Begriffe, Lehren, Symbole brauchen, mit denen man Massen tyrannisiert, Herden bildet. *Was* allein entlehnte später Mohammed dem Christentum? Die Erfindung des

Paulus, sein Mittel zur Priester-Tyrannei, zur Herden-Bildung: den Unsterblichkeitsglauben – *das heißt die Lehre vom ›Gericht‹ …*«[140] Da tanzen sie: Paulus als Nero, Nero als Paulus. Nietzsche hat sie als Doppelwesen erkannt. In ihnen formiert sich Europa zu einem Blasenkeim.

100

Findling. – Bronze. Auglöcher einer Statue. Das Haar wie kleine wimmelnde Schlangen, wulstig geformt. Ich schaue lange auf den glänzenden Kopf auf dem Podest und spüre, daß ich nicht verstehen werde, wer er war, Nero, wie er dachte und empfand … Hier liegt ein menschliches Dasein jenseits meiner Vorstellungskraft, jenseits meiner Horizonte. Ein Kopf, ein Findling. Grün überschattete Bronze in einer Antikensammlung.
Und ich habe doch wieder einen Singsang im Ohr, will ergründen, denke weiter über die Begegnung nach zwischen dem Apostel und dem Gottkaiser, wie sie die »Paulusakten« erzählen, und die Imagination hakt sich ein:

Nero singt leise vor sich hin.
– Im Weltall geht es pünktlich zu, ein Brand / zu seiner Zeit und Seuchenfraß zur Stunde. / Jetzt kommt die Dämmerung, und ich gesunde, / vergangen ist, was ich bei Tag verstand …
Paulus sagt unvermittelt, wozu er aufgefordert wurde.
– Jesus Christus … »er, der in göttlicher Gestalt war … entäußerte sich selbst und nahm Knechtsgestalt an, ward den Menschen gleich und der Erscheinung nach als Mensch erkannt … Er erniedrigte sich selbst und ward gehorsam bis zum Tode, ja zum Tode am Kreuz. Darum hat ihn auch Gott erhöht …, daß in dem Namen Jesu sich beugen sollen aller

derer Knie, die im Himmel und auf Erden und unter der Erde sind, und alle Zungen bekennen sollen, daß Jesus Christus der Herr ist, zur Ehre Gottes, des Vaters.« (Philipper 2,6-11)

Nero hört genau zu.

– Ein Gekreuzigter? Ein verreckter Gott am Balken? Das ist wunderbar! Es gibt kein besseres Instrument für den Gehorsam … Sag er mir, Paulus, die Ratte, die ich ins Feuer warf, wonach schrie sie? Was wollte sie? Warum starb sie nicht stumm?

– »Das Wesen dieser Welt vergeht.« Es ist nicht mehr viel Zeit.

Und Nero, nun ganz nah.

– Weißt du, was sie tun würden ohne mich? Weißt du, was fehlt, wenn mein Name, Nero, seinen Sinn verliert? Wenn sich vor IHM die Knie nicht mehr beugen? Dann brennen die Häuser, dann werden Kinder wie Schlangen gekeult, die Schwangeren aufgeschlitzt, denn der »Mensch, der Erscheinung nach als Mensch erkannt«, ist todestöricht, ist selbsttrunken, sie selber gähnen ihren Abgrund. Ich kann sie nicht retten. Aber ich kann ihnen Aufschub geben. Dazu bin ich ein Gott und Kaiser.

Paulus, wie abwesend, aber er spricht vom Ende.

– Es muß erst »der Abfall kommen und der Mensch der Bosheit offenbart werden, der Sohn des Verderbens … Es regt sich schon das Geheimnis der Gesetzlosigkeit; nur muß der, der es jetzt noch aufhält, weggetan werden, und dann wird der Böse offenbart werden. Ihn wird der Herr Jesus umbringen mit dem Hauch seines Mundes.« (2 Thessalonicher, 2,3.7-8) Der Tag ist nah.

– Du solltest beten, daß das Ende aufgehalten wird!

101

Aufhalten. – Daß das Ende aufgehalten wird ... Der Staatsrechtler Carl Schmitt sah darin die einzig denkbare Legitimation für eine politische Macht in christlichem Gewand: »Diesem christlichen Reich ist es wesentlich, daß es kein ewiges Reich ist, sondern sein Ende und das Ende des gegenwärtigen Äons im Auge behält und trotzdem einer geschichtlichen Macht fähig ist. Der entscheidende geschichtsmächtige Begriff seiner Kontinuität ist der des Aufhalters, *Kat-echon.* ›Reich‹ bedeutet hier die geschichtliche Macht, die das Erscheinen des Antichrist und das Ende des gegenwärtigen Äons *aufzuhalten* vermag, eine Kraft, *qui tenet,* gemäß den Worten des Apostels Paulus im 2. Thessalonicherbrief, Kapitel 2. [...] Ich glaube nicht, daß für einen ursprünglich christlichen Glauben ein anderes Geschichtsbild als das des Katechon überhaupt möglich ist. Der Glaube, daß ein Aufhalter das Ende der Welt zurückhält, schlägt die einzige Brücke, die von der eschatologischen Lähmung alles menschlichen Geschehens zu einer so großen Geschichtsmächtigkeit wie der des christlichen Kaisertums der germanischen Könige führt.«[141]

Dieses Verständnis des Politischen ist von seinen theologischen Prämissen her überzeugend. Zu Paulus tritt es in Spannung, denn es nimmt zwar dessen (gelegentlich) apokalyptisch beeinflußtes Geschichtsbild auf (wo der neue Äon den alten auflöst und dazwischen das Chaos der Zerstörung treten muß), nicht aber sein komplexes und widersprüchliches Zeitverständnis. Ein »Reich«, das *aufhält,* birgt – so sagte es das Bild des Haltens – die Zeit als *chronos*: Sein Ende liegt in der Zukunft auf dem Zeitstrahl. Undenkbar ist, daß das Ende im Rücken, ja, in der Gegenwart läge. Aber genau das sagt die paulinische Eschatologie auch: Paulus spricht von der *Anwe-*

senheit des kommenden Christus. Der kommt, ist eingetroffen … Und dem politischen Geschäft kommt nur noch die Verwaltung einer »Zwischenzeit« zu, ein pragmatisches Agieren in der Notstandssituation. Es kann keinerlei theologische Bedeutung beanspruchen, ist bereits im letzten irrelevant. Die Zeit, verdichtet: »Siehe, jetzt ist die Zeit der Gnade, siehe, jetzt ist der Tag des Heils!« (2 Korinther 6,2)

102

Treffer. – Das Ziel der Geschichte ist die Auflösung der Geschichte, nicht an einem Fluchtpunkt, sondern in einem Augenblick im Inneren der Geschichte, der aber nicht von innen kommt, sondern durch einen »Treffer« – so die eigentliche und ursprüngliche Bedeutung des griechischen Wortes *kairos.* Die Geschichte hat kein Ziel, sondern sie empfängt ein Ziel durch den Christus, der sich in ihr ereignet, genauer: der in sie einschlägt. Alle Bilder einer zielgerichteten Bewegung in der Zeit oder im Raum sind im Grunde Ausdeutungen dieser christlichen Erfahrung: Der Christus schlägt ein. Treffer!

Paulus bestreitet nicht eine innergeschichtliche Verzahnung der Ereignisse, eine theologische Syntax der Zeit – aber sie entsteht durch den Einschlag. Erst der »Treffer« macht das Ziel als solches bewußt. Es gibt die Geschichte gar nicht ohne ihre Auflösung im Augenblick, in dem einen Moment, dem *kairos,* wo sie zerstört wird von außen … Ein Moment, der in der Sprache nur wieder metaphorisch aufleuchten kann, denn er ist zutiefst widersprüchlich. (Er ist nicht nur »Zerstörung«: Das Ziel, auf das der »Treffer« weist, erfährt durch den Einschlag ja eine Sinnbestimmung, sei es auch, um im Bild zu bleiben, als zu bekämpfender Feind.) Der *kairos* ist Schöpfungsfrühe und apokalyptischer »Tag des Herrn«, ist

Gericht und Vollendung, ist Wunder der Geburt und ist die Ganzheit des Gewesenen, als Hoffnung auf das Kommende: »Wenn aber alles ihm untertan sein wird, dann wird auch der Sohn selbst untertan sein dem, der ihm alles unterworfen hat, damit Gott sei alles in allem.«

Ὁ ἀσπασμὸς τῇ ἐμῇ χειρὶ Παύλου.
εἴ τις οὐ φιλεῖ τὸν κύριον, ἤτω ἀνάθεμα. μαράνα θά.
ἡ χάρις τοῦ κυρίου Ἰησοῦ μεθ᾽ ὑμῶν.
ἡ ἀγάπη μου μετὰ πάντων ὑμῶν ἐν Χριστῷ Ἰησοῦ.

14. KAPITEL

Hier mein, des Paulus, eigenhändiger Gruß. / Wenn jemand den Herrn nicht liebhat, der sei verflucht. Maranata! / Die Gnade des Herrn Jesus sei mit euch! / Meine Liebe ist mit euch allen in Christus Jesus!
(1 Korinther 16,21-24)

103

Ob sich die Zeit öffnet oder verschließt? – Anders als die Blüten am Bach neben den Biberbauen haben sich die Menschen zum Warten entschlossen. Du bist der nächste! Wobei?

104

Narbenschrift. – Sie sahen, Weitgereiste bis nach Rom, den unerwarteten, fremden Schmerz, lasen das Narbenwuchern. Schonung und Gedenken gab es nicht mehr. Für ihn nicht. Er war unerreichbar. Die hinabgestiegen waren, hatten den Apostel, indem sie ihn fanden, verfehlt. Das Dunkel in dem Kerkerschacht öffnete sich grundlos. Die Asseln gaben ihm noch Beistand, krochen ihm über die Schläfen. Als sie die Fackeln entzündeten, lag er blind. Das Licht gleißte auf dem schwarzen Panzer eines Käfers.
Sie fragten ihn: »Du hast den lebendigen Gott gesehen?« Er drehte ihnen den Rücken zu: Zerfleddertes, Wulste, ineinander gerollt wie junge Farne, erdfarben aber, und zum Nacken zu weiß, wie überschimmelt weiß.

105

Mamertinischer Kerker. – Durch Verschweigen zu Gott, zum Gott-Durst. Wer sind die, die abseits singen? Ihre Körper wiederholen immer dieselben einfachen Bewegungen, drehen sich, wippen, drehen sich wie in einem unermeßlichen Verlangen nach Halt?

Etwas später (ich sah nicht, woher die Singenden kamen und wohin sie verschwanden): Eine Gruppe Amerikaner steht vor der Kirche über dem Mamertinischer Kerker, und plötzlich reden sie alle durcheinander, schreien und hauchen, flüstern und stöhnen, ohrenbetäubend … Der Geist, eine hypostasierte Illusion? Kalkulierter Eingriff eines Charismas vor dem Mittagessen im klimatisierten Hotel?

Vermutlich verstehe ich einfach nicht. Ich steige hinab in das Gemäuer am Forum Romanum, wo nach einer vagen Ortstradition die Apostel Paulus und Petrus gefangengehalten worden seien. Zwei Treppen führen in die Tiefe. Ein kreisrunder Schacht wie ein Brunnen. Die Steine sind feucht … Ich versuche wieder zu ergründen, warum mir Paulus so nah ist, und gelange bis in das Wort: »danach«.

Als Paulus lebte und schrieb, war es fühlbar spät geworden. Die Antike neigte sich. Die alten Religionen in ihrer Dynamik des Opfers, ihren kreisenden Zeitläufen und der zwingenden Gegenwart mythischer Götter und Geister waren verblaßt, und der Einbruch des Christus verwandelte abrupt die elementaren Konstellationen des menschlichen Kosmos. »Achsenzeit« sollte das einmal heißen. Damals wirkte es wie der unaufhaltsame Verlust dessen, was einmal ein Mensch war und was einst als Gott erschien, was Halt gab und woher die Instinkte ihre Richtung witterten. Man zitterte nicht mehr vor Dämonen, man zitterte ohne Unterlaß: Das Dasein gebar die Angst. Ein Trichter, und alles rutschte auf den Christus zu, rann in die Tiefe: gleißendes Licht. Nacht und Tag, Geburt und Tod … Paulus ist von Anfang an ein Echo, ein Nachbild.

(»Danach« – was für ein merkwürdiger Eindruck, etwas klarer zu erkennen, weil man es hinter sich gelassen hat … Aber man ist doch noch darin, und das Verebben einer Strömung kann sich als Täuschung erweisen, als eine Stauung vielleicht vor einem Wasserfall …)

Ich erlebe, wie die christlichen Kirchen schrumpfen und ihre Glaubensaussagen an Plausibilität verlieren, wie ihre Riten ein Gilben erfaßt und ihre Metaphern verhärten. Das ist vielleicht nur ein europäisches Phänomen, aber was hilft diese Relativität gegen den Anspruch, den Lebens- und Glaubensumstände mit existentieller Schärfe erheben? Du bist in einer Zeit und in einer Bewegung begriffen, die dir gilt. Der Glaube hat hier, in dir, seine Wahrheit oder nirgendwo.

Ich erlebe auch, wie sich die »großen Erzählungen« von der Säkularisierung verflüchtigen. Daß Wissenschaft und technische Vernunft den Menschen aus einer selbstverschuldeten Sklaverei befreit haben sollen, ihn zu seinem eigentlichen Wesen führten, frei von aller erfundenen Transzendenz – das ist immer weniger Menschen einleuchtend. Heldenhaft gegenüber dem Absurden in einem leeren Universum zu stehen erscheint eher als eine fragwürdige stilistische Figur. Ein »Hintergrundbild« verschiebt sich, ein Daseinsverständnis »vor allem Verständnis« … Die Immanenz, die uns immer feiner und bestimmender zu umfangen schien, wird brüchig.

Aber das Christentum? Es ist unmöglich, eine Frucht in ihren Baum zurückzubringen, nachdem sie gepflückt wurde. Viele ahnen einen Verlust, aber es gibt auch kein einfaches »Zurück«. Der neuzeitliche Mensch ist eingetaucht in ein unendliches Universum, und er hat in sich selbst in demselben Sinken einen Abgrund entdeckt, der ihn staunen und erschrecken läßt. Das hat ihn verändert und hat ihn den Gott anders wissen oder vermissen lassen: als einen Ungrund, ein Öffnen ins … »Danach« – die Formen des Religiösen sind von einem verwirrenden Wandel ergriffen. Wie Ameisen wimmeln Gläubige aller Couleur durch die Welt der möglichen Vorstellungen – in kläglicher Subjektivität und beharrlicher Gier nach dem unwiderlegbaren Geschehen des Göttlichen, in Zweifel gegenüber allen bestehenden Formen und in Sehnsucht nach Wahrheit, erlebnishungrig und hingegeben an die flirrende Aura ihrer selbst. Es hieß oft unter den sensibleren Theologen, daß der kommende Gläubige ein Mystiker sein müsse, aber auch dieses Wort verliert sich heute schnell in der Subjektivität fragiler »Erfahrung«. Was ist der Gott, den *ich* erlebe? Ach, ein erlebter, ein …

Die geistigen Auf- und Abbrüche der Aufklärung, das rationalistische Menschenbild, dessen disziplinierende Funktion und die romantische Reaktion darauf, religiöse Sehnsucht und Verlustängste und die Versuche des 19. Jahrhunderts (Schopenhauer und Nietzsche voran, Freud …), die unerklärliche Tiefe des Menschen in die Immanenz zu holen … Immer zahlreicher, kurzatmiger werden heute die möglichen gedanklichen Linien, die auf die Widersprüche der Neuzeit reagieren, und ein Bild entsteht: die Eruption. Der aufgerissene Berg, die Tausendzahl möglicher Antworten auf die Kraft aus der Tiefe. Geröllformen. Einsamkeit. Es gibt kein Zurück in die schützende Ruhe des Erdbodens. Jeder sucht, und er sucht für sich, und er kann nicht anders als suchen. Manchmal liegt da ein Findling aus der Zeit der Einkehr, und er ist schön. Aber nein … hinaus ins Dunkel geht der Weg, wo kein Weg ist:

> In einer dunklen Nacht,
> Als Liebesflammen in mir leckten, das Begehren –

O Glück, im Augenblick!
Unbemerkt ging ich hinaus.
Mein Haus war still, kein Laut war mehr zu hören.

»Danach« – und eine große, pulsende Erwartung! Die Nacht ist der Ort der *dynamis*, und der hohe Lobgesang der Engel und Heiligen hat auch unsere Zeit zum Gegenstand. Vielleicht als die Kehre zwischen Aus- und Einatmen, die Atemnot für Bruchteile von Sekunden, für Jahrhunderte: Alles ist offen. Alles kann geschehen.

106

Eigenhändiger Gruß. – Mit einem »eigenhändigen Gruß« trägt sich Paulus selbst in den Fluß der Majuskeln ein: »Wenn jemand den Herrn nicht liebhat, der sei verflucht. Marana-ta! / Die Gnade des Herrn Jesus sei mit euch! / Meine Liebe ist mit euch allen in Christus Jesus!« Wie konventionell, wie liturgisch sind die Formulierungen? Alles wirkt dicht, verdichtet, schnell, sprunghaft ... Die Worte Fluch, Gnade und Liebe fallen in einem Atemzug. Wen trifft der Fluch? Alle? Aber geht es noch um Aussagen, oder sind diese Worte nur noch das Gewand der Handschrift, die eigentlich sagt: Das ist mein, des Paulus, Leib ... unter euch?
Genug! Zwei Nonnen haben Kerzen vor einer Altarnische im Mamertinischen Kerker angezündet. Es tut gut, in die Flammen zu sehen und den Ruß zu atmen. Ich will nicht mehr nachdenken, nur Schatten sehe ich an den Mauern tanzen, und es ist alles wahr, was sie beten. Es ist alles wahr ... Die Schatten und die Schatten ... wie von Flügeln, alles ist wahr, was sie beten ... Die Steine und die Flechten und die Treppe hinauf ans Tageslicht, wahr sind die Dohlen draußen in der klaren Dezemberluft in Rom und die lachenden Gesichter der

Nonnen und ihre rußigen Brillengläser. So die Erinnerung, und ich schreibe Monate später … (antwortend? Andere Landschaften sind eingedrungen, schroffe Gebirgszüge, aber was soll ich das erklären …):

Ein Vogel will erwachen, seine Schwingen,
erfaßt von Böen, ruhen nicht mehr lang.
Das Nest ist nur noch Gras, und etwas fehlt.

Er fühlt nicht, was es ist, nur, wie es fehlt,
und trägt die Angst, das Beben, Schlag um Schlag,
wenn auf die Nacht folgt immer noch ein Tag,

trägt sein Gefieder wie ein fremdes Lachen.
Es war doch nur ein Laut, ja, nur ein Hauch,
bevor der Laut begann, als Tierversuch?

Als Vogel, als Gerücht des eignen Flugs?
Am Felshang graut der Morgen, weite Schwingen,
gestützt auf Knochen, ruhen nicht mehr lang.

Es fehlt ja nur ein Rascheln zum Erwachen,
ein Flügelschlag, ein Wind, ja, nur ein Hauch.

Verbum domini
manet in aeternum.

Anmerkungen

1 In der Wiedergabe des Bibeltextes folge ich zunächst stets der heute in den lutherischen Kirchen Deutschlands (meist) verwendeten revidierten Fassung der Lutherbibel (1984).

2 Alain Badiou hat in seinem Paulus-Buch (*Saint Paul – La fondation de l'universalisme*, 1977, dt.: Paulus. Die Begründung des Universalismus, Zürich, Berlin: diaphanes, 2009) den Begriff des Ereignisses als eines Fremdkörpers in der Ordnung des Seins, als einer »universalen Singularität«, die ein nicht vorhersehbares und im voraus gedanklich nicht zu erfassendes Feld von neuen Möglichkeiten eröffnet, ins Zentrum seiner Paulusdeutung gestellt. Er folgt damit der frühen Theologie Karl Barths und dem Begriff des »Kunstwerkes« bei Heidegger, welches das »Offene« zur Schau bringt in der verschlossenen Welt. Vgl. dazu auch Dominik Finkelde, Politische Eschatologie des Paulus, Wien: Verlag Turia + Kant, 2007, S. 27ff.

3 Luther gibt den Namen der Göttin in seiner römischen Form wieder: »... Diana der Epheser!«

4 Vgl. zur Datierung Wolfgang Schrage, Der erste Brief an die Korinther, Erster Teilband, EKK VII/I, Zürich, Neukirchen-Vluyn: Benziger/Neukirchner, 1991, S. 36f. und Andreas Lindemann, Der erste Korintherbrief, HNT 9,1, Tübingen: J. C. B. Mohr (Paul Siebeck), 2000, S. 17.

5 Vgl. dazu die Übersicht über die Forschungsgeschichte bei Schrage, a. a. O., S. 63ff.

6 Alle Erzählungen über die »Berufung« oder die »Bekehrung« des Paulus gehen auf den biographischen Entwurf des Lukas zurück, der seinem Evangelium eine Apostelgeschichte folgen ließ, in der Paulus eine Schlüsselstellung zukommt. Paulus selbst macht in seinen Briefen nur ganz leise, hermetische Andeutungen etwa in 1 Korinther 15,8 oder Galater 1,12-16, vgl. dazu: Udo Schnelle, Paulus. Leben und Denken, Berlin, New York: Walter de Gruyter, 2003, S. 77ff.

7 Im Jahre 451 wurde auf dem Konzil in Chalcedon eine Formulierung gefunden, die eine der schwierigsten Fragen der frühen Christenheit in ein begriffliches Gewand bringen und beantworten sollte: Wie kann man verstehen, daß Christus ganz Mensch und doch zugleich Erscheinung des unendlichen Gottes gewesen sei? »Wahrer Mensch« und »wahrer Gott«, »wesensgleich« mit beiden – so lautete die Formulierung. In der näheren Beschreibung führte das in lauter Negationen: Die beiden »Naturen« seien »unvermischt« (*asygchytōs*), »unverwandelt«

(*atreptōs*), »ungeschieden« (*adiairetōs*), »ungetrennt« (*achōristōs*). Der Kern des fixierten Dogmas ist der Abgrund des Paradoxes.

8 Paulus wehrt sich in seinen Briefen immer wieder gegen Infragestellungen seines Apostolats, etwa in der emotional wirkenden Verteidigung in 2 Korinther 10-13 oder auch in Galater 2.

9 Kierkegaard schreibt über das Paradox einer subjektiven Objektivität im Glauben: »Wenn die Subjektivität der Innerlichkeit die Wahrheit ist, so ist diese, objektiv bestimmt, das Paradox, und daß die Wahrheit objektiv das Paradox ist, zeigt gerade, daß die Subjektivität die Wahrheit ist, denn die Objektivität stößt ab, und dieses ihr Abstoßen oder sein Ausdruck ist die Spannung und der Kraftmesser der Innerlichkeit.« Sören Kierkegaard, Philosophische Brocken, Jena: Eugen Diederichs Verlag, 1910, S. 118.

10 Die Hochebene am Katharinenkloster am Fuße des Djebel Musa im Sinai wurde von den Mönchen seit byzantinischer Zeit »Ebene der Vorbereitung« genannt – in historischer Reminiszenz an die Israeliten und in Beschreibung der eigenen religiösen Daseinsform, wartend und doch schon mit der Erwartung beschenkt, hoffend und schon auf dem Weg zur »Theosis«, der göttlichen Verwandlung des Menschen.

11 Wörtlich heißt es: »… daß ihr *in* ihm (*en autō*) reich gemacht seid, in allem Wort (*en panti logō*) …«

12 Auch hier schwingen in der Übertragung Luthers deutliche Interpretationen mit. Vielleicht sollte man besser übersetzen: »Denn das Zeugnis (*martyrion*) von Christus ist in euch fest geworden …«

13 Mit der Frage nach einer ersten christlichen Verwendung des Wortes *ekklēsia* befindet man sich im Raum der Spekulation. Aber auch wenn Paulus das Wort etwa von griechisch sprechenden Judenchristen übernahm, ändert das nichts an der Situation der Frühe und dem Charakter des Neologismus.

14 Vgl. zur Diskussion um die Beziehung der Worte *synagōgē* und *ekklēsia* zueinander die kurze Darstellung und die Literaturangaben in: Andreas Lindemann, a. a. O., S. 27. Wolfgang Schrage hat (zuerst in: »Ekklesia« und »Synagoge«, ZThK 60, 1963, S. 178-202) überzeugend dargelegt, daß *ekklēsia* als Begriff der Abgrenzung von *synagōgē* verstanden werden muß. Die LXX übersetzt zwar *qahal adonai* mit *ekklēsia kyriou*, aber genau dieser Ausdruck fehlt im Neuen Testament. Im griechischsprachigen Raum wird *ekklēsia* nicht als religiöser Begriff wahrgenommen, vgl. auch Wolfgang Schrage, a. a. O., S. 102.

15 Paul Celan, ZÜRICH, ZUM STORCHEN, für Nelly Sachs (aus: Die Niemandsrose), Gesammelte Werke, Bd. 1, Frankfurt am Main: Suhrkamp, 2000, S. 214f.

16 Genauer sollte man übersetzen: »… daß ihr vollkommen seid (*katartizein*) in einer Denkart (*nous*) und in einem Sinn (*gnōmē*).«

17 In seinem Großessay »Droge Faust Parsifal« beschreibt Einar Schleef die Konstellationen von Chor und Einzelnem in Theater und Politik: »Der Chor ist krank.« Vgl. Einar Schleef, Droge Faust Parsifal, Frankfurt am Main: Suhrkamp, 1997, S. 274ff. »Der antike Chor ist ein erschreckendes Bild: Figuren rotten sich zusammen, stehen dicht bei dicht, suchen Schutz beieinander, obwohl sie einander energisch ablehnen, so, als verpeste die Nähe des anderen Menschen einem die Luft. Damit ist die Gruppe in sich gefährdet, sie wird jedem Angriff auf sich nachgeben, akzeptiert voreilig angstvoll ein notwendiges Opfer, stößt es aus, um sich freizukaufen. Obwohl sich der Chor des Verrats bewußt ist, korrigiert er seine Position nicht, bringt vielmehr das Opfer in die Position des eindeutig Schuldigen. Das ist nicht nur ein Aspekt des antiken Chores, sondern ein Vorgang, der sich jeden Tag wiederholt. Der Feind-Chor, das sind zunächst nicht die Millionen Nichtweißer, Verreckender, Kriegsplünderer und Asylanten, sondern die Andersdenkenden, vor allem der, der die eigene Sprache spricht, ihn gilt es auszulöschen, egal wie.« Ebd. S. 14.

18 Johann Georg Hamann, Briefwechsel, Bd. IV, hrsg. von Arthur Henkel, Wiesbaden: Insel-Verlag, 1955-1957, S. 315 (an Herder, 1781).

19 René Girard hat umfassend die hier angedeuteten Zusammenhänge zwischen Opfer und Stabilisierung von Gemeinschaften freigelegt, so in seinem berühmten Buch *La Violance et le sacré* (1972), dt.: Das Heilige und die Gewalt, Düsseldorf: Patmos, 2006. Girards jahrzehntelange Beschäftigung mit Opferpraxis und Gewalt in Religionen mündete in eine bemerkenswerte Verteidigung des Christentums: *Je vois Satan tomber comme l'éclair* (1999), dt.: Ich sah den Satan vom Himmel fallen wie einen Blitz. Eine kritische Apologie des Christentums, Frankfurt am Main: Verlag der Weltreligionen, 2008.

20 Tertullian, De baptismo I, 3.

21 Die verschobene und geweitete linke Puppille sieht man erstaunlicherweise auch im *Volto Santo* von Manoppello, vgl. dazu Kapitel 12.

22 Pawel Florenski, Die umgekehrte Perspektive, Leben und Denken, Bd. II, hrsg. von Fritz und Sieglinde Mierau, Ostfildern: Ed. Tertium, 1996, S. 136.

23 Pseudo-Dionysios, Epist. IV (PG 3, 1072 B).

24 Rainer Maria Rilke, Die Aufzeichnungen des Malte Laurids Brigge (1910), in: Gesammelte Werke, Bd. 5, Leipzig: Insel, 1934, S. 13.

25 Diese Ähnlichkeit – gesehen und empfunden, aber nie so, daß ich sie

benennen konnte – wurde mir deutlich über der Lektüre von Giorgio Agamben, Was von Auschwitz bleibt. Das Archiv und der Zeuge (Homo sacer III), Frankfurt am Main: Suhrkamp, 2003. Agambens assoziatives Spiel um Zeugenschaft (*martyrion*) und Scham haben mich Paulus neu lesen lassen. Einige der folgenden Bezüge verdanke ich Agambens Buch.

26 Martin Luther, Werke. Kritische Gesamtausgabe (Weimarer Ausgabe, WA), Weimar 1883ff., Bd. 7, S. 55 (*Cum enim Christus sit deus et homo eaque persona …*), *Tractatus de libertate christiana* (1520).

27 Agamben, a. a. O., S. 36.

28 Ebd. S. 146.

29 Ebd. S. 37.

30 Mit dieser Wortschöpfung – man könnte sagen »Aber-Gott« oder »Apfelgott«, und gedacht ist dann vielleicht an eine Art Pflaumenmännchen – brachte Luther die Ambivalenz jeder Rede von Gott auf den Punkt: Immer ist sie auch die Aufrichtung eines Götzen, immer auch ein kindliches Bild, das der Glaubende erst erschafft. Für Luther ist Gott niemals der Gott, den ich benennen kann: »Ein Gott heißet das / dazu man sich versehen sol alles guten / und Zuflucht haben ynn allen nöten. Also das ein Gott haben nichts anders ist / denn yhm von hertzen trawen und gleuben / wie ich offt gesagt habe / das alleine das trawen und gleuben des hertzens / machte beide Gott und abeGott …«, Martin Luther, WA 30 I, 133.

31 Was in diesem Zusammenhang die Auferstehungsberichte bedeuten, ist Inhalt von Kapitel 12. Ich will zunächst festhalten, wie wichtig es ist, nicht vorschnell das Kreuz mit der Auferstehung zu synchronisieren und damit in oberflächlichen Deutungen hängenzubleiben, in denen eine ängstliche Theologie ihre eigenen Verstehensbemühungen (und das ihr angetragene Bedürfnis nach einem »happy end«) mit der Offenbarung verwechselt.

32 Ich verweise auf das ganz kurze Gedicht »In einer Station der Métro« von Ezra Pound, das er als Ausdruck und Ausweg aus einer Krise empfand: »Das Erscheinen dieser Gesichter in der Menge: / Blütenblätter auf einem nassen, schwarzen Ast.« Ezra Pound, Personae/ Masken, hrsg. und übers. von Eva Hesse, München: DTV, 1992, S. 174.

33 Primo Levi, Atempause, München: DTV, 2010, S. 20. Hurbinek ist der Name einer tschechischen Marionettenpuppe aus den 1920er Jahren (die noch im Fernsehen meiner Kindheit auftauchte). Primo Levi scheint sie nicht zu kennen.

34 Ebd. S. 21. Vgl. auch Agamben, a. a. O., S. 33f.

35 Eine Denkunmöglichkeit, die Calvin so formulierte: »Unter *Vorbe-*

stimmung verstehen wir Gottes ewige Anordnung, vermöge deren er bei sich beschloß, was nach seinem Willen aus jedem [...] Menschen werden sollte! Denn die Menschen werden nicht alle mit der gleichen Bestimmung erschaffen, sondern den einen wird das ewige Leben, den anderen die ewige Verdammnis vorher zugeordnet.« Institutio Christianae religionis, III, 21, 5 (übers. von Otto Weber, Neukirchen: Neukirchener Verlag, 1955).

36 Primo Levi, a. a. O., S. 21.

37 Paul Gerhardt, An das Angesicht des HErrn JEsu, 10. Strophe (aus der »Passionssalve des heiligen Bernhardi an die Gliedmaßen des HErrn Jesu«), Paul Gerhardt, Geistliche Lieder, Stuttgart: Reclam, 1991, S. 19 (Evangelisches Gesangbuch 85,10).

38 Nietzsche, Der Antichrist, Werke in drei Bänden, hrsg. von Karl Schlechta, Darmstadt, Wissenschaftliche Buchgesellschaft, 1994, S. 1203.

39 Die berühmte Warum-Frage Anselms in seiner Schrift *Cur deus homo?* (1098 vollendet) und sein Wunsch, Inkarnation und Kreuz begründen zu können, markieren den ersten Höhepunkt einer rationalistisch empfindenden abendländischen Theologie.

40 Friedrich Hölderlin, Patmos I, Sämtliche Werke, hrsg. von D. E. Sattler, Bd. XI, München: Luchterhand, 2004, S. 142.

41 Tertullian, De Carne Christi, 5, 4 (CChr 2, 881).

42 Nietzsche, a. a. O., S. 1204.

43 Ebd. S. 1212.

44 Das Zitat ist im Alten Testament nicht identifizierbar. Die Lutherbibel bietet einen Stellenverweis (Jesaja 64,3), der aber sehr fraglich ist. Mehr als die Wiederkehr einiger Stichworte ist nicht zu erkennen. Vgl. zur Herkunft des Zitates Wolfgang Schrage, a. a. O., S. 245.

45 ›Urständ‹ ist ein altes Wort für ›Auferstehung‹, das sich in vielen Osterliedern findet. Friedrich Spee etwa dichtet (1623): »Die ganze Welt, Herr Jesu Christ, / Halleluja, Halleluja, / in deiner Urständ fröhlich ist.« (Evangelisches Gesangbuch 110,6)

46 Vgl. Jan Assmann, Das kulturelle Gedächtnis. Schrift, Erinnerung und politische Identität in frühen Hochkulturen, München: Beck, 1992, S. 82.

47 Bei Deuterojesaja bezog sich das Bild auf den Regierungsantritt des persischen Königs Kyros, wurde aber bald als messianische Verheißung gelesen. So fand es Eingang auch in die christlichen Adventslieder: »Oh Heiland reiß die Himmel auf, / herab, herab vom Himmel lauf, / reiß ab vom Himmel Tor und Tür, / reiß ab, wo Schloß und Riegel für.« (Evangelisches Gesangbuch 7,1, Text: Friedrich Spee, 1622)

48 Ludwig Wittgenstein, Tractatus logico-philosophicus, Frankfurt am Main: Suhrkamp, 2003, S. 111.

49 Im Blick auf kirchliche Anpassungsformen sagte mir Peter Sloterdijk einmal im Gespräch an der Akademie in Wittenberg den denkwürdigen Satz: »Die Menschen dort abholen, wo sie sind … Das macht nur der Teufel.«

50 Vgl. Hans Conzelmann, Der erste Brief an die Korinther, Göttingen: Vandenhoeck & Ruprecht, 1969, S. 81.

51 Heinrich Heine, Sämtliche Schriften, hrsg. von Klaus Briegleb, Bd. 1 (Schriften 1817-1840), Frankfurt am Main, Berlin: Ullstein, 1981, S. 91.

52 Les Murray, Ein ganz gewöhnlicher Regenbogen, Gedichte, übers. von Margitt Lehbert, München: Hanser, 1996, S. 82.

53 So übersetzt Luther – ohne die Geschichte des Naturbegriffs in den kommenden Jahrhunderten zu ahnen.

54 Peter Huchel, Gesammelte Werke, hrsg. von Axel Vieregg, Bd. 1, Frankfurt am Main: Suhrkamp, 1994, S. 215.

55 Paulus zitiert Jesaja 40,13 nach der Septuaginta, die an dieser Stelle das hebräische *ruach* nicht wie sonst mit *pneuma* übersetzt, sondern mit *nous* (Sinn, Verstand).

56 Es wäre mir nicht möglich gewesen, das oft beobachtete Tun von Skarabäen so zu beschreiben, ohne die Kenntnis von Jean-Henri Fabre, Erinnerungen eines Insektenforschers (*Souvenirs entomologiques: études sur l'instinct et les mœurs des insectes*, 1879), Berlin: Matthes & Seitz, 2010.

57 Auffällig ist, daß es in der Apostelgeschichte nicht einen einzigen Hinweis darauf gibt, daß Lukas Briefe des Paulus gekannt habe. Auf Basis welcher Quellen er arbeitete, ist offen.

58 Emanuel Lévinas, De lévasion (1936), Montpellier: Fata Morgana, 1982, S. 86, zitiert nach Giorgio Agamben, a. a. O., S. 91.

59 T. S. Eliot, Vier Quartette, Gesammelte Gedichte, hrsg. von Eva Hesse, Frankfurt am Main: Suhrkamp, 1988, S. 333.

60 Es gibt Hinweise auf ein mögliches epileptisches Leiden des Paulus, aber es bleibt natürlich eine vage Vermutung, vgl. Eduard Lohse, Paulus. Eine Biographie, München: Beck, 2003, S. 82 und Udo Schnelle, a. a. O., S. 283.

61 Ingeborg Bachmann, Frankfurter Vorlesungen: Probleme zeitgenössischer Dichtung, Werke, Bd. 4, München: Piper, 1993, S. 218.

62 Vgl. die ausführliche Spurenlese paulinischer Eschatologie bei Jakob Taubes im dritten Kapitel seiner Doktorarbeit (1947), Abendländische Eschatologie, Berlin: Mathes & Seitz, 2007.

63 Den Blick auf das Gemälde von Panini verdanke ich Dominik Finkelde, a. a. O., S. 9ff.

64 So bestimmt Luther, was Sünde sei: die Verschlossenheit des Menschen in sich selbst, WA 56, 256.

65 Ernst Jandl, Der gelbe Hund, Gedichte, Darmstadt: Luchterhand, 1982, S. 78.

66 Dostojewskij schreibt: »Es gibt Sekunden, fünf oder sechs auf einmal, da fühlt man plötzlich die Gegenwart der ewigen Harmonie in ihrer höchsten Vollendung. Sie ist nichts Irdisches; ich meine nicht, sie sei etwas Himmlisches, ich meine vielmehr, daß der Mensch in seiner irdischen Gestalt sie nicht ertragen kann. Man muß sich physisch verwandeln oder sterben.« Fjodor Dostojewskij, Böse Geister, übers. von Swetlana Geier, Frankfurt am Main: Fischer, 2000, S. 820.

67 Näher am griechischen Wortlaut sollte es heißen: »Ich aber, leiblich abwesend, anwesend aber im Geist, habe bereits so, als wäre ich anwesend, das Urteil gesprochen über den, der solches getan hat …« Schwierig ist die Zuordnung der Worte »im Namen unseres Herrn Jesus«, da die Versabteilungen, die für uns sinntragend sind, späte Zusätze im griechischen Text darstellen. Man kann so übersetzen wie Luther oder (das halte ich für wahrscheinlicher) hier einen Hinweis auf die Motivation des sogenannten »Unzüchtigen« sehen: »… über den, der solches getan hat im Namen unseres Herrn Jesus: Wenn ihr versammelt seid und mein Geist samt der Kraft unseres Herrn Jesus bei euch ist …«

68 Ernst Meister, Wandloser Raum, Aachen: Rimbaud, 1996, S. 53.

69 Dante Alighieri, Die Göttliche Komödie, übertr. von Karl Witte, Leipzig: Reclam, 1987, S. 123.

70 Jean-Luc Nancy, Dekonstruktion des Christentums, Zürich, Berlin: diaphanes, 2008, S. 138.

71 Alain Badiou, a. a. O., S. 13. Badiou vermag dabei nicht wirklich zu erklären, wie das »Wahrheitsereignis«, das ein Subjekt hervorbringt, sich etwa vom Wahnsinn unterscheiden läßt, denn es gibt für ihn keine Kriterien der Überprüfung außerhalb dieses Ereignisses.

72 Vgl. Andreas Lindemann, a. a. O., S. 126. Er verweist auf das Material bei Adolf Deissmann, Licht von Osten. Das Neue Testament und die neuentdeckten Texte der hellenistisch-römischen Welt, Tübingen: J. C. B. Mohr (Paul Siebeck), 1923.

73 Vgl. die Aufzeichnung der Vorträge von Jakob Taubes in Heidelberg über die politische Theologie des Paulus (1987): »Der andere ist nötig. Es geht gar nicht ohne den anderen. Der andere ist nicht irgendeine Konstruktion wie bei Husserl, sozusagen aus dem Selbst-Ego bla bla bla bla, oder Fichtes … Verzeihen Sie, alles, was ich so unterrichten muß die ganze Zeit, kommt jetzt hoch. Sondern: Liebe ist das Zuge-

ständnis meiner Bedürftigkeit. Nun kann man ja sagen: Wenn dann das Reich Gottes da ist und wir alle auferstanden sind, was brauch' ich dann noch Liebe? Dann sind wir doch perfekt! Der Witz ist bei Paulus, daß ich auch in der Perfektion kein Ich bin, sondern wir ein Wir sind. Das heißt: Die Bedürftigkeit ist in der Perfektion selber. So wie es im zweiten Korintherbrief heißt: *deine Kraft vollendet sich in deiner Schwäche. Telos*, Vollendung ist ein Begriff aus der Mystik, aus der Mysteriensprache, aber auch aus der Physik. Und die Pointe ist: *en astheneia, in der Schwäche.*« Jakob Taubes, Die politische Theologie des Paulus, hrsg. von Aleida und Jan Assmann, München: Wilhelm Fink Verlag, 2003, S. 186.

74 Der Bezugspunkt dafür war wiederum Paulus: »... nur muß der, der es jetzt noch aufhält, zuvor weggetan werden ...« (2 Thessalonicher 2,7), s. Kapitel 13.

75 Jean-Luc Nancy, a. a. O., S. 20.

76 Nancy arbeitet in seiner »Dekonstruktion des Christentums« in einfühlsamer Weise einen »autodekonstruktivistischen Charakterzug« des Christentums heraus – ebenjene permanente Öffnung seiner eigenen Gestalt auf das »Undenkbare« und »Bildlose« hin.

77 Martin Luther, WA.TR 1, 59, 8-12 (Nr. 137) .

78 Thomas Mann, Der Zauberberg (so spricht der Erzähler in kalkulierter Verwirrung angesichts der Kriegsgewalt, »O Scham unserer Schattensicherheit! Hinweg!«), Frankfurt am Main: Fischer, 2003, S. 999.

79 Vgl. Jan Assmann, a. a. O., S. 87ff.

80 So wird am Sabbatausgang gebetet: »Gelobt seiest du, Ewiger, unser Gott, Herr der Welt, der gesondert hat Heiliges und Gemeines, Licht und Finsternis, Israel und die Völker, den siebenten Tag und die Werktage.«

81 Buch Sohar: Die Geheimnisse der Schöpfung, übers. von Gershom Scholem, zit. nach Hans Dieter Zimmermann, Geheimnisse der Schöpfung. Über Mystik und Rationalität, Frankfurt am Main: Insel, 1999, S. 278.

82 Johann Gramann (1540) in dem Lied »Nun lob mein Seel den Herren«, Evangelisches Gesangbuch 289,3.

83 POxy VII 1021, Manfred Clauss: Kaiser und Gott – Herrscherkult im römischen Reich, Leipzig, 2001, S. 98.

84 Die hebräische Sprache kennt kaum Abstrakta, und so fehlt auch in der LXX das Wort *parousia*.

85 Vgl. zum Verständnis des Begriffs *typos* auch Giorgio Agamben, Die Zeit, die bleibt. Ein Kommentar zum Römerbrief, Frankfurt am Main: Suhrkamp, 2006, S. 87f.

86 »Unter der Wolke«: Gott wehte als Wolke seinem Volk voran auf der vierzigjährigen Wanderung durch den Sinai (Exodus 13,21). »Durch das Meer«: Die Israeliten zogen auf der Flucht vor den ägyptischen Verfolgern durch das Schilfmeer. Diese Bilder aus der Heilsgeschichte Israels schillern, sie klagen, sie ersehnen: … zu sehen von Angesicht zu Angesicht, wer der Gott sei.

87 So heißt es in den Nag-Hammadi-Texten, vgl. Wolfgang Schrage, Der erste Brief an die Korinther, Zweiter Teilband, EKK VII/II, Zürich, Neukirchen-Vluyn: Benziger/Neukirchner, 1995, S. 55.

88 Ebd. S. 57.

89 Ein Sarkophag in der Antikensammlung in Berlin – es gibt ähnliche, hundertfach, in europäischen Museen.

90 Thukydides, Geschichte des Peloponnesischen Krieges, übers. u. hrsg. von G. Landmann, zitiert nach Aleida Assmann, Erinnerungsräume. Formen und Wandlungen des kulturellen Gedächtnisses, München: C.H. Beck, 2009, S. 43.

91 Theodor W. Adorno, Minima moralia. Reflexionen aus dem beschädigten Leben, Frankfurt am Main: Suhrkamp, 1988, S. 333f.

92 Vgl. Jakob Taubes, a. a. O., S. 104.

93 »Es war, als hätt der Himmel / Die Erde still geküßt, / Daß sie im Blütenschimmer / Von ihm nun träumen müßt. // Die Luft ging durch die Felder, / Die Ähren wogten sacht, / Es rauschten leis die Wälder / So sternklar war die Nacht. // Und meine Seele spannte / Weit ihre Flügel aus, / Flog durch die stillen Lande, / Als flöge sie nach Haus.« Joseph von Eichendorff, Werke in einem Band, München: Hanser, 1951, S. 68.

94 »*Die messianische Berufung ist die Widerrufung jeder Berufung.*« So schreibt Agamben und nimmt damit einen wichtigen Zug der paulinischen Orientierungssuche wahr. Vgl. Giorgio Agamben, a. a. O., S. 34.

95 Alain Badiou, a. a. O., S. 22.

96 Jean-Luc Nancy schreibt von diesem *alogon* und führt das berühmte Proslogion des Anselm an, dessen Pointe nicht darin liegt, daß über Gott hinaus nichts Größeres gedacht werden kann, sondern daß Gott »*majus quam cogitari possit:* größer als das sei, was gedacht werden kann. Das Argument beruht ganz auf der Bewegung des Denkens, insofern dieses nicht *nicht* denken kann, nicht *nicht* das Maximum des Seins denken kann, das es denken kann. Aber auch ein Hinausschießen über eben dieses Maximum kann es nicht *nicht* denken. Denn es vermag eben dies zu denken: Es gibt etwas, das sein Denkvermögen übersteigt.« Nancy macht Anselm zum Zeugen einer »existentiellen Probe des Denkens« und gelangt zu dem mystisch inspirierten Ge-

danken, daß es eine Forderung gibt, die »das Denken aus sich selbst hinaus trägt«, Jean-Luc Nancy, a. a. O., S. 21f.

97 Auf der Mauer eines Klosters in Toledo hat Luigi Nono eine Inschrift gelesen, die zum Grundgedanken seiner letzten Komposition wurde: »Caminante, no hay camino, hay que caminar.« Die Komposition heißt: »Hay que caminar« soñando, für zwei Violinen (1989).

98 Genauer sollte man übersetzen: »in der Nacht, da er ausgeliefert ward«. Das griechische Verb *paradidonai* muß gelesen werden als verdichteter Ausdruck der ganzen Passionsgeschichte.

99 Abot 1, Billerbeck III, 444 (Paul Billerbeck, Hermann Strack, Kommentar zum Neuen Testament aus Talmud und Midrasch, Bd. 3: Die Briefe des Neuen Testaments und die Offenbarung Johannis, München: Beck, 1926, S. 444.)

100 Erik Peterson plädierte für die Beibehaltung des Substanzbegriffs im Blick auf die Abendmahlselemente. Das ist von einer berechtigten Sorge geleitet: In der Kultur eines expressiven Individualismus besteht die Gefahr, zu verdrängen, daß im Abendmahl »aller Personalismus geistiger Akte« zerbricht. Vgl. Erik Peterson, Der erste Brief an die Korinther und Paulusstudien, hrsg. von Hans-Ulrich Weidemann, Würzburg: Echter Verlag, 2006, S. 271ff.

101 Wolfgang Amadeus Mozart, Die Entführung aus dem Serail, Libretto von Johann Gottlieb Stephanie dem Jüngeren, Nr. 3, Arie des Osmin.

102 So liest man im Bericht über das Abendmahl in der Didache (einer wahrscheinlich syrischen Kirchenordnung, ca. 100-150), zit. nach Rainer Volp, Liturgik. Die Kunst, Gott zu feiern, Bd. 1, Gütersloh: Verlagshaus Gerd Mohn, 1992, S. 253.

103 Paulus kritisiert zuvor in 1 Korinther 11,17-22 die korinthische Abendmahlspraxis. Kern der Kritik ist die individualistische Auffassung des Mahles, so in überzeugender Argumentation (und in Abgrenzung von Forschern, die hinter der Kritik soziale Ungleichheiten vermuten) Andreas Lindemann, a. a. O., S. 252f.

104 Man sollte das griechische Wort *ainigma* doch besser wie Luther (unrevidiert) übersetzen mit »in einem dunklen Wort«.

105 E. M. Cioran, Lehre vom Zerfall, Werke, Frankfurt am Main: Suhrkamp, 2008, S. 696.

106 »Jede Handlung ist außer ihrer ursprünglichen und natürlichen materiellen und mechanischen Bezeichnung noch mancherley formeller, figürlicher, tropischer und typischer Bedeutungen fähig, welche eben so wenig als des Handelnden Absichten und Gesinnungen ›begucket und betastet‹ werden können; sondern, wie alle intellectuelle und moralische Eindrücke, ohne sinnlichen Ausdruck, keiner Mit-

theilung noch Fortpflanzung empfänglich sind. Folglich offenbaren oder verrathen sich die Absichten und Gesinnungen eines Schriftstellers, als die typische Bedeutung seiner Autorhandlung durch die Einkleidung und Charakteristik der Gedanken.« Johann Georg Hamann, Ein fliegender Brief. Zweite Fassung, Sämtliche Werke, Bd. 3, hrsg. von Josef Nadler, Wuppertal: Brockhaus, 1999, S. 367.

107 Johann Georg Hamann, Briefwechsel, Bd. 5, hrsg. von Arthur Henkel, Frankfurt am Main, 1979, S. 359 (An Scheffner, 1785).

108 Welche Sprache sprechen die Engel? Können sie überhaupt sprechen, wo sie doch keinen irdischen Leib, kein *sōma*, haben? Das beschäftigte Exegeten seit der Zeit der Kirchenväter. Oder heißt in »Engelszungen zu reden«, wie Calvin meinte, »ganz besonders schön und gut« zu reden? Vgl. Wolfgang Schrage, Der erste Brief an die Korinther, Dritter Teilband, EKK VII/III, Zürich, Neukirchen-Vluyn: Benziger/Neukirchner, 1999, S. 328. »Und doch sprechen die Engel nur, insofern sie singen«, schreibt Erik Peterson, a. a. O., S. 313. Peterson sieht in den »Engelszungen« nur einen »zweifellos rhetorischen Zusammenhang«. Aber es ist doch auffällig, daß Paulus von *lalein glōssais* spricht, von Glossolalie: Ist die Zungenrede für ihn die Sprache der Engel? Eine höhere himmlische Sprache?

109 »Rede, daß ich Dich sehe! – Dieser Wunsch wurde durch die Schöpfung erfüllt, die eine Rede an die Kreatur durch die Kreatur ist.« Johann Georg Hamann, Aesthetica in nuce, Sämtliche Werke, Bd. 2, hrsg. von Josef Nadler, Wuppertal: Brockhaus, 1999, S. 198.

110 Jakob Taubes, a. a. O., S. 77.

111 Novalis, in dem Romanfragment »Heinrich von Ofterdingen«, Werke, Tagebücher und Briefe Friedrich von Hardenbergs, hrsg. von Hans-Joachim Mähl und Richard Samuel, Bd. 1, Das dichterische Werk, Tagebücher und Briefe, München: Hanser, 1978, S. 395.

112 Maurice Blanchot, zit. nach Joachim Sartorius, Minima poetica. Für eine zeitgenössische Poetik des Gedichts, Köln: Kiepenheuer & Witsch, 1999, S. 24.

113 E. M. Cioran, a. a. O., S. 771.

114 Ebd. S. 697.

115 Hugo Ball, Flucht aus der Zeit, zit. in: Hugo Ball, Zinnoberzack, Zeter und Mordio. Alle DADA-Texte, hrsg. von Eckhard Faul, Göttingen: Wallstein, 2011, S. 115.

116 Ebd. S. 30.

117 Ebd. S. 115f.

118 So Hugo Ball im Eröffnungs-Manifest, das er vor seinem ersten Auftritt mit Lautgedichten am 14. Juli 1916 verlas (im Grunde, wie er

selbst später schreibt, der Widerruf der neuen Kunstströmung des »Dadaismus« am ersten Abend), zit. nach: Hugo Ball. Leben und Werk (1886/1986), Katalog einer Ausstellung in Pirmasens, München und Zürich, hrsg. von Ernst Teubner, Berlin: publica, 1986, S. 25.

119 E. M. Cioran, a. a. O., S. 719.

120 Ebd. S. 719f.

121 Vladimir Jankélévitch, Der Tod, Frankfurt am Main: Suhrkamp, 2005, S. 12.

122 Ebd. S. 43.

123 E. M. Cioran, a. a. O., S. 712.

124 Ich beziehe mich in den kunstgeschichtlichen Aussagen zum *Volto Santo* auf die Untersuchungen von Heinrich Pfeiffer und Werner Bulst, dargelegt in: Werner Bulst, Heinrich Pfeiffer, Das Turiner Grabtuch und das Christusbild, Bd. 1: Das Grabtuch. Forschungsberichte und Untersuchungen, Bd. 2: Das Grabtuch, der Schleier von Manoppello und ihre Wirkungsgeschichte in der Kunst, Frankfurt am Main: Verlag Josef Knecht, 1987 und 1991. Die Begegnung mit dem Tuch verdanke ich den Gesprächen mit Margareta Gruber OSF in Jerusalem.

125 So liest man in der *Legenda aurea* des Jacobus de Voragine, übers. von Richard Benz, zit. in: Werner Bulst, Heinrich Pfeiffer, a. a. O., Bd. 2, S. 155f.

126 Péter Nádas, Der eigene Tod, Göttingen: Steidl, 2002, S. 201f.

127 Ebd. S. 204f.

128 Ebd. S. 268f.

129 Angelus Silesius, Aus dem Cherubinischen Wandersmann, hrsg. von Erich Haring, Stuttgart: Reclam, 1950, S. 26.

130 Augustinus untersucht in seiner berühmten Erörterung (Bekenntnisse, Buch XI) die erlebte Zeit als Augenblick der Sammlung der Vergangenheit in der Gegenwart, um eine Zukunft zu entwerfen. Die drei Ekstasen Heideggers sind darin angedeutet, vgl. Martin Heidegger, Sein und Zeit, Zweiter Abschnitt, Kapitel 3 § 65, Tübingen: Max Niemeyer Verlag, 2006, S. 323ff.

131 Ich beziehe mich auf die Ausgabe der Neutestamentlichen Apokryphen von Edgar Hennecke und Wilhelm Schneemelcher. Vgl. zur zeitlichen und geographischen Einordnung der »Paulusakten« und zur Schwierigkeit, bei den apokryphen Apostelakten überhaupt von Autoren zu sprechen: Edgar Hennecke, Neutestamentliche Apokryphen in deutscher Übersetzung, Bd. 2, Apostolisches, Apokalypsen und Verwandtes, Berlin: Evangelische Verlagsanstalt, 1966, S. 111ff. und S. 221ff.

132 Tertullian berichtet, daß der Autor, ein kleinasiatischer Presbyter, sich mit dem Werk die Absetzung von seinem Amt einhandelte, vgl. Hennecke/Schneemelcher, a.a.O., S. 241.

133 Unter dem Titel »Das Evangelium als Kriegserklärung an Rom; Lektüre von Römer 1,1-7« sagte Jakob Taubes: »Also handelt es sich um eine bewußte Betonung derjenigen Attribute, die imperatorisch sind, die königlich sind, die kaiserlich sind. Sie werden betont gegenüber der Gemeinde in Rom, wo der Imperator selber präsent ist, und wo das Zentrum des Cäsar-Kultes, der Cäsarenreligion ist.« A.a.O., S. 24.

134 Hennecke/Schneemelcher, a.a.O., S. 266.

135 Vgl. noch einmal Jakob Taubes: »Ich möchte hier einmal die These aufstellen, daß der Gesetzesbegriff – und das ist wiederum politische Theologie – eine Kompromißformel war für das Imperium Romanum … es gab eine Aura, eine allgemeine hellenistische Aura, eine Apotheose des Nomos.« A.a.O., S. 36.

136 Ebd. S. 38.

137 Diese Episode stammt aus den »Petrusakten«. Man verzeihe diese Vermengung der Schriften: Sie ist durch ihre Verflochtenheit und die wechselseitige Verwendung des einen Apokryphs durch »den Autor« des anderen angelegt. Vgl. Hennecke/Schneemelcher, a. a. O., S. 217.

138 Ebd. S. 267.

139 Giorgio Agamben blendet Carl Schmitts Darlegungen zum Ausnahmefall (»Politische Theologie. Vier Kapitel zur Lehre von der Souveränität«) erhellend in seine Paulus-Leküre ein, um den »Zustand des Gesetzes unter der Wirkung der messianischen *katárgēsis*« (Aufhebung) zu verstehen, vgl. Giorgio Agamben, a.a.O., S. 118ff.

140 Friedrich Nietzsche, a.a.O., S. 1204.

141 Carl Schmitt, Der Nomos der Erde im Völkerrecht des Jus Publicum Europaeum, Berlin: Dunker & Humblot, 2011, S. 29.